数字论文——运用图书馆、互联网资料研究与写作指南

SHUZI LUNWEN——YUNYONG TUSHUGUAN、HULIANWANG ZILIAO YANJIU YU XIEZUO ZHINAN

[美] Andrew Abbott 著
余慧明 译

高等教育出版社·北京

图字:01-2015-6799号

Digital Paper: A Manual for Research and Writing with Library and Internet Materials/By Andrew Abbott

This simplified Chinese translation edition by Higher Education Press Limited Company is licensed by The University of Chicago Press, Chicago, Illinois, U. S. A.

图书在版编目(CIP)数据

数字论文:运用图书馆、互联网资料研究与写作指南/(美)阿博特(Abbott,A.)著;余慧明译.--北京:高等教育出版社,2018.7

书名原文:Digital Paper:A Manual for Research and Writing with Library and Internet Materials

ISBN 978-7-04-049635-2

Ⅰ.①数… Ⅱ.①阿… ②余… Ⅲ.①论文-写作-指南 Ⅳ.①H152.3-62

中国版本图书馆CIP数据核字(2018)第084584号

策划编辑 包小冰　责任编辑 孙 璐 包小冰　封面设计 张志奇
版式设计 马 云　责任校对 刁丽丽　责任印制 赵义民

出版发行 高等教育出版社
社　　址 北京市西城区德外大街4号
邮政编码 100120
印　　刷 中国农业出版社印刷厂
开　　本 880mm×1230mm 1/32
印　　张 10.25
字　　数 280千字
购书热线 010-58581118
咨询电话 400-810-0598

网　　址 http://www.hep.edu.cn
http://www.hep.com.cn
网上订购 http://www.hepmall.com.cn
http://www.hepmall.com
http://www.hepmall.cn

版　　次 2018年7月第1版
印　　次 2018年7月第1次印刷
定　　价 58.00元

物 料 号 49635-00

安德鲁·阿伯特(Andrew Abbott),美国芝加哥大学教授,曾获该校 Gustavus F. and Ann M. Swift 杰出服务教授奖,任《美国社会学学刊》编辑,有《职业体系》《本系和学科》《学科的混乱》和《时间很重要》等著作出版。他两次担任芝加哥大学图书馆理事会主席,并对该校乔和丽卡·曼索托图书馆(Joe and Rika Mansueto Library)的规划起到核心作用。

献给朱迪·纳德勒(Judi Nadler)

目　录

致读者

本书讨论的是如何利用他人收集的资料做研究项目。你可能是在网络、图书馆、档案馆、市政厅甚至某个人的阁楼发现这类资料的。“找来的资料”不同于你自己收集的——诸如采访、个人发现或问卷调查。通常它们根本不是为了做研究而收集的,而是出于其他原因。你之所以翻阅它们,是因为想利用它们来解答自己的某个问题,而这些资料的收集者却并没有考虑过你的这个问题。你希望、想要或需要在这些找来的资料里进行研究,得出一个书面论点。

本书包含从最初的模糊想法到最终的可靠成果在内的一切必要因素。通常,一个项目的目标是产生某种学术成果:课程论文、学士学位论文、硕士学位论文、博士学位论文、文章等。由于这个范围很宽,本书将以中等篇幅的论文,即 20~40 页、带有注释和书目的研究论文为目标。不过其方法可以很容易缩小或放大,分别适用于小型项目或较大的项目。

你可能会以为本书是有关如何找资料的,但找资料仅仅是做研究的一部分。虽然本书肯定会讲怎么找资料,但也会包含许多其他内容,例如:不同的阅读方法、如何浏览以及写作策略。(还包括如何忽略一些东西,这在当今可能是一项比找资料更重要的技能。)所有这些活动都是一个更大问题的组成部分:管理各项工作,让它们最终产生一个好作品。因此,本书的核心并不是在研究中将要进行的许多活动,而是学会如何管理这些活动以获得一个好结果。这是关于项目管理的。

不管资料是在图书馆里还是在互联网上，是在市政厅还是在阁楼上找到的，管理在找来的资料中做研究的项目基本都一样。这引发了一系列问题：我该查找更多资料吗？为什么我会觉得这个资料重要？
X 有谁已经思考过我的课题？等等。所以，资料的出处并不太重要。重要的是，这些资料还未曾为当前的研究而专门收集过，你要决定使用哪些资料，又摒弃哪些，还要找到更多资料来帮助自己完成这个任务。无论是在互联网上还是图书馆里做研究，不管图书馆规模如何，无论论文是用于政治学课堂、英语课还是对本地历史协会发表讲话，这些问题和事项都同样存在。在所有这些情况下，你都要把找来的数据的零碎部件组合成为论点，写成文章来阐述并支持这个论点。

所以，这是一本非常通用的指南。我本人恰好是一名社会学家，又恰好供职于全世界最好的研究型图书馆之一。但本书中的建议对很多学科都有用处；我已经用本书的理念给人文和社会科学各个领域的学生授过课。本书关于在找来的资料中做研究的策略适用于各种不同规模的图书馆，更不用说每个人都可以接触无边无际的互联网，而本书中所谈到的几个需要授权的数据库在大多数高校中都能提供。

在本书出版前，阅读了本书草稿的同事提醒我说：本书号召读者全力以赴地争取在学术上获得卓越成就，这可能会让他们望而却步。他们让我把书稿简化一些，其中一位指出："你得让它更贴近学生的实际水平。"但我自己在教学上的经验则是：撰写研究论文的学生都迫切地想让自己比原来更上一层楼。让他们感到泄气的是研究中那些看似毫无头绪的迷雾、缥缈不定的信息世界，那里的一切都可以平等获得，一切都同样有魅力。而他们一旦意识到严肃的研究技能可能带来什么，就会更加想要提高这些技能。

所以我根本没有对书稿进行修改。它阐述了一类研究的图景，也展望了是什么使得那种研究出类拔萃。我相信研究中的卓越，也相信许多并不指望自己能做到这一点的学生可以完成优秀的研究。这只是个掌握技能并付出努力的问题。

我是指导你们在找来的数据里做研究的古怪向导，介绍一下我自己也不无裨益。首先，可能最重要的一点，在我的孩提时代，母亲是一名图书馆馆员，因此我放学后有大量时间在图书馆里游逛。我曾经试图清点自己所进过的图书馆的数量，但数到大约 150 家左右就开始迷糊了。如果我有时候听上去对图书馆有着罗曼蒂克的感情，这无疑是一个主要原因。

其次，我是一个在图书馆里做了大量研究的社会学家。我的出版物中大约有一半主要来自图书馆研究项目，项目主题包括诸如信息职业的转变、19 世纪晚期法律工作市场、学术期刊的历史以及对 20 世纪图书馆参考工具的资助。我写文章会用许多脚注，给那些不同寻常的资料来源增添一些诗意，诸如此类。

再次，在我那些与图书馆无关的工作中，恰巧早就采用了关键词搜索引擎所采用的序列分析算法。我在 20 世纪 80 年代早期就采用了这种方法，比交互式图书馆工具时代要早得多。我用这些方法来调查职业模式，因为工作序列和 DNA 中的氨基酸序列并无二致。此外，我还采用了集群法、分类法和缩放算法，这些方法最终也被信息科学家用来制作词云(wordclouds)和类似的邻接展示。对我来说，它们是把职业序列进行分类的方法。还有，由于我进行过关于人际网络方面的研究(例如，写过关于巴洛克时期音乐家们的流动网络)，我也采用网络中心性的做法，这种做法在搜索引擎中用来驾驭相关性的顺序。所以，几十年来，我一直清楚许多熟悉的图书馆研究工具“掩盖下的”计算技术的优缺点。

最后，我的大多数实证研究也恰巧都与知识体系有关。我在专业知识、学术科目、社会学学科等方面都有书籍出版。实际上，读者将会知道，我眼下的研究有很多是关于图书馆使用的历史和基于图书馆的知识的经验主义以及规范主义理论。

简而言之,作为一名学者,我有大量研究是在图书馆里完成的,我也广泛使用计算技术进行工作,正是后者推动了图书馆研究及其数字类似物所使用的工具的发展。我的研究也主要关注知识和知识体系。这种专业特长的组合多少有点不同寻常,不可避免地产生了一种独特类型的图书。最重要的是,我的演算经验使我对数字知识工具拥有一个内行人的视角,而我对它们持有的怀疑态度——下面还有更多,并不只是单纯出于保守主义,而是基于我已经在其他语境中广泛使用过这类工具。

我为什么讲授图书馆/数字研究这门课程并撰写一本由教学而来
XII 的图书,对此我有几句话要说。正如我的大多数同事那样,我本人主要是从道听途说和试验中习得图书馆专业知识的。我发现这种经历很让人灰心。为了把学生从这种挫败中解救出来,我评上教授以后就开始传授这些技巧。虽然我的图书馆研究做得还不错,却没办法将它教得很好。持续不断的失败让我对自己的图书馆研究实践进行更多的反思。我慢慢发现自己教的是错误的东西:图书馆工作的中心问题与其说是发现什么,不如说是知道要找什么。当我问自己是怎么知道要找什么的时候,才意识到我实际上并不清楚自己是怎么知道的。这似乎是一个神奇的直觉。不过,我并不相信神奇的直觉,于是就更加仔细地分析了自己的研究习惯。

现在我们都知道,研究被认为是一个从问题到数据再到结果的线性过程。不过当我审视自己的图书馆实践时,却发现自己是在兜圈子。每一小点研究都会重塑问题,而新问题会导向新的研究,这又会重塑问题……如此循环往复。起初,我以为自己是唯一不按照正确的顺序做研究的学者;我的同事一定有着明确的问题和连贯的研究设计。不过,当我开始询问他们的研究设计时,才发现原来他们也并没有清晰的设计。大多数同事都很坦率地承认他们总是在问题和结果之间循环。我们的文章和著作中的最终逻辑只是一个表象，是在既成事实之后才添加上去的。

在随后的三四年时间里，我把自己的图书馆研究课程从一门讲授关于如何用复杂工具查找资料的课程，改造为讲授如何管理一个复杂而又经常不合逻辑的项目，以便让学生总是能知道接下来要找什么。我开始意识到在图书馆做研究的技能（或“直觉”）是，当你拥有一些随机找来的资料时，知道是否原本应该想到自己去找。

这并不是说知道如何去找到资料不重要。每个研究者的书架上都应该有一本托马斯·曼（Thomas Mann）的著作《牛津图书馆研究指南》（*Oxford Guide to Library Research*）。同样，掌握更正规的研究写作方法也很重要，这方面同样有许多优秀的著作。但当这些方面被分别对待时，并没有很大意义。因为我们是在做研究，所以想要有查找的技能，又因为查找行为本身只是随机搜索，所以我们想要做研究。这两个过程必须互相支持，因为在找到资料和写作这两方面之间存在着巨大的随机性海洋，任何置身于找来的资料当中的研究者都必须跨越。这个海洋之大令人震惊——互联网又使其扩大了上千倍——让研究新手望而生畏。到底要如何找到出路？答案——或至少是一组可能的答案——将在你手中拿着的这本书里找到。 XIII

如今，你当然可能已经从有的人那里听说研究领域发生了革命，做研究工作比以往容易些了。不用说，那都是胡说八道。从第一手经验可以知道，做研究是很让人困惑和望而生畏的。的确，向来如此。在基于图书馆的“找来的数据”知识方面，跟30年前相比，我们并没有更加接近革命性的进步——更可能是恰恰相反。实际上，新工具让学生比以往更难学会研究规范，他们主要通过绝对超量的工作来实现；对于学生来说，海量获取资料仅仅意味着需要筛选的东西多了上千倍。但还有另外一个原因让研究面临新的难题。如今的学生和我那一代不同，他们在大学之前的教育中并没有学会“研究操作”的初级版本。这与其说是因为没有给他们分配研究论文的写作任务，不如说是因为他们成长于互联网世界中，那里并没有往日高中图书馆所拥有的明确的质量标准、权威的参考工具等。我们过去有指导规范，而你们现在并没有。信息量过载的情况变得更加糟糕，指导规范却没有了。奇怪的是，对于我们这些已经了解基本研究规范的人来说，新工具和海量获取资料确实让图书馆研究变得比以往更加容易，因为我们已经学会如何处理互联网上数量庞大而质量参差不齐的资料来源[《期刊文献读者指南》(*Readers' Guide to Periodical Literature*)就相当于我们那个时代的“过载者”]，所以我们能让互联网去做惊人而又美妙的事情。

当然，这对专家来说也并不全然是美妙的。一些工具的界面总有那些在功能上并没必要的变化，把我们弄得很恼火。在本书中你会读到其中一些好玩的例子。不过，这些变化证明对你也会有重大影响。它们意味着我在本书中提供的一些——也可能有相当多——具体建议很快就会过时。商业环境意味着这些工具和资料来源一直会得到“改进”。正如你从大学教科书总会出新版本的经验中所熟知的那样，绝大多数的这种改进仅仅是为了创造新的利润机会而进行的随意改动。不过，它意味着工具方面永远会发生一些随机的小变化，而今天提出的
XIV 具体建议在下一年就必须改变，哪怕其基础研究工作或它们在工具中的实际应用并没有发生真正的变化。这些变化的装饰意义大于实际意义，尽管在追逐利润时它们的目的常常是为了更有吸引力，因此更为常见的是移除研究功能(研究只是一个很小的市场)，而不是改进它。

所有这些折腾和改动只会让本书中的一般性做法和建议变得更加重要。这些工具在购买、整合、分离、改进等过程中总是在变化。但本书的根本主题会一直保留，那就是：质量为本、保持专注性的问题、抱着怀疑和批判精神阅读资料来源。这些主题指定了你必须在研究工具中找到的功能(它使用哪种索引编制方法，具有哪种质量测量，隐含着哪些真实数据等)。新工具和新界面会冒出来，你得对它们进行判断。

希望通过阅读本书,你会看到自己应该依据什么标准来做出判断。

总之,对找来的数据进行研究这个核心任务跟以往一样艰巨,而研究的核心技能——严格、纪律、仔细和想象力——却没有变,未来仍会是这样。知识革命并没有发生,只是一种新的信息过载、诸多翻腾及大肆宣传。那么,比我对这个或那个工具、这家或那家出版商、这种或那种资料所做的实际推荐更为重要的,是做出这些推荐的缘由。那个缘由提出了获得真知灼见所必需的要义。如果你掌握了这些要义,一旦我的具体建议因为技术和公司的变动而过时——它们很快就会的——你还是能够让这些新工具为自己所用。

每本书都应该有致谢。首先,我对这些年来帮助过我的图书馆馆员亏欠很多,在此致谢。感谢我的母亲,她让我帮忙在她管理的多个图书馆做分类和上架工作,并把她在西蒙斯学院从劳拉·科尔文(Laura Colvin)那里学到的参考文献工作的基础知识教给了我。感谢帮助我完成博士学位论文的图书馆馆员:有的出于对一个无助的学生的怜悯而推迟了图书馆关门时间,有的让我在本应只对教职员工开放的书库里浏览,有的是那些记得"你也许会感兴趣"的奇怪作品的人。图书馆馆员以诸多方式帮助了我。他们从事着伟大的职业,我衷心希望那些想要著书立说的人,能够得到伟大的图书馆馆员的鼎力相助。

在我的生命里——至少是这段日子——最重要的图书馆馆员是芝加哥大学图书馆主任朱迪斯·纳德勒(Judith Nadler)。我是学校图书馆委员会的主席,已经和朱迪斯密切配合了7年。她是一个极好的技术型图书馆馆员,也是一位优秀的领导。她在芝加哥大学建造的新曼苏埃托图书馆(Mansueto Library)这件事上的规划和监督,就是其职业精神、眼光和个人魅力的灿烂典范。

最后我要感谢我的学生们,在我的许多版本的图书馆研究课程中,我从他们的作业学到很多。承蒙他们的同意,我会贯穿全书用到他们的作业。不过更重要的是,他们提出的问题让我意识到我在教学上还有哪些不足。如果本书获得成功,那在很大程度上要归功于他们的鼓舞。

我在芝加哥大学的约瑟夫·雷根斯坦图书馆(Joseph Regenstein Library)写下这篇“致读者”。我一生中去过很多家图书馆,有些是大而全的,有些则是小而精,每一家图书馆都让人感到愉悦。但我认为约瑟夫·雷根斯坦图书馆是我最喜爱的图书馆,能在这里工作真是一种荣幸。

第一章　引　　言

一、一本研究指南　1

这是一本关于如何利用图书馆和在线数据库所储存的现有资料开展研究项目的指南。这么说的确切意思是什么呢?

首先,这本书是一本使用指南,一本指导性的图书。它不是一本手册或一个技能和资料来源的列表,虽然图书馆研究方面的大多数图书都是如此,这类书是根据图书馆馆员的视角来组织的。它们处理不同类别的搜索:通过关键词、引文等;也处理不同类别的资料来源:档案、地图、人口调查等。简而言之,它们告诉你怎么去找到特定事物。不过,找到资料实际上只是研究的很小一部分。虽然它很有必要,但还有更重要的事情。所以,我要说的第一点就是:这是一本关于如何做研究的指南,而不是一个如何在图书馆里或互联网上找东西的手册。

其次,本书的要点是"做研究项目"。我本可以说"做研究",但那样你会觉得我指的是"找到东西"。不过,我刚说过,"做研究"并不是"找到东西",而是针对你提出的问题去组织答案。现在你也许觉得,任何可能的问题或谜团的答案就在图书馆或互联网的某个地方,而"研究"意味着找到它。但并非如此。可能的问题数(因而也就是对这些问题的答案数)要远远大于"现成事物"的数量。这是因为谜团或问题的答案总是会涉及“现成事物”的组合,而显然事物的组合要远远多于事物本身。所以,图书馆和在线研究者从不认为谜团的答案是可以直接找到的,虽然与那些答案相关的信息肯定存在——往往是信息过多。这些答案本身必须要以特定方式对信息加以组合来构成:专业知识。为避免误以为“研究”只是“找到东西”,所以说我们是“做研究项目”,而不是“做研究”。

2 举个例子就能让这种区别一目了然。以“在美国有多少名律师?”这个问题为例,如果我让 20 名学生上网去查这个数字,他们会带回来 20 个不同的数字,从大约 50 万人到 200 万人不等,但都具有同样的权威性。因为这些答案完全取决于怎么定义“律师”:法学院的毕业生?通过了各州或联邦律师资格考试的人?目前受雇做律师(不管怎样定义)的人?目前有执照从业(在什么法庭)的人?每个数字都是正确答案,但只针对我们提出的某个特定问题。如果我们在考虑执照费对律师的影响时,可能关注的是有多少人已经通过了律师资格考试(而不仅仅是那些持有执照的人),因为我们感兴趣的是这些费用是否会阻碍人们去申请执照。如果我们考虑的是普通公民是否真的了解法庭如何运作,那么可能会对曾就读于法学院并在那里学会法律思维习惯的人在人口中所占的比例感兴趣。如果我们考虑的是为穷人提供法律服务,那么可能只会对那些服务于某类个人客户的执业律师感兴趣。

也就是说,我们的研究兴趣决定了哪个“美国的律师人数”是正确的。一个好的图书馆馆员会帮你把它们全部找出来。不过其工作并不是告诉你应该要哪个答案,或甚至告诉你不止有一个答案,这是你作为一个研究者的本职工作。更大程度上,收集与谜团有关的信息是研究项目的一个重要组成部分,但主要问题是要想明白谜团是什么,以及它需要什么信息。一旦你掌握了这个,找到相关信息就会变得驾轻就熟。所以,要记住“做研究”在本书中并不意味着“找到东西”,而是提出一个研究问题,收集相关资料,并从那些资料中组织答案。

这带出了本书的第三个要点:“存储在图书馆或在线数据库里。”尽管发生了数字革命,但和从前相比,使用其他人已经存储或收集的信息来开展研究项目并没有什么不同,因为社会环境还是一样的。作为研究者的你,是一个带着自己感兴趣的谜团的个人,在一个已存在的资料库中去寻找与自己的谜团相关的资料,这个资料库既大又不确定,但其自身可能进行过组织,尽管这个组织方式可能与你的谜团无关。这个资料库可能有保管人,能帮助你进入它(例如,图书馆馆员),但他们无从得知你的谜团是什么。数字时代的真正区别在于实体图书馆要小 3
一些,但组织得很好,而数字世界更大,却缺乏组织性。除此之外,研究的社会环境完全一样。

至于工具本身而言,实体工具和在线工具的主要实用区别在于,后者:可用性要广泛得多;就精确性、耐久性和关联信息而言,品质较低。每个人都知道数字世界的巨大增长,这确实是一件无比美妙的事情。但其较低的质量则不那么为人所知,也不那么令人愉快。这里有个例子:我的第一本书《职业体系》(*The System of Professions*)出版于 1988 年。这是仅有的一个版本,在我所在大学的卡片目录(如今放在图书馆地下室)里有一张与它对应的卡片。但是,在世界图书馆联机目录(WorldCat)系统里却有 7 个单独的条目,在 WoS(Web of Science,科学引文索引方面的数据库)的引文列表里,更有多达 40 个不同的条目。(造成这种情况有多个原因,大多数都和数据录入过程有关)。诚然,WoS 的引文中有 80%都使用了正确的标题,尽管它有许多优点,却并未做到完全准确。所以,实体工具和数字工具都有各自的优势和劣势。

数字资料和实体资料之间的双刃剑情况将在长时间内持续。双方都有开支方面的争论(图书需要大型建筑,但数字科学期刊则耗费图书馆的经费)。二者也都有着接口的争论(数字格式提供了更快、更广泛又更为廉价的获取,但对许多种资料来说,数字化还没有可行的商业计划)。甚至在用户层面,对两边也存有争议。数字资料来源在执行有些任务时速度惊人,让许多前所未有的事情变得可能。它们极大拓宽了资料的获取通道。但按照传统标准来说,质量较低,并且剥离了大量对于图书馆研究活动来说必不可少的外围信息。反过来说,实体资料来源(或虽然有在线呈现,但并未改变形式的实体资料来源——例如,在线目录)普遍质量很高,含有丰富的外围线索,这对图书馆研究至关重要。不过它们在有些用途上速度很慢,在其中进行某些类别的搜索是不可能的。鉴于这些两面性,优秀的学者总是在实体工具和数字工具之间来回切换,这毫不让人感到意外。

本书还是一本关于在已有资料当中开展研究项目的手册,这个任务我将在后文中简称为"图书馆研究",虽然几乎所有在找来的资料中进行的研究都会同时涉及对实体资料和数字资料的使用。如今,大多数图书
4 馆都通过在线授权来提供大量或大部分资料。所以,"图书馆"这个词在大多数年轻人的头脑里包括了实体资料和数字资料两种(这是学生告诉我的)。替代性的(但也可能是更准确的)术语——"发现数据研究"(found-data research)就显得太难看了,所以我们只需要记住"图书馆研究"并不意味着仅仅在实体资源中进行研究,就可以了。

图书馆项目的例子有基于图书馆所做的学期论文、学位论文、文章、专著等。当然,也有基于图书馆和数字资料所做的"背景论文",这在政府和非营利机构里是一种常见的类型。不过我对这类论文并没有兴趣,我所写的针对的是会产生传统研究成果的研究项目:解答一个或多个具体问题的文本。

二、图书馆工作的非线性特征

图书馆研究项目的第一个事实是:它们不是按照严格顺序来完成的。你并不是从一个普遍问题着手,聚焦到具体问题,然后明确所需的数据并进行收集和分析,最终得出结论。自然科学家会按照这个路径,

或者,至少他们声称自己是这么做的。但在图书馆研究上,这种做法肯定行不通。恰恰相反,你会同时做很多件不同类型的事情。只有在撰写阶段,才能把项目落实到传统的修辞形式:由一般性问题导向具体问题,再导向分析,最后得出结论。你一定已经读过很多基于图书馆研究的图书和文章,它们没有一个是按照写作顺序进行研究而写成的。

图 1.1 提供了一个典型的图书馆研究项目中实际各项任务所花费时间的概况。在某个时刻你要做七件事情:设计、参考书目、浏览和资料搜索、阅读、维护文档、分析检索到的资料、撰稿。如图 1.1 所示,大多数时间你都会在做这七件事情。例如,你会在有一个最终的固定设计之前就开始写作。实际上,不到项目最后一刻,都不会有一个最终的固定设计。这可以解释为什么大多数博士研究生在撰写学位论文的第一章时,就已经完成了除结论之外的其他所有内容。你只有在完成之后,而不是在那之前,才会理解自己想要做什么。

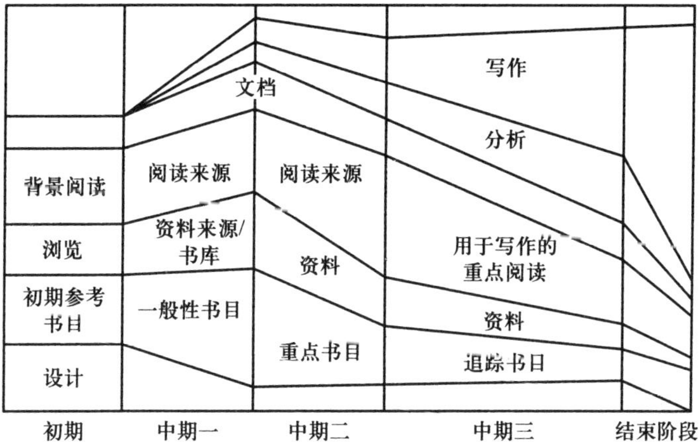

图 1.1 一个大型图书馆研究项目的大致时间表

图书馆研究并不是线性的,这意味着一本关于图书馆研究的教材也不会是线性的。因为你总是在进行着多项不同的研究活动,所以无法逐个章节阅读这本书,掌握了图书馆研究的一个方面之后再前往下

5 一个。例如，每当需要对一个新的子领域进行概述时，可能就要重新阅读一下关于概述的章节，直到习惯了做概述。还可能需要重复阅读关于编制索引和浏览的章节，因为在项目进行过程中，这些任务会一再出现。

我把一个图书馆研究项目的基本轨迹重温了三遍，试图解决这个非线性的问题，每次都有更多的细节。在本章的接下来三个部分中都各有一个概述。然后，在本书第四章的多个部分中，有一个整章篇幅的总结。最后，从本书第五章到第十一章这些详细叙述的任务章节中，谈到了每个任务的中期版本。那样你就可以在转到下一个层次之前，学会部分基本技能。

正如这个“温习三遍”的逻辑所暗示的，本书不是用来直接通读的。如果这样做，有时候会觉得它太具体，有时候则太含糊，永远没有经过全面组织。这其中有一部分原因在于学习本身是非线性的，但也因为本书得服务诸多不同水平的读者。有的读者对实体图书馆了解颇多，其他人则一无所知；有的读者了解一部分网络世界，其他人了解的则是另一部分；有的读者以前曾进行过严肃研究，其他人则未必；有的读者正在撰写课程论文，有的则在撰写硕士学位论文或博士学位论文。所以，有些人需要简单的定义和详尽的说明，而其他人则需要远为复杂
6 的定义和说明。本书第三章解释了什么是“书库”(the stacks)，但也说明了 EBSCO 公司(世界上最大的全文期刊数据集成出版商)的知识宝库在财务方面的复杂性。这也许看上去有点奇怪，因为有的读者需要其中的一个，与此同时，其他读者则需要另外一个。要记住，尽管图书馆研究基本上是我们的个人行为，但它也是我们和其他个体一起做的事情。每个研究项目都是在以前的项目基础上进行的，而我们大家都依赖于新生代学者持续不断地补充我们的队伍。本书的多个层次就是提醒我们要记住这一点。

最后，在大多数术语初次出现时，我都尽量加以解释。不过如果你

记不住,在本书末尾有一份详细的词汇表。

三、初期

在初期阶段,就开始着手做。记住,我并没有说“在初期阶段你要想清楚自己打算做什么”。你觉得自己想清楚了打算做什么。当然,这个初步猜测只不过仅仅是黑暗中的摸索,可能和你最终做的事情大相径庭。然而,如果你要等到“真正”想清楚自己打算做什么,你永远都不会开始着手做。

在初期阶段,你要做以下事情。首先,要做设计工作。尽管在整个项目过程中,计划会不断改变,你也必须从某处着手,并且,在初期阶段,要对自己的设计做出最初的猜想。这意味着要把一个含糊的兴趣点变成一些谜团和有重点的研究问题。这里我讲得非常书面化:需要一两个清楚的经验性问题,一两个清楚的理论观点来支持那些经验性问题,还有四五个一般性研究问题。一旦你把这些事情形成为一篇不错的三四页的文档,就算是准备好进入项目的中期了。(这会经过四五次反复。)

生成这个设计还需要去做一些其他事情,首先要做参考书目工作。初期阶段的参考书目并不是指到谷歌学术(Google Scholar)里输入一些和项目相关的词语。你如果愿意的话可以那么做,不过会得到一长串的资料列表,让你觉得任何可能的事情都已经被人研究过了。在初期参考书目中,真正要做的是绕开“大海捞针”的局面,直接进入“针线铺”。(后文会对此给出详细建议)

进入“针线铺”还涉及第二个活动——(用眼睛)浏览和扫视。因 7
为即使用最好的参考书目工具,你所找到的大部分资料都是没有用的,得对它们进行迅速浏览,找到最有用的资料来源。注意,一个给定的资料来源是否有用并不是预先设定的事情,而是跟你所感兴趣的项目有关。有的东西可能对你有用，而对其他人则毫无用处，反之亦然。这就是为什么你得不断考虑以下两点：(1) 你的项目是关于什么的(因为那界定了你刚浏览过的东西是否有用)；(2) 如果你改变了项目，使得明显没用的资料来源变得有用了，那么它可以是关于什么的。

找到的资料有两种不同途径的用处。有的资料是一级的，这意味着对项目而言，它们就是数据，这可能是手稿、档案、文件、人口调查数据、报告等。相比之下，其他资料是二级的：它们大致和你提出同样的问题，并使用同样类型的数据。二级资料是针对你的课题的其他学术研究。

在初期阶段，要找到一级和二级资料来源，并对它们进行浏览，但这项工作大部分是集中在二级资料来源上面。在初期阶段，要研究一级资料来源的唯一理由是为了确认它们是否存在，能使你按照设想开展项目。显然，如果那些资料都不存在，就需要修改设计方案，转换到那些确实存在的一级资料来源所能解答的问题上。

所有这些都意味着设计、参考书目和浏览这三项活动在初期阶段有着一种特别动态的关系。研究问题将以惊人的速度进入并离开你的问题列表，甚至基本经验性问题都可能发生变化。

在初期阶段，你还要做一些真正的阅读。我所说的“真正的阅读”指的是以一种带有思考的方式阅读整个文本，在每一页都花费一分钟或更多时间。这需要一种主动的阅读，全神贯注于手头的文本，把这种主动阅读想象成专注于单个资料来源进行多项任务。表面上看，是在分析语句，而在脑海里，你把这些语句变成对论点的理解、对文本提出问题、注意到相关观点和文本的零星参考以及提示，诸如此类。还需要做一些思考性的注解，不管是对文本本身进行标注还是写下单独注解。这种阅读是一项累人的工作，每进行 25 分钟就需要集中放松 5 分钟。
8 它还要求绝对的安静，杜绝干扰：不要有音乐、短信，没有闲聊的同伴，没有扰人的敲击声和提示声。你手头打开的只有一个电脑窗口或一本书。

通过这样的背景阅读,开始被动地学习术语、人名、事件、观点以及遍布你的项目的那些问题。这不是要你坐下来记住它们,而仅仅是习惯看到它们就可以了。这种被动学习会使你做好有效浏览的准备。除非头脑里有想要浏览的东西,否则浏览就是徒劳的。通过有强度的背景阅读活动,你开始学到那些浏览的“吸引因子”、刚刚熟悉的标签和名字,帮你从看似随意的信息碎片中识别出值得追寻的东西。

最终,在初期阶段要建立一些文档。不管是使用实体文档还是电子文档,都需要创建一个文档结构,对项目保持有组织的控制。需要为业务事项、通信、任务清单和已完成事项的主要记录建立一个主文件夹;需要为当前的设计文件以及以往的版本建立一个设计文件夹;还需要为参考书目本身和一份精心准备的书目日志建立一个参考书目文件夹,这样就不用重复已经做过的搜索或避免没能去做那些本该完成的重要搜索。还需要一个文件夹用于读书笔记,以及几个存放一级资料的文件夹。最后,还需要一些文件夹来存放分析内容和写作内容。

这个方法也许听着很笨。毕竟,你总可以通过这样那样的方法在自己的电脑上找到任何东西。确实,你可以找到一切,但如果那些“任何东西”并没有通过系统化的关键词或标签很好地组织起来,就要花费时间和脑力。更重要的是,文档的组织工作——以及在进行或重新进行组织的过程中所出现的那些概念——实际上是项目首要的分析性结构。因此,这些文件归档工作就成了一个项目的脑力劳动的核心部分。如果你给文件夹加上标签仅仅是为了能用多种不同方式找到它们,那实际上是在拒绝给自己的资料创立和添加一种秩序,相当于拒绝思考。而对资料进行思考恰恰就是做研究的分内之事。的确,如果想用数据库术语来描述的话,你可以把最终文字作品想象成对一组资料的深思熟虑的、甚至是具有权威性的索引。它是一个来自特定立场的索引——那就是你的立场。撰写最终文本所提出的要求,是要对占有资料进行特别精彩的索引。

在某一时刻,你会开始觉得设计文档已经稳定了。它不再随着你
9 做了更多工作而每隔几天就要修改。这时你就准备好进入中期阶段了。在我的课堂上,学生的设计文档通常在大约第四稿稳定下来。因为我要求他们每周都公布文档并互相评论,这意味着学生大约在学期的第五周就准备好进入中期阶段了。

四、中期阶段

在启动书目工作,完成首个一级资料目录并开始阅读二级文献之后,你将使用一级资料进行基本的分析工作。尽管中期阶段所涉及的多重任务跟初期阶段一样多,但主导性的活动变成了对一级资料进行研究。

首先,这意味着要真正阅读这些资料。偶尔你会发现一级数据是马上可以用于分析的。更可能的情况是,你需要对一级资料进行梳理,做笔记,提取数字,或对间接提到的题目、组织或人的资料进行搜索。实际上,你可能仅仅为了获得创立它们的那个环境中的一种工作感觉而需要阅读它们。

这类阅读以及在此基础上的分析被称为“强力突破”(brute force),这是相对于浏览而言的。所有图书馆类型的研究都涉及大量的强力突破。你无法完全依靠浏览、略读、提炼以及其他形式的表面化参与来进行严肃研究。那对高中论文、评论以及职位论文是可以的,但对于研究则不然。想想达尔文(Darwin),他在数据方面依靠自己的眼睛。每天,他都在加拉帕戈斯群岛的雀类、畜牧业观测等的数据当中辛苦跋涉。想想西蒙娜·德·波伏瓦(Simone de Beauvoir)在写作《第二性》(*The Second Sex*)时的情形。她的书汇集和整理了海量数据。我们可能会因为这类作者的理论而记住他们,但他们花费了大量时间在记录、

统计数据、史料和报告之中“强力突破”。他们的理论正来自于此。

但当你在一级资料来源当中进行强力突破时，也会同时做一些其
他事情。例如，会对原始资料进行更细致的浏览。你会发现你的资料
来源是不完整的，需要由不同地方的其他来源加以增补。书库里和原
有资料相邻的资料，或由一个网站链接和它们相连的资料，它们可能是
某个密切关联的一级资料的替代品，能帮你以不同的方式接近问题。
而你对一级资料所做的工作并不仅仅是带来新的资料来源，还会有大
量线索。当你在阅读有关机构的记录时，可能会出现新的人名，需要获 10
得其生平；当你在阅读报纸时，可能会有机构出现，需要追踪其起源、历
史和现在的结构；当你汇编数据时，可能会提及新的统计来源，需要去
跟踪。

在中期阶段，你要跟进这些线索中的大部分，因为当你需要的一切其实是在其他地方聚集，而你却在艰难梳理这些一级资料时，那是愚蠢的。确实，图书馆研究的一门艺术就在于第六感，它告诉你，当你要进行一项强力突破作业时，已经有人在什么地方做过了。但你有时候也需要抵触性的第七感，它会告诉你可能还没有人做过这件事，那你就坐下来自己去完成。

这些新线索接下来都需要参考书目，这在任何情况下都是持续进行的，因为在你追踪了所有这些来自初始参考书目通行证的线索之前，已经开始对一级资料进行研究了。（否则你将永远不会动手开始。）这些新的参考书目工作会让你从一级资料来源中分心，这对我们有些人是件好事——因为强力突破作业常常是很枯燥的。

如果需要其他一些能让你从对一级资料的强力突破作业中分心的事情，那会有很多。馆际互借资料会源源不断而来。一份新的参考书目可能会从手稿资料引向出版世界或一个未知的网站。跟导师和同侪的对话会带来越来越多有用的想法，因为你知道在那些对话中要提出什么问题。与此同时，需要抵御跟进所有这些线索的诱惑，经常只需避

免工作即可。

经过这个混合了参考书目、浏览和一级资料来源工作的程序后,获得的资料需要经过组织和分析,简而言之,就是归档。你得把资料汇集在一起,不管是电子格式的还是实体的。对于网络时代的研究者来说,归档是个关键问题,因为他们习惯于把资料留在原处,觉得只要简单复制其网址(URL)就可以迅速找到。这个假设是不对的。首先,你可能记不住把网址放在了哪里;其次,网址可能已经改变。并且,如果你花了几分钟去找什么东西,就无法同时关注让你来找这个东西的初始想法。只有当能够轻而易举地使用你所研究的资料时,才会有真正的思考和分析:不需要记网址,不用花费时间复习,无需搜索,只需要一个想
11 法、一个手势,就能拿到资料。要做到这个,需要事先对资料本身进行归档和汇编。

创建这类文档会强迫你去凝聚主题和标题,从而开始正式思考数据。它迫使你减少思维中的模棱两可之处("我觉得那篇文章是关于焦虑的还是恐惧的呢?"),做出判断和推论,逐渐形成分析。其结果可能会是一个与项目相关的所有事物的分层归档体系,包括档案权限、所访问的网站、参考书目和待完成任务清单。

当资料变得有组织时,不可避免会出现一些小型研究工作,最好马上完成:弄清为某个组织工作的每个人的收入、检查一个州的几个县某个特定指标的选票分布等。这类任务最好马上完成,因为它们对进一步的主要研究有着显而易见的影响,也是因为目前你对完成这些工作所必需的资料无比熟悉。所以你现在就要完成这些小型研究工作。这些"迷你型分析"包括参考书目小论文(这些会告诉读者你都读了哪些资料,还需要读哪些资料)、中心人物的生平传记(总是很有用,充满指向相关主题的线索)、核心机构的描述(这对那些机构的任何进一步研究都是必需的)、相关统计数据的定量分析(这可能会确定需要收集和分析的其他数字)。当你处于中期阶段工作时,这些迷你型分析会堆

积在文档中。后面的分析会越来越像最终成果，某些迷你型分析会逐渐自然而然汇集在一起。当你拿出几个迷你型分析并把它们组织为文本时，文章或论文的最初章节可能就浮现出来了。

这就把我们带到了中期阶段工作的最后部分：设计。整个中期阶段都贯穿着一个共同主题——重新定向。参考书目让你对有什么资料有了更为详尽的感觉。对一级资料和二级资料的阅读揭示了最初的经验性谜团中有一些是无关紧要的，另外还有一些则是出人意料的重要。文件归档工作将会迫使你确定基本类型并明确自己的意图。迷你型分析的计划将迫使你选择实际数据去解决抽象的论点，这会进一步明确这些论点。而迷你型分析的结果可能已经对你的研究问题甚至是你的经验性和理论性问题本身，提出了挑战。

这些都意味着你必须在中期阶段定期回顾自己的主要设计文档。 12
学生常常想要知道为什么：你知道发生了什么，那为什么要重做主导文档呢？答案是：你要想同时对一个好项目内外兼顾，那就太复杂了。这就像在电子游戏里玩得兴起，一旦得心应手，你就深陷其中而流连忘返。设计文档提供了必要的外部声音。

更重要的是，只有一个清晰的设计文档才能告诉你什么时候才算完工。电子游戏有不同关卡和终点，但研究并没有终点，总会有新的事物要研究、新的问题要澄清、新的子问题要提出。只有主导文档含有一组特定问题，其答案能完成这个项目。这些问题会在项目进行过程中改变，因为你会根据项目资料和结果对其进行调整。它们会变得更专注，结构更有逻辑性、更连贯。但当它们聚合、稳定下来并得到解答时，你就知道自己完工了。

总而言之，中期阶段涉及图书馆研究的所有七件事情，它们都是同时平行进行的。这是一个嘈杂但富有回报的时期，不同项目的中期阶段会持续不同长度的时间。对于一篇内容充实的研究生论文来说，至少要花 10 周，甚至是 15 周时间；对于课程论文来说，时间要短一些。

在我的课堂上,我让学生每两周报告一次他们的迷你型分析(你应该每两周至少做两三个这类分析,除非它们确实很费劲)。其间,我还预期对设计文档做至少两次“课程修订”回顾,其中的第二次应该判断出设计文档是否已经做好准备,可以被改写和转换为最终论文的初始章节。这就定义了中期阶段的终点。(要注意,这些数字表示参加我的10周课程的学生的项目进行到了一半,他们通常会在下个学期完成整个项目。在15周长的学期体系中,学生有时候能够在一个学期内完成一项严肃的图书馆研究项目。)

五、结束阶段

在结束阶段,你的大部分时间都用于写作,此时就是要把整个系列的迷你型分析组合起来。论文的整体修辞结构是严格按照现有的文字资料来设计和利用的,这会导致两方面都出现变更。正如闪电是地面电荷和空中电荷的交会,你的文本也是经验性工作和设计文件互相适
13 应的成果。如果你逐步更新自己的设计文档,就能轻而易举将其扩展成为论文的开篇部分。如果论文的修辞格式需要考虑之前的文章(如人们在科学领域所说的“文献综述”),这也会很容易,只要你保持更新参考书目即可。

当你在完成写作时,需要整理零碎的资料:那些通过召回或馆际互借而晚到的书籍,由于发现了新的人物和机构而追踪的文章,自你开始最初的回顾以后出现的网站。可能因为发现有的人或机构比你原先想象的更为重要,所以不得不再一次梳理一些一级资料。

甚至在完成写作之时,还是会有一些缺口——可能还是很大的缺口——这也是在所难免的。你可能确实会感觉到论文写作在某种程度上是对你所发现的事件流的一种武断干扰,你会怀疑论文离它应有的理想状态相去甚远。不管这种感觉是否合乎情理,它们都不重要。人

的认知总是会有缺口,因为总会有一些事情等待被研究,而每篇论文都是一个期中报告。论文总比你空想要更好。你也不应担心一件不可避免的事实,即你不会用到自己实际上已经收集并分析过的大量一级资料,这也是很正常的。如果你把自己所拥有的全部一级知识全部写完了,这说明你根本就没掌握足够的资料。

对于严肃的研究生论文或一篇文章来说,结束阶段将花费至少 5 周时间。无疑,你已经进行了大量写作。设计文档可能已经写好,并扩充为主要的框架了;迷你型分析也几乎写好了,但要把它们组织到一起,使它们互相紧密联系起来,流畅地衔接过渡,然后把所有将它们组合在一起的剩余资料都写好:这些事情要花时间。在写作的时候会有新的想法出现,它们不可避免会导致改写,有时候甚至是重大改写。而你需要至少 1 周时间让文本沉淀下来(这时你可以做一些完全不同的事情),然后开始最后的编辑工作。

总之,要成为一名图书馆研究人员,必须记住,图书馆研究和我们许多人已经熟练掌握的科学研究模式相比,有两个不同之处。

首先,图书馆研究不是线性的。它并不是从问题引向文献综述,再到数据搜索、分析,最后写稿,这些工作在很大程度上是并行的。你在大多数时间都在进行着大部分的子任务,一切似乎都是没有逻辑、混乱
无序的。但无论如何必须控制住这种相当平行的活动,并将它引向成 14
功的最终作品。而实际上,那个作品会让整个项目看上去比其真实情况要简单得多。

其次,图书馆研究主要不是关于找到事物,它是在创造事物。《大白鲸》(*Moby-Dick*)的最佳解读并不是现成藏在某个岩石底下、闪着孤冷的光芒等待最快速的谷歌算法找到它。开启一切知识的钥匙并不是某个终极网站上现成提供、只需要我们把它从其他所有虚假网站中辨认出来的。实际上,在人文和社会科学领域,我们并不会提出那些最终

答案业已存在或能在某处找到答案的问题。我们力图把可以提出的问题和所能找到的答案融合进和谐的写作中，一次又一次探索人生的微妙之处。我们乐于以严格而有纪律的方式来进行研究，因此也成就了我们的学术研究。但我们的研究并不是科学研究，因为我们想要讨论的事情并没有固定答案。我们的确会发现事物，但发现它们仅仅是开启了进一步进行复杂化研究的可能性。

第二章 图书馆人种志

所有关于“非线性研究”以及“不是发现,而是知道要寻找什么”的 15
讨论可能听起来很抽象,所以事例说明会有些用处。因此,本章包含了我的一个具体研究项目的论述。因为我熟悉这个项目,可以向你展示所有主要和次要的内容。特别是,我能用细节来说明问题和答案是怎样共同演进的。如果你觉得并不需要这样的例子,完全可以略过,直接阅读第三章。

我是从一个研究者的视角来撰写本章的。可能以倒序手法来写会更聪明一些,从结论开始,然后逐渐揭示是从哪里开始的。采用读者的视角,向你展示一个结构良好、经过修饰的论点实际上是(看似)不经意的一组研究实验的产物。但提供一个研究者的视角更重要,因为那才是你需要理解的经验:如何从一个不规范的泛泛想法开始,在一头雾水中查找最初的线索,并最终以一个清晰而重要的研究成果结束。[如果你想要阅读最终成果,它就是《二十世纪美国人文和社会科学学术的图书馆研究基础》(*Library Research Infrastructure for Humanistic and Social Scientific Scholarship in America in the Twentieth Century*),可以在我的网站或名为《形成中的社会知识》(*Social Knowledge in the Making*)的书里找到。]

不要被这些细节和复杂性吓住。确实,本章描述了一个经验丰富的学者在一个巨大的研究型图书馆里所进行的大型项目。不过,你的项目也会迅速产生类似的细节和复杂性,哪怕它是由一个经验较浅的人在一个规模小得多的图书馆里进行的。你也会变得对自己的资料非常熟悉,在朋友眼里,你似乎已经完全淹没在晦涩的知识和细节里了。即使是一个相当简单明了的项目,如果做得好的话,也会在外行眼里显得有点魔力而且不可思议。

16 一、出发:强力活动加两个不那么迷你型的分析

正如我的其他一些论文那样,这篇论文诞生也始于一个争论;我想要表明,数字图书馆并没有什么新鲜的。我尤其要强调:(1) 强有力的知识工具早在数字革命之前就被引进了;(2) 互联网世界在很大程度上还欠缺一整套的工具(专门化的工具书);(3) 数字工具的质量通常远低于它们所取代的印刷品工具。总之,我坐了下来,为一个我觉得正在消逝的美丽世界写一首天鹅之歌。

我已写过一些关于图书馆的文章。因此,在某种程度上说,甚至在我开始天鹅之歌项目的时候,我已经处于中期阶段了。由于我已经在这个阶段,我就可以直接转入一级资料。

先做重要的事。如果我想要唱天鹅之歌,我得先描述一下天鹅。也就是说,我得创建一个图书馆参考工具在20世纪的基本历史——这是个强力活动。我做了一个粗略的文献书目浏览,自认为很可能并不存在这样一个历史。所有关于参考工具历史的文字资料似乎都是关于写作时候的不管什么最新工具的优点的。当然,最终我还得重新进行并强化这个背景调查。但在当时,一次粗略浏览就让我可以着手开始。

幸运的是,我已经了解这种强力项目的恰当捷径:美国图书馆协会(American Library Association,ALA)自20世纪初以来,已经出版了多个版本的工具书指南。从我们图书馆的书库里,我当场就找到了1902年、1923年、1951年、1976年和1996年各个年份的版本,并开始创建一

个参考工具及其问世日期的总清单。但主要工具的数量和种类非常庞大。所以,从一开始,我就得思考对它们进行分门别类。最初我使用了1902年版指南的分类。但它在1923年有了改动——这个改动本身就让我了解了有关事项,是关于那个遥远时代的图书馆研究是如何进行的。(例如,外语工具的数量直线下降:人们期望1902年的图书馆馆员能读德语和法语。)但我以一个权宜之计处理了这个目录问题并向前推进。

很快就显而易见,我需要至少另外两个迷你型分析。首先,不涉及用户的话,谈论工具是没有意义的。所以我得估计一下使用高级研究型图书馆的学者数量,我通过使用(并累计)博士作品的数据以及研究学术界的学者会员数量做到了这一点。这是个写起来很容易的句子,但博士作品的分析花掉了我整整2周的全天工作时间,需要4种相关参考工具的知识,最重要的是,要对几种有冲突的数据来源进行整合。分析工作中还采用了一些计算机估算(该细节将在本书第九章中讨论)。取得学 17
术界的学者会员数量则简单一些,尽管近年来的数据非常糟糕:在1960年,美国学术团体协会(American Council of Learned Societies)不再保存其成员协会的精确规模的详细记录,而现有的一些资料来源提供的估计既有分歧又相当可疑。(例如,他们总是提供大概的数字。)

我构建了这两个数据系列,因为我觉得两者都会估计出可能使用图书馆的学者数量。但让我震惊的是,它们给出了大相径庭的估计——相差太大了,我只好认为它们估计的是完全不同的群体。在20世纪20年代,每名博士对应着4名"学会会员";到了1950年,这个比例接近1∶1。因此,在20世纪20年代,大多数的学会会员肯定是业余爱好者。因此,由于我对自己的图书馆用户池进行了第二个估计,我很偶然地发现,美国学者的真正职业化在各个主要学术协会成立时(19世纪晚期和20世纪初)并未到来,而是要直到很晚以后,博士逐渐把业余爱好者挤出去。最初是"对某个事情进行一次额外估计以便确认它"的活动,结果产生了一个重大发现,这是图书馆研究中的常见经验，它太普遍了，经常需要加以留意。有分歧的信息常常意味着有分歧的现实。

我的第二个显著的迷你型分析是创立一整套描述性的图书馆统计数据，如图书馆馆藏规模、职员人数、采购开支。在这里，我倒无需费力查找数据。研究型图书馆协会（Association of Research Libraries）有自20世纪60年代以来的数据，而更早的数据——由普林斯顿大学一位名叫詹姆士·赛耶·杰罗尔德（James Thayer Gerould）的图书馆馆员辛勤编纂而成——则在最初的书目工作中很快就找到了。因此，这个迷你型分析的"分析"部分，与找到数字的关系要小一些，而更像是猜测哪个数字是重要的，以及如何把它们有效地呈现给读者。所以我把图书馆馆藏规模、职员人数和采购开支进行了排名，并给每个排名创建了表格，列出了位于第一名、第五名、第十名、第二十名、第五十名的大学图书馆。这个惊人详细的迷你型分析（大约有10页稿件）最后由于篇幅有限而完全没有出现在最终作品中。最后完稿的论文要求的仅仅是一个明显的"图书馆迅速扩大"的结论。有时候，你做了大量工作却一无所获。

18 二、强力历险

总之，在这个项目上工作了两三个月之后，我有两个较大的迷你型分析接近完成，在其他战线上，我正强力突破《美国图书馆协会指南》（*ALA Guides*）以创建一个成系统的主要工具列表。大约在这时候，我决定进行另一项强力作业——一次"打鱼探险"（fishing expedition，引申为"调查""考察"）。我所在的大学曾经有个图书馆学院，我猜其教师和学生一定做过些有趣的事情。于是我决定去读一下芝加哥大学图书馆研究生院曾经完成的每一篇图书馆科学硕士学位论文和博士学位论文的题目。我知道那些论文当中一定有一些奇妙的东西，但并不知道它们会是什么。也许这些论文中有10%以上有用，也可能会找到三四篇绝对核心性的论文，所以这就是需要强力作业的时候了。

图书馆研究的常见手册并不会告诉你去做这个。实际上，它会告诉你别这么做，因为这种“打鱼探险”只在一种情况下奏效，而你只有在非常深入项目之后才会遇到这种情况。只有当你能从网里的鱼当中辨别出哪些是可以食用的，“打鱼探险”才算有回报。只有当你已经在头脑中有了关于课题的丰富知识时，才能做到这一点。在这个案例中，我的所有关于图书馆的随机知识以及关于学者如何使用它们的预感，都是网上的线绳。而我并不知道或并不特别在意自己的这张网是否会抓住鳕鱼、石斑鱼还是黑鲈鱼。我的随机知识和预感意味着我回到码头后能把它们全部卖出去。于是我用在线目录的选择分隔符创建了一份电子列表（有 600 条），对它进行了扫视，把我想要的名字做上标记，然后推了一辆小车到书库里，借出了其中的 100 本。

单单从这些书的标题上，我就意识到自己发现了让人喜出望外的资源：知名参考工具书的历史、20 世纪 40 年代图书馆活动的人种志研究、6 个学科领域的引用行为的检查，甚至还有一份对 1956 年 5 月借给我所在大学教员的所有图书的完整而详细的分析（根据语种、借阅时间长短、系别、国会图书馆索书号来划分）。不过我不会马上就一头扎进这里面去，而只会在需要的时候才用到它们——当我的写作推进到让这篇或那篇论文变得相关的时候。因此，既然我是在整理工具书清单，那么我首先要用到的那些论文就是关于这个主题的：《美国加拿大图书馆馆藏期刊联合目录》（*Union List of Serials in Libraries of United States and Canada*）第一版的历史、一个对 1946 年出版的《国会图书馆印刷卡片图书目录》（*Catalog of Books Represented by Library of Congress Printed Cards*）的研究。我的强力活动马上就获得了回报。

三、对经验性问题的细化和合理化 *19*

大约在这时候，我还意识到，就我所调查的题目而言，现在是清楚地证实——而不仅仅是基于我最初的粗略审查——过去还未曾对此进行过正经研究的时候。起初，除了“是什么工具书让古老的图书馆如此精彩”之外，我对自己的谜团并不清楚。所以在项目的早些时候，我没法验证自己的经验性问题。的确，在图书馆研究中一般都是这样的，我们实际上并不知道自己潜在的谜团是否货真价实，直到我们深入这项工作本身中去。

现在是时候来确认“还没有关于我的经验性问题的严肃论文”是否正确了，而我的经验性问题也逐渐转变为“学者是如何使用图书馆的”。人们可能会指望通过谷歌搜索引擎，用诸如“图书馆研究理论（或‘实践’）”一类的短语来找到这样的文献，但我一无所获。那并不意味着没有人思考过这个问题，关于它的这些短语只不过是我自己的特定速记法。那么，该怎样找到有关这样一个细微而没有名目的问题的文献呢？（这一直是关键词索引的大问题）

我很快就找到了这种文献的主要评论，但并不是通过研究手册上的方法。这些手册知道在谷歌或其印刷版对应物中进行大海捞针无异于浪费时间。所以，它们会建议你去浏览真正的专题索引（如图书馆藏目录那样的东西，把世间万物通过人类分配的主题进行索引，而不是被动地通过关键词查找），来找到正确的标目，发现想找的东西。但在初期阶段参考书目工作中，我已经尝试了许多可能的术语，结果发现在图书馆研究实践方面，连一个国会图书馆分类目录的主题标目都没有，也没有任何与其相像的。相关的资料都散落在标目 AZ105 到 Z675. U5 之间。所以，按手册中的方法来做，工作量很大：对所有这些只是部分相关的标目所产生的冗长列表进行删减，再把长串的结果进行合并和删减。

我可不想那么做。我非常了解一定有人已经在某个时间出于某个原因而组织了这篇文献。诀窍在于找到其概要，而且要找得快。像往常一样，正确的做法是追溯。如果有人已经写过这篇（假设中的）文

章,那么一定会有另外的人引用过。我的真正任务就是去找到那些可
能的引用者,并搜罗他们的参考文献。我用了全球最权威的引文数据
库——WoS,结果运气不错。主题词“研究习惯人文学者”(research
habits humanists)是一个我不指望会有什么收获的无心尝试,但出现了
3篇文章,其中1篇恰好提到一项对学术期刊的电子接入和实体途径 20
的研究,发表在美国信息科学学会(American Society for Information Science)的期刊上。我没有离开WoS网络去看这项研究本身,而是直接去看它那份有22个条目的参考文献列表——数量令人满意,同时又没有过多到让人恼火。(在WoS网络中,参考文献列表通过点击就能获得。)锦上添花的是,这些引用当中只有10条在WoS电子列表中能找到标题,其中又只有4条看起来值得追查。于是我在书架上实地查找这4本期刊[期刊当时还没有收入学术过刊数据库(Journal Storage,JSTOR)中,所以我只能到书库里找实体期刊]。果然,它们当中有2篇都确定是对人文学者使用图书馆的研究进行的评论,一篇来自1982年,另一篇来自1994年。任何更晚的评论无疑会引用它们,并因此可以使用WoS里的引用工具来找到,而这(正如我们很快就会看到)让你得以顺势找到当前的研究,跟追溯去找从前的一样容易。太好了!一共就用了10分钟时间。比起用手册里的方法,可能节省了足有半天时间。

现在我已经处于项目过半阶段了,收集到了人口统计数据以及总体的图书馆数据,也找到了图书馆学院的论文,还正在创建越来越长的过去100年来可供学者使用的工具书清单。我甚至为一个会议撰写了半篇论文的正式初稿。撰写那份初稿让两件事情变得非常明确。首先,仅仅罗列参考文献工具毫无意义。任何一个傻瓜都能看出来,随着时间推移,列表只会变得越来越长。其次,为了避免检查罗列“一件又一件可恶的东西”,我得设置几个时间段。有四个显而易见的备选:第一次世界大战之前,两次世界大战期间,第二次世界大战到1970年(学

术工作市场崩溃的大致年份)，以及 1970 年之后。

四、一次重大的重新设计，更多强力活动，以及一些双臂摆荡

但我突然发现自己假定了任何能找到的参考工具都会在实际中用到。这正确吗？更广泛的问题是，我需要了解在 1915 年或 1935 年，图书馆研究是怎样进行的。不仅仅是你在当时可以使用什么工具，而是你会去用它们吗？你前往自己最常去的图书馆的频率如何？去其他图书馆的频率呢？你可以复制资料或者让人帮你复制吗？所有这些问题实际上都是从设置时间段的想法中浮现而来的，而那是下游写作任务的要求所强加给我的。

让我再重复一遍逻辑链。首先，叙述并不发挥作用，所以我得设立时间段。其次，这又意味着如果我要做一项调查的话，需要对过去的图
21 书馆实践采取我对当前研究活动同样的看法。我得把自己置身于 1915 年或 1935 年，问问在那时候做研究的情况是怎样的。

于是我计划缩减独立的人口统计数据和图书馆统计数据的部分(前两个迷你型分析)。在我拟议的文稿的新版本(以及真正的经验性问题)中，这些事情不是因为其自身而重要，而只是因为其如何能够给学者一直以来的实际体验提供舞台而重要。此外，我做出了一个与文件归档有关的重要决定，这又是由写作的紧迫性所决定的东西。我为参考工具创立了最终分类，以替代从一级资料本身演化出来的临时分类。对这四个时期当中每一个时期的参考工具的分析，如今会围绕四个类别进行组织：连续出版物参考书目、图书参考书目、档案和文件工具、适当的参考工具。但每个时期的亮点部分不会是人口统计、图书馆资料或参考工具，而是其状态：人口统计、图书馆资料和参考工具怎样结合起来开创了一个学术实践的世界？

只有对这篇已经完成一半的论文进行了这次重新聚焦和再次设计之后，我才终于开始系统地深入阅读芝加哥大学的这些论文。但当我开

始带着更为严格的“拖网”读这些论文时，我发现了一些很难看的“鱼”。我所发现的关于20世纪50年代书库活动的一切都表明，教师和研究生并没有使用目录和索引，哪怕是用于已知事项的搜索。他们也不利用我的“天鹅”的大部分美好之处，即H. W. 威尔逊公司（H · W · Wilson Company）、美国图书馆协会和图书馆行业为他们打造的美妙的参考工具。他们只是游荡在书库中胡乱查找，简直就是站在书库里整个章节地阅读，然后又从书架上拽出另一本接着读。一些人种志研究用残酷的细节展示了这类行为。

不言而喻，我横扫了这些论文的脚注用于引文。所有这些很早以前的硕士生和博士生已经替我完成了参考书目工作，所以我再仔细去阅遍我这个时代的有关索引——一本源于1923年、威尔逊公司出版的名为《图书馆文献》（*Library Literature*）的索引——的各卷就毫无意义。（我还没有意识到自己的活动就是学者之所以不使用主题索引的一个明确例子：他们的同事和学生的作品为其提供了更好的重要作品的索引，胜过非专业索引编制者所制作的索引。）使用这些脚注让我不但积累了重要的参考文献，还可以并且真正查阅了那些图书馆学院学位论文所引用的条目，在《图书馆文献》中追踪了这些条目，以便弄明白索 22
引编制者是怎样对它们进行分类的。如果我还想更进一步的话，那又给了我用在《图书馆文献》中的恰当的索引标目。如果我不是从这个参考文献样本入手的话，这些标目对我而言还是完全模糊的（谁会可能去了解索引编制者在8年前是怎么进行分类的呢?!）。

让我总结一下这些行为的精确逻辑，因为这是最重要的：

(1) 通过个人判断得知，那600篇图书馆学院的博士学位论文必须包括至少20篇有用的文章，还可能要有四五篇非常核心的文章。

(2) 通过对这些博士学位论文的强力扫视搜索，我发现有100篇可能有用的论文，其中至少有30篇是重要的，并且至少有10篇是非常核心的。

(3) 我仔细梳理了10篇最高质量资料来源的脚注,以及那30篇中的大部分文章的脚注,寻找一切有意思的东西。

(4) 在那些有意思的东西中,我发现可能有10篇或20篇非常核心的参考文献是在1940年之前发表的。

(5) 然后我在这些参考文献会被索引收录年份的索引中对它们进行查找,想要弄清楚这类资料曾用过哪些索引专用词。如果我直接去查找索引的话,很可能会错过这些参考文献,因为经过了任何一段较长时期,专用术语会改变,而索引也会随之改变。

为这类举动取一个名字很有用。我将它称为"双臂摆荡",就如猿猴在树林中摆荡穿梭的动作。图书馆的"双臂摆荡"也像那样——只不过你是从一篇一级资料摆荡到它的参考文献,然后再摆荡到一份索引,并通过另一个参考文献前往又一篇一级资料,接着可能连到一篇专门的参考文献作品,诸如此类。

双臂摆荡有两个关键特质。第一个关键特质是来来回回:有的向前进,从主题到参考书目,就是手册所说我们应该走的路径;有的从参考文献倒回到主题,就是手册认为我们不应该采取的路径。这就是它的运行方式——持续向上游运动,与索引编制活动逆向而行,因而避免了过于依赖融入日常检索技巧的假设。双臂摆荡的第二个关键特质是:它通常始于一个资料来源,这个资料来源既和我们感兴趣的领域接
23 近,又由可能做过高质量书目工作的人所撰写。就像大多数专业图书馆技巧那样,它搭了那些有保证的专家以前作品的便车。

从这些学位论文中进行的双臂摆荡马上把我带往几个根本性的一级资料:一篇1956年的美国图书馆协会的目录使用研究,一篇1962年约翰·霍普金斯大学的图书馆使用调查,一篇我(在对论文题目进行强力阅读的时候)曾漏掉的图书馆学硕士学位论文,该论文是关于约

翰·科雷拉尔图书馆(John Crerar Library)的读者所使用的参考文献来源的,还有其他多篇关于图书馆行为的正式分析。由于专业术语的变化,除非我在开始搜索之前事先知道题目存在、甚至知道它们含有哪些内容,否则所有这些资料在一般索引中已经无法查找到了。

那些美妙的新资料都有着同样丰富的信息。教师和研究生要么道听途说,要么从其他人的脚注或参考书目列表中得到他们自己的参考文献(实际上,和我自己做的一样)。我甚至开始快速浏览更广泛的图书馆文献中的评论——因为我这时候也在读着后者——清楚表明教师不愿意使用图书馆主题索引在当时成了图书馆馆员当中经久不衰的玩笑。(图书馆馆员会说一件事情"就像一个使用主题索引的教师一样罕见"。)

现在,如果教师和研究生是通过道听途说或其他专业人士已经出版的作品来得到他们的研究书目的话,他们这么做又是为什么呢?至少从理论上说,答案是显而易见的。这些资源具有一般参考文献工具所欠缺的东西:选择性。因此我可以推论出,到 20 世纪 50 年代早期,文献——就通过一般参考文献系统所能找到并取得的所有资料而言——已是汗牛充栋了。你只能依赖同侪去筛选。这个发现更加让我越来越觉得:过载是 20 世纪图书馆研究发展历程中的核心问题。

不过,现在我已经把教师遗弃的一般性参考文献工具——我那优美而孤独的天鹅——的日期倒推到了 20 世纪 50 年代,它还能回溯更久远一些吗?在某个点上,图书馆馆员和教授肯定是同心同德的。

五、理论焦点,一次幸运的意外,一些随机的获取

就这样我发现自己回到了两次世界大战期间,我已经在关于图书馆研究习惯的论文中写过关于这一时期的章节。这个部分写了关于 20 世纪 20 年代的新工具——《馆藏期刊联合目录》(*The Union List of* 24
Serials)、档案馆方面的《卡耐基指南》(*Carnegie Guide*)等——的一个成

功故事。我以为,做一个拥有这些新工具的年轻研究者一定棒极了。但我现在意识到,实际上我对教师实际使用这些工具的体验所知甚少,也许他们根本就不用这些工具。

在我的脑海中,“我能把学者遗弃那些美妙的图书馆工具的日期回溯多远”这个经验性问题,正慢慢转变为更具有理论性的问题:“学者和图书馆馆员之间的蜜月期为什么会结束?怎样结束的?”很久以后,当我知道自己原本应该寻找什么的时候,我会意识到这个问题的答案一直近在眼前:在索引中,只是我得知道正确的标题是什么;在两次世界大战期间的图书馆馆员的论文集里,只是我得知道重要的章节是哪些;甚至在学术性的图书馆调查里面,只是我得知道重要的图表是哪些。这些东西中有许多这时候已经安坐在我的图书馆书架上;毕竟,我借出来大约 700 本书。但如果你不知道自己要找什么,那 700 本书当中有 695 本都是多余的。

这的确就是问题的核心所在。研究问题的答案经常近在眼前。图书馆研究是一门艺术,要弄清楚许多近在眼前的事物中哪个才是重要的。这无非是把我在本书第一章中所说的内容换了一种说法:发现某件事情很简单,难的是要知道你原本就应该去找它。只有当你完成了所有真正的工作之后,才去搜索了解的事物。在非常重要的情况中,你只有在已经知道那些东西要表示什么的时候才去搜索它们。简而言之,如果我们事先知道问题是什么、什么书可能会回答这些问题,那就没有理由去做研究了。

正如图书馆研究中的许多事情一样,我意识到自己真正的问题是“学者为什么以及如何遗弃了图书馆馆员”,让我朝着这个方向发展的关键几步是非常随机的事件所造成的结果。确实,研究的这部分展示了中期阶段的混乱体验。

在较早一篇论文中,我在某个时间去翻遍了书架的整个 Z 区域——这是国会图书馆对书籍和图书馆的分类区域——去寻找任何有意思的东西。我在图书馆研究中的大多数图书确实就是从这样的打鱼探险中获得的。不过，我需要在书架上腾出一些空间来，所以就开始把一些借来的书又还回去。我挑出了一本可能要还的《图书馆经济参考书目》(*A Bibliography of Library Economy*)。它曾看上去很有意思，因为我一度考虑撰写一篇关于知识作为一种资本形式的理论文章。但当我把它从自己的研究书架上取下来百无聊赖地打开时，惊讶地发现它与经济学根本无关。这是一本图书馆事务的一般性参考书目，实际上它是唯一记录了 1923 年之前那个时期的这类参考书目，威尔逊公司从
1923 年起才开始出版《图书馆参考文献》(*Library Literature*)。忽然阴 25
差阳错我手里有了合适的工具。

如今，工具书图书馆馆员会说："这里又有一个教师，如果他用了主题索引的话，原本都已经找到那个工具了。"这是大错特错的。如果用那些可能的标目去搜索与我的课题有关的参考书目的话，我就找不到这本书。在这本书的目录记录上，第一个主题标目是"参考书目—参考书目"，这是国会图书馆的一个主题类别，在我们学校的图书馆里有 275 项，因此，如果要强力阅读的话就是浪费时间，因为获得回报的可能性很小。第二个主题标目也很类似："图书馆科学—参考书目"，有 120 项。第三个主题标目"图书馆科学—期刊—索引"倒的确是值得搜索一番的，因为只有 6 项。（鉴于该书会被如今的研究人员所使用的方式，这个标目本该放在第一个。）所以，只有当我会觉得"图书馆科学—期刊—索引"是合适搜索的标目时，我才会找到这本书。而我当然不会想到那个，因为我会假定自己已经知道了主要的这类资料——即后来的名为《图书馆参考文献》的索引。这里真正的罪魁祸首，正如经常发生的那样，是专业术语的变迁。"图书馆经济"仅仅是 20 世纪 20 年代对"图书馆管理"的一种叫法。所以，即使是我自己的正常浏览也可能已经在此前多次错过这本书，仅仅是因为我完全不知道"图书馆经济"曾一度可以表示"跟运作和使用图书馆有关的任何

事情”。

这样,我起码有了合适的书。我想,那我就可以开始查找那些和图书馆还处于蜜月期的早期学者了吧。我想知道,这本书会把他们称为什么。幸运的是,这本书有一个含有全部主题标目的完整列表,我很快浏览了一遍,就找到一个明显的候选目标——“图书馆和调查者”。(鉴于我们当代的语言习惯,当代研究者如果没有看到这个主题标目写在列表中以供选取的话,没人能猜到它。)于是我开始浏览这个标目下的大约 10 篇文章的列表。其中有些文章吸引了我,我费了些周折,通过政府文件索引在书库 Z731 区域找到了它们,而那个区域全是有意思的东西,我在早先的拖网搜索中一定错过了它们。(注意:我还根本没有真正“错过”它们。不如说,我对项目的概念已经变得面目全非,所以现在它们变得大为有用,而非毫无用处。)我的一般性参考工具清
26 单中添加了 3 份特别藏品的早期调查,还有,特别是联机计算机图书馆中心(Online Computer Library Center,OCLC)的历史,这个俄亥俄州图书馆的联合体已经发展为支持在线图书馆服务的首要非营利组织。

找到《图书馆经济参考书目》这本书提醒我可能错过了其他类似的东西。所以,需要某个强力参考书目。我想了解一下学术过刊数据库;我试了试语言和文学期刊,限于 1920 年之前的年份,标题中有“图书馆”字样的。我找到的大部分资料是关于学校图书馆的,虽然也有一些文章是关于“研究机会”的,围绕着特定的研究型图书馆里特别的意大利馆藏而组织起来。(专家显然在为他们图书馆的特别馆藏打广告!)然后我又试了试所有印刷时代的工具书图书馆馆员所衷心拥戴的威尔逊出版社出版的《读者指南》(*Readers' Guide*),如今的在线版称为《读者指南回顾》(*Readers' Guide Retrospective*)。我还试了试《散文和一般文献索引》(*Essay and General Literature Index*)。但结果看来(在那一刻)后者的在线版并无法回顾,而在线版的《读者指南回顾》则在无休止地刷屏。于是我找到实体书卷,那些书页可

以飞快地翻阅。

六、一个有用的分岔:学者自传

在《读者指南》纸质书所带来的结果中,有一条是理查德·奥尔蒂克(Richard Altick)在1952年发表的论文《学者的天堂》(*The Scholar's Paradise*),这是一篇关于他在图书馆中亲身体验的有趣叙述。于是我突然意识到,也许学者会在自传里谈论他们的图书馆经历——虽然有点牵强,但有可能。正如我早前提及的,我已经借出了美国图书馆协会的《工具书指南》(*Guide to Reference Books*),想要为自己编制一个世纪以来的参考书清单,于是我在这本书中查找自传方面的参考文献作品,并马上发现不止一个而是有两个美国自传书方面的主题索引(其中还根据传主的职业或生活方式进行索引)。这些索引直接带来大约90本指定时间段的学者自传。几天以后,我找了一辆小推车把这些书都借了出来。当我查看这本书时,还得到了一份图书馆馆员自传清单(顺便说一句,并没几个图书馆馆员写自传)。而在书架上,我还偶然找到了一些看着很有趣的图书馆馆员传记,因为它们和清单中的图书馆馆员自传放在同一个国会图书馆标目Z720下面。

这些图书馆馆员传记中,有两本披露了20世纪早期在图书馆馆员当中的一次深入辩论。一本是对威廉·华纳主教(William Warner Bishop)推崇备至的记载,他从1915年到1941年担任密歇根大学图书馆馆长,我读到他是一个永不休止的“集中器”。(那意味着什么呢?)另一本则是芝加哥大学的皮尔斯·巴特勒(Pierce Butler)的传 27
记,他反对自己的同事道格拉斯·韦普尔斯(Douglas Waples)捍卫了图书馆事业的学术理想,后者是理性化和科学化的虔诚信徒。我之所以发现了这两本构成奇妙对比的传记,并不是我去查找了它们,而是因为我在找学者自传(那又是因为偶然撞上了关于奥尔蒂克的那条参考书目),并决定也许还可以找找图书馆馆员的自传,然后发现图书馆馆员传记原来是和图书馆馆员自传位于同一个国会图书馆标目下面。

我突出这个细节,是想要强调:浏览——被广泛理解为一个有条理且见多识广的头脑和一组不同条理的资料之间的富有成效的交锋——是一直发生在任何调查层面的。它并不是什么不同寻常或偶然性的东西,而是像边缘视觉或是电脑上的病毒查杀软件,总是在后台运行,时刻准备着把东西挑出来。但是,如果有些头脑中并没有任何东西可供那些边缘性相关的资料附着,那就不会奏效了。这就是各种手册为什么对此语焉不详的原因,手册是为入门者而写的。但实际上,最好的开始并不是真去使用图书馆馆员的一般性工具,而是仔细阅读一些总体概述,这样当你真正开始使用那些工具的时候,头脑里已经有了一些随机的拖网绳。浏览和双臂摆荡——而不是以一种理性而线性的方式使用参考工具——是图书馆里专业工作的心脏。

我开始阅读那些学者自传,(用眼睛)对它们进行浏览,寻找“图书馆”这个词。其中有一些有用的资料:虽然并不是我确切需要的,但提供了很好的周边细节。例如,我知道了美国中西部的学者会到东岸去做一些暑期教学工作,仅仅是为了离那些主要图书馆近一些;还有,芝加哥大学的哈珀(Harper)校长向一名研究生新生承诺,会在她的特定兴趣领域设立一个私人图书基金。这类精彩的细节是无法成系统地在主题索引中找到的,你只能全神贯注进行梳理并希望喜从天降。

七、成体系的参考书目颠倒:谜团解决

最终,我决定现在是准备成体系的参考书目的时候了。(你得在必要并且/或很有可能获得回报的时候,才采取强力作业。)我回到《图

书馆经济参考书目》这本书上面，正是它引发了这次查询的分岔。我 28
抓了几卷早期的《图书馆参考文献》。现在是遵从手册方法的时候了，因为我满足了两个关键条件。第一，我终于确切知道自己在找什么：一切直接含有1940年以前学者使用图书馆的细节的东西。第二，在经过所有其他工作之后，我知道自己如今能识别重要资源，即便它们是置身于不为人熟知的古老名称之下——“研究者”以前被称为“调查者”，诸如此类。

当我开始强力作业时，很快就遇上了短语“院系图书馆”（departmental library）。由于某个原因，它开始悄悄地引起我的注意。现在，“院系图书馆”对我来说是一个熟悉的短语。我所知道的每个学术机构都有院系图书馆。我甚至回想起一些院系图书馆的随机细节：芝加哥大学院系图书馆在20世纪60年代后期的集中化，院系图书馆在科学界经久不衰的重要性，院系图书馆的根源是在19世纪末的德国研讨型图书馆。但在那时，就如何进行图书馆研究而言，似乎我以前还从未真正明白院系图书馆意味着什么。我的研究日记清楚地记下了这一点：

> 当我四处张望时，一只巨大的鞋子掉了下来。我正在纠结挣扎的题目和院系图书馆有关。我认为这是参考书目中的一个问题。也就是说，我已经想清楚自己需要在每一卷《图书馆参考文献》里搜索的关键词是“院系图书馆”。但更为重要的是，我发现院系图书馆是我应该得出的论点的转喻。院系图书馆是学者想要进行他们大部分工作的地方，因为这里有相对集中的工具。一切都在手边，正如互联网的神奇世界那样。只有当所有好工具并且唯有好工具近在咫尺的时候，院系图书馆才会变得更好。
>
> 此外，院系图书馆的重要性类似于专业参考书的重要性——整个图书馆各部分的子索引，虽然有限，但却高度有序

> 并且高度具体。院系图书馆的规模是有限的，但也是图书馆馆藏的高度有序、高度具体的分部。图书馆馆员争辩说应该有一个主索引，而做研究的学者则总是想要局部索引，这个索引偏向他们的方式，按照他们看待世界的方式组织起来，而非一个不知道从何而来的一般性视角的索引。出于同样的理由，他们也想要那样的馆藏。

29 我通过正式的参考书目资源来追踪院系图书馆，结果发现了一次漫长而激烈的争论，图书馆馆员和学者之间有着截然不同的研究观点。这场争论在20世纪20年代之后才减弱。至少我找到了蜜月期的结尾。但这场争论为什么结束了？是谁造成了这场“离婚”呢？

这时候，随机的个人知识产生了一个幸运的猜测。我记得我所知道的第一家院系图书馆——哈佛大学怀德纳图书馆(Widener Library)顶层的英语系和历史系的图书馆。我感觉豁然开朗：怀德纳图书馆的整个顶层都是为这种研讨型图书馆而设计的；整层都被分隔成四周有书架、当中是大桌子的小房间，当你走过主廊时可以透过玻璃门看见里面。我当然知道这所建筑的日期，因为它是为了纪念一个死于泰坦尼克号的年轻男子。刹那间，我意识到，我所到过的每一所大型的大学图书馆都和怀德纳图书馆的落成时代差不多。几分钟之内，首先通过目录查找、然后是在书架上寻找，美国大学图书馆建筑的一部历史就呈现在眼前。这的确就是最终的已知条目的搜索：我知道自己在找什么，也完全了解它会讲些什么。从这本书里，很容易就构建了书单：加州大学伯克利分校1911年(Berkeley 1911)，芝加哥大学1912年(Chicago 1912)，哈佛大学1915年(Harvard 1915)，约翰·霍普金斯大学1916年(Johns Hopkins 1916)，斯坦福大学1919年(Stanford 1919)，密歇根大学1920年(Michigan 1920)，明尼苏达大学1924年(Minnesota 1924)，伊利诺伊大学(Illinois 1926)，耶鲁大学1931年(Yale 1931)，以及哥伦比亚大学1934年(Columbia 1934)。

这些图书馆中有两家——芝加哥大学的哈珀图书馆(Harper Library)和约翰·霍普金斯大学的吉尔曼图书馆(Gilmam Library)——就是院系图书馆在相邻位置所组成的集群。但其余的则是完全集中化的图书馆,通常其中都散落着一些研讨室,并在书库里为研究生提供学习空间。这就是我的答案;在两次世界大战期间,教授对图书的控制权输给了图书馆馆员。奇怪的是,原来科学家的实验室也同样陷入过这样集中化的争论,不过科学家成功抵制了这些“集中器”。但是,人文学者和人文主义社会科学家败北了,此后他们的研究和教学在物理意义上分裂了。教师和研究生不再每天都能在与院系研究图书馆紧密相邻的办公室和研讨室里济济一堂,虽然那里既有基本参考工具,也有专业参考工具,还有大量专题著作收藏。从这个时候开始,做研究意味着要去另外一幢建筑,教师在那里可能有办公室或研究空间,也可能没有。这意味着工作中要用到的那些一般性的和专业性的参考工具,如今混杂进了一个巨大的一般性参考书馆藏里。它还意味着要找的专著资料混杂进了庞大的主书架区。那些跑到大厅很快就能把一本重要参考工 30
具书拿到桌前的好日子一去不复返了。

这是个巨大的发现。学者和图书馆馆员之间的“离婚”需要学者发展出新的研究实践,来应对在20世纪20年代和30年代强加给他们的集中化、一体化的图书馆。这个发现确实一直近在我眼前:它存在于索引中,在那里我只需要知道想追踪的标目是“院系图书馆”;它存在于两次世界大战期间那些优秀图书馆馆员的论文中,在那里我只需要知道重要的题目是集中化、实体建筑和院系图书馆;它还存在于当时的图书馆调查中,在那里我只需要知道重要的图表是那些详细说明了图书和阅览室实际位置的图表。所有这些事情回头看的时候都很明显。但要想象出我应该事先就了解院系图书馆的重要性,就并不明智。在实际操作中,我只有彻底沉浸其中才发现它的重要性:在不毛之地仔细拖网,在富饶之地浏览,并用双臂摆荡绕圈子,从一级资料摆荡到二级资料,再摆荡到书目资源。只有沉浸其中,我才能理解许多近在眼前的事情中哪些才是重要的。的确,即便是潜在的问题——学者如何以及为什么在研究观点上和图书馆馆员分道扬镳——也只有随着研究的历史才逐渐浮现。

现在,剩余的一切都变得清晰了:换到专业参考工具的举动,拒绝接受图书馆馆员对研究的"科学"做法,发展出双臂摆荡的做法并大力依赖同侪专家。有了这个发现之后,我进入了结束阶段。在一系列互相辅助的平行研究中,我已经逐渐发展出了项目的所有小碎片。接着,经过很短一段时间,在中期阶段的后来,已经很清楚这些小碎片应该如何拼在一起。我只需要把它们写出来。

八、完成的论点

现在让我通过对比的方法来为这一漫长而嘈杂的过程提供结果。所有这些碎片连成了一个前后连贯、分为四个时期的故事:学者的人口统计、图书馆的壮大、使用参考工具的习惯、集中化的举动、过载现象的出现等。故事有着明显而简单的结构,却让研究新人不知所措。不过,我希望前一个部分已经说清楚了,那个简单结构只是表象。谜团和解决方案是并驾齐驱发展而来的。

31 在第一次世界大战之前的形成期里,在所有领域中,图书馆研究者的整个博士群体大约有 1 000 人。大多数图书馆研究是在几所大学里进行的,它们全都位于或邻近波士顿、纽约、华盛顿和芝加哥这样有着主要图书馆的城市。研究生在各个系所里肩并肩做着研究,有他们自己的办公空间,并且往往还有近在咫尺的院系图书馆。院系馆藏的书籍都控制在教师手中。

这些学者在一个异常丰富的参考文献环境中工作,这个环境有一部分在院系图书馆里,有的则在中心馆藏中。在期刊书目中,《读者指南》及其学术姊妹刊《国际索引》(*International Index*)始于这个时期。图书书目则要混乱一些,受制于缺乏一个国家分类的标准。但有利的一面是,美国各图书馆都同意(而不像他们的欧洲大陆同行那样)遵守杜威(Dewey)“关系词上架法”的倡议,那意味着根据主题进行的物理浏览现在成为可能了,这是研究方面的一个巨大进步。(在那之前,图书是根据开本或入馆顺序来存放的。)就档案和文件等参考书目来说,美国政府文件在当时的索引做得比18世纪后期的有些时候更好些,而特别收藏的综合性名单已经有了。但是,在专业参考文献方面,前景则不那么明朗。主导作品通常都还是欧洲的:多卷本,外文作品,连同带有学术概要的书目。

在两次世界大战期间的年份里,学术世界发生了根本性的变化。学者的人数稳步增长,到第二次世界大战之前达到大约10 000人。尽管如此,各学科还是保持着较小规模,通常是大约1 000人到1 500人,足以让教师实际上能认识该领域的每个人。只要他们愿意,就可以知道整个学科正在进行中的所有博士学位论文,并且,事实上还可以读到他们本学科所有的新著作,只要他们想那样做的话。尽管博士的产生还是集中在有着主要图书馆的城市,图书馆研究还是开始慢慢渗透到美国中西部和西部的一些主要大学,专业历史学家在那里发明了“本地历史”,作为他们在远离东海岸主要图书馆的“流放”中得以生存的途径。

在两次世界大战期间,教师的研究习惯也随着他们在保留院系图书馆的斗争中败北而发生了根本变化。他们被大学图书馆馆员打败了,后者是被双重修辞学武装起来的:一方面是科学管理和效率,另一方面是通识教育及其对于知识渊博胜过“狭隘专长”的偏好。院系图 32
书馆仅仅是在集中化的环境中幸存下来,对教师的用处要小得多。教师失去了在馆藏采购品方面的大多数权利,不过他们保留了偶尔对图书馆馆员的采购政策进行嘲讽评论的权利,他们倒是整个世纪都保留着那个权利。

在两次世界大战期间，参考文献的基础建设迈出了几大步。在期刊书目方面，《联合目录》(*Union List*)终于出现了，为那些身处主要图书馆城市之外的研究人员提供了巨大的帮助。在图书方面，《全国联合目录》(*National Union Catalog*)在这个时期姗姗来迟，地区性的寄存目录以及一个正规的馆际互借系统也诞生了。这些核心之外的新事物所带来的好处又是巨大的。对于档案和文件，国会图书馆开始对手稿馆藏进行定期普查，英国庞大的公共档案馆(Public Record Office)也终于为其藏品发表了一个正式手册，而《文献目录》(*Document Catalog*)则依然是美国政府文件的可靠索引。

但两次世界大战期间发生的真正大事是专门书目和工具的爆发，这是为学者——或有时候是为学术型图书馆馆员——的研究用途而制作的。卷帙浩繁的《伦敦社会科学书目》(*London Bibliography of the Social Sciences*)、《美国历史协会历史文献指南》(*The AHA Guides to Historical Literature*)以及美国现代语言协会(Modern Language Association, MLA)的年度书目都是例子。它们中的每一个都是对集中化和过载所提出的问题作出的应对。类似的《公共事务信息服务公报》(*PAIS Bulletin*)无疑出自图书馆馆员的手笔，但他们是一群身处研究型图书馆背景的特别馆员，其作品很大程度上瞄准的是研究市场。所有这些工具无不忽略了类似《读者指南》和《国际索引》这样的大众索引，后者事实上已经成为一般读者的工具，而非专业人士的首选资料。

这一系统在第二次世界大战之后再起变化。学术界有了大膨胀。在1945年到1956年所撰写的人文和社会科学博士学位论文数量，跟撰写于1890年到1945年的数量相当；而从1956年到1968年撰写的数量则相当于1890年到1956年的数量。学术界失去了那种面对面的品质，并且在多数情况下也失去了和自身过往的联系；在一个大量的研究飞快出现的世界，不可避免在一夜之间就会忘记较陈旧的作品。专业化迅速成长。也许你仍然可能知道自己专门领域的大多数学者,但不再会是整个学科。同样,你可能知道本专业方向的博士论文,但也不再是整个学科的。的确,即使一个全国范围的博士论文定位系统最终出现,博士学位论文也越来越少地被当作学术资源来使用,这种用途最后干脆彻底消失了。

在此期间,研究生教育体系终于开始分散,这部分得益于图书馆资 33
源的日益均衡。这种均衡有一部分是来自大型馆藏中全国性保存的政府文件的重要性稳定提高,也因为巨量化使得越来越多的图书馆变得巨大无比。虽然早期馆藏的差异永远不会消弭,但是当前的专著和普通参考文献馆藏随着开支比例的均衡而更趋一致。这让赛场上的各方取得了平衡,尤其是在社会科学方面。

就一般性参考工具而言,20 世纪 50 年代终于开始出现有关社会科学乃至人文学科的文摘期刊,但是后者并不是很成功。在 20 世纪 40 年代中期,大规模扩大的《联合目录》无疑帮助了学者去发现不同寻常的资料,而最终《全国联合目录》图书版的出版意味着馆际互借程序的一部分变得更容易。在 20 世纪 50 年代末期,《全国联合目录之手稿馆藏部分》(*National Union Catalog of Manuscript Collections*)终于开始对档案收藏提供系统的指南,不过和博士学位论文的情形一样,这一工具规模太小,出现得太晚;历史学家早就开始指导自己的研究生关注地方性的题目和本地档案。美国政府文件则还在不尽如人意的《政府出版物目录月刊》(*Monthly Catalog*)名下艰难度日。

与此同时,专门化的参考书工具继续壮大。一个典型的例子是联合国教科文组织支持的《当今社会学》(*Current Sociology*),该月刊每期由一篇较长的文献综述和一篇同样长的参考书目组成,都由专门研究者撰写。这类工具书开始主导研究工作。在此期间,原始证据清楚表明,研究人员是从传闻以及从他人书目和参考文献列表单中来获得自己的书目参考文献。到这时候,研究者已经普遍抛弃了一般性参考书目体系。他们只在偶然情况下会使用《联合目录》或《国会图书馆印刷卡片图书目录》,即在研究项目内进行详尽的双臂摆荡时需要。他们在初期阶段的所有书目工作和大量重点图书馆研究工作都是用专业工具完成的,其中许多是他们通过订阅自己拥有的。也是在这个时期出现了平装书,极大提高了学者同时拥有当前著作以及经典文本的能力,而这些著作本身就附带丰富的参考书目。

总之,在这期间,图书馆研究成了一个更为庞大、更去集中化的事业,图书馆研究者这时已经从对参考书及文献工具的主要核心的依赖
34 中解放出来,此后只有在绝对必要的情况下才会使用。这些工具的进一步演化在很多方面也因此与学术本身无关了。

结果,当 20 世纪 70 年代出现了社会科学、艺术和人文引用索引时,图书馆研究的学者并不怎么感兴趣。这些实际上是通用索引,规模是威尔逊公司的书目的 4 倍,在一种竞争到底的较量中,用自动化的 KWIC 索引(题内关键词索引)取代了非专业化的人工索引编制。不过,大部分图书馆研究的学者——我自己是个例外——根本就不用这些索引。他们早就撤往专业工具那里了,其中很多都是他们自己拥有的。(比如,每个经济学家都自动订阅了美国经济学会华丽的文献书目期刊。)当他们需要更多文献书目时,就去找主要的新专著或专业书目。

但是,20 世纪 70 年代后的世界确实可能把这种技术都打垮了。在 2009 年,美国学术界历史上所撰写的博士学位论文中有一半是 1982 年之后写的,又有 1/3 是 1995 年以来写的。尚不清楚学者的人均创作是否提高很多,但当一个普通学科的人数都有了上万人以上的增长,即便是按照旧有的创作率,也意味着绝对数量会把我们淹没。

我们仍然有一些质量指标。直接忽略三流期刊和三流出版社的所有作品是再容易不过的事情,我们有很多人是那么做的。但他人的参

考文献列表——即使是在高质量的地方——也不再是像过去那样的优秀来源。在过去40年,一篇典型社会学文章中的参考文献数量已经增加了一倍,然而这些额外参考文献中的大多数并不能用来作为文献指南。芝加哥大学图书馆学院的论文表明,60年前在绝大多数领域中,1/3的援引是出自被引资源的一个单页,还有1/3也是在一定页码范围。而今,这两者之和还不超过10%。这个事实说明,大多数的新引文并不是实质性的,而是装饰性的。这毁掉了它们的书目用途,因为那是建立在其精选和实质内容的基础之上的。

总之,在互联网和数字图书馆来临之前,图书馆研究已经处于危机之中。危机产生的机制深植于20世纪20年代以来的持续过程。图书馆推动了集中化的参考文献工具和书目结构,依赖索引编制工作来引导研究者穿过急剧增加的资料所带来的混乱。图书馆馆员的核心隐喻总是科学性的,他们的成功知识系统模式是自然科学(尤其是在化学 35
领域)。他们致力于给图书馆打造一个普遍适用的身份、位置和接入机器。数字图书馆就给人这种感觉,简直就是让人非常熟悉的图书馆馆员程序的最新版本。

相比之下,图书馆研究者在20世纪20年代开始从这个一般性项目撤离,并逐渐建立起一个由专门工具和一套研究实践所构成的体系,使他们绕开无效率的搜索,那是通用书目体系下的唯一可能性。到20世纪50年代和60年代,这个由专业工具和实践所构成的替代性体系趋于成熟。因此,它能在前面提到的竞争到底的较量中生存下来,那场竞争的顶点有两个,一方面是引用数据库,另一方面是世界图书馆联机目录。

因此,我们看到,从一个非线性的研究本体——一部分是有序而理性的,更多是嘈杂和偶发的,而整个则松散地维系在一起——已经有了一个清晰的论点和一个直截了当的故事,虽然非常违反直觉。而那个故事披露了一个对当前图书馆辩论来说非常关键的事实:这个研究告诉我们,谷歌项目并不是新鲜事。

如果运气好的话,你会有同样的体会。从一个非线性的、看似非理性的研究行为序列,会得出一个清晰的结果。让我们开始吧。

第三章　基本要素

在未知的知识大地上漫游是图书馆研究的关键部分,因此,我们出发前要考虑在背包里放些什么,这不无裨益。正如任何旅行一样,这意味着想一想我们最终可能要探访之地的一般特征。对于度假旅行来说,我们会考虑天气、语言、住宿、食品、钱、当地习俗等。那些东西将决定我们会带什么衣服、买哪本外语常用语手册、如何周密地规划行程。但图书馆研究之旅,正如我已经指出过那样,并没有一个计划周密的路线。这就像带着固定预算和非常松散的计划出国2个月。那意味着我们要关注那些有广泛应用性的一般事物:铁路通票之类的东西、通用外语短语手册,还有各种场合都合适穿的衣服。 36

我们需要理解知识是如何在网络上以及实际中组织起来的基本要素,既要理解它是如何组织起来的,也要理解我们自己能如何对其一些部分进行重新组织。这是索引编制的课题。(对应到旅游业就是,不仅确保我们有指南书,还保证我们能感觉出哪本指南书更合适哪些地方、哪些活动。)知道了索引编制的知识,下一步需要考虑搜索:不是考虑哪些特定的工具用于哪些特定的目的,而是总体的搜索性能和可能性。(不是去看哪些景点,而是如何找出新景点来考虑是否去看,还有,如果感到无聊的话,如何能迅速前往另一个国家。)然后我们要转到识别搜索结果上来,把它们转变成用来支持我们作品的"引文"。(如何拍出得体的照片!)本章将以两个实践性题目结尾:第一,找到具体类型资料的细节(一个典型外国城市的布局是怎么样的);第二,质量(如何辨别一个好的旅游景点和一个假景点,什么时候相信——或不相信——别人的评论)。

总之,本章是关于基本要素的:索引编制、搜索、引用、位置和质量。这些都是图书馆研究中至关重要的事项,无论它把我们具体带往何处。本章同时包括这些基本要素的基础版和高级版,因为要把所有这些资
37 料都整合在一处才有意义。所以,如果你遇到一些似乎太简单或太先进的东西,可能需要跳过一些。

一、索引编制

要检索信息就必须使用索引;要把你自己的项目组织起来就必须创建索引。出于这两个重要原因,需要理解索引编制的细节。

一个索引条目是用来确定另外一件东西的,也就是"表示"它。这个被表示的事物可能是讨论某个具体主题的一页、一篇使用给定方法的文章、一个关于某主题的网站。一个索引作为整体而言(或者就简称为"一个索引")仅仅就是这类条目的列表,表示一个特定范围的资料中的主题。通常,一个索引比被编入索引的整个收藏要简洁得多。因此,索引帮助我们在这个万花筒般的世界中找到一条出路。

你是和互联网的索引编制概念一起成长起来的。互联网索引编制是基于真正的词语,而不是那些词语所表示的概念。它做了一个非常极端的假设,即词语和概念是一致的:一个词语,一个概念。基于这个假设,我们可以创建一个被动式索引,它仅仅通过词语使用而出现;任何用到的词语都成为一个索引词。你很了解这种索引编制的问题。它带来大量的无关资料,因为你是在查找概念和观点,而网络索引编制仅仅给你提供了词语。

相比之下,我们也可以创建主动式索引,由某个人来决定一个特定

术语可以得到索引的最佳标签是什么。在互联网上面，这种主动式索引编制被称为贴标签(tagging)；人们决定用特别但又个人化的词语来作为索引使用。因为这些是他们的词语，它们就是词语式的概念，而不仅仅是词语。用网络术语来说，一个“真正的索引”会是一个严格且规范化的标签体系，其中有单独一套大家都认同的标签会始终成体系地应用于资料，由读者和用户进行概念化分析。听着像是天方夜谭吧？根本不是——这个句子描述了前数字化时代的标准索引。

创建一份主动式索引有两个主要策略。第一个策略是把事物关联进越来越一般化的类别里。在这样一个“层级分类”中，事物是根据一些更高等级的名称来编入索引的，而它们则是这些等级的一部分。我们都从林内氏(Linnean)生物分类法那里熟悉了这个策略。在一个等
级体系中，每个事物只有一个索引位置，而这的确就是国会图书馆用这 38
种办法来索引的原因：一本实体书不可能同时出现在两个位置。

通用索引编制方案并不像在层级分类体系中那样，通过一套有共同中心的标签来把事物联系在一起，而是通过有限数量可能不相关的指标(如标签)来表示(索引)它。任何一本书在国会图书馆记录中的主题标目列表就是一个例子。的确，一本书必须在书库里有一个位置，而且只能有一个位置，因此它有一个分等级的索书号，由其主题标目来确定。但图书通常与不止一个主题有关，在传统的卡片目录(及其在线的新版)中，会给一本书分配几个其他的主题标目，它就会出现在那些主题标目之下的任何浏览列表中。这第二种做法把资料根据“多个主题”进行索引，而不是通过共同中心的组群。显然，它更灵活，也带有更多信息，尽管它的这种灵活性是以不确定性为代价的。等级分层索引是明确的，但就任何一个具体研究目的而言，它都很可能是错误的。一个多重主题索引(有时被称为“多面索引”)则不那么明确，却更加丰富。

额外的主题标目所造成的含糊限制了它们的数量。在实体卡片索

引的年代，图书可能只会得到两三个额外的主题标目，因为每个额外的主题标目都要求有另一张实体卡片。把每本书的主题标目从3个变为4个的话，就会使一家图书馆的主题卡片数量增加1/3，如果你收藏了100万件物品，这实在是一个代价高昂的主意。然而，在计算机目录时代早期，存贮空间似乎便宜了一些，所以，有时候图书会有10个以上的主题标目。但这意味着对于一个特定标题，用户会找到比从前多得多的图书，只能挣扎在越来越多的经常看似无关的资料当中。如果一本书主要是关于X主题的，却偶尔或略微与S、T、Z主题有关，那么，大多数对S、T、Z感兴趣的用户并不会对这本书有兴趣；对他们来说，这仅仅是又一个可以忽略的项目。因此，添加越来越多的主题，无法解决一本特定图书与多个不同主题和研究相关的问题。它只是让我们朝着冗长且无用的列表运动，关键词搜索的时候我们常遇到这种情况。

第二个更重要的策略称为受控词汇表(controlled vocabulary)。假设你在用一台计算机给英王钦定版《圣经》(*King James Bible*)编索引，你会发现，“巫术”和“巫师”被提到15次，“魔法”和“魔法师”也被提到15次，“术士”和“巫力”则被提到10次，“女巫”和“巫法”被提到8次，“预言”和“算命者”被提到7次，“占卜者”和“预测”被提到22次，“哲人”
39 (和“女哲人”)被提到4次，等等。关键词索引会把查找“巫术”的用户带往15个引用“巫术”的地方，把那些查找“魔法师”的带往15个引用“魔法师”的地方，诸如此类。但如果你是在写一篇关于“《圣经》中对试图通过神秘仪式来影响自然界的描述”的论文，实际上会想找到所有这些线索：不仅是关于巫术的，还有关于魔法和巫力的，等等。但你无从知道英王钦定版的译者对这一现象所用的每个可能的词语。你所知道的就是，他们可能使用了“灵感”“着魔”甚至“性灵”来表示这种你可能觉得是“神奇的”现象。索引词及其所指示的事情之间的关系并不是独有的。你可能不使用“魔法”这个词就谈论魔法(比如“术士念了一段符咒”)，也可能使用了“魔法”这个词却并未谈论魔法(比如

"他的话语像有魔力一样"。)

索引编制者很早就意识到这个问题,并用受控词汇表的概念作为解答。受控词汇表是一个词语列表,这些词语作为概念指标得到明确定义。我在上文曾指出,互联网所熟悉的关键词索引假定了词语和概念之间有绝对的联系。"魔法"就是关于魔法,"术士"就是关于术士,而我们自己必须记住,二者可能实际上是同一件事情的两种不同词语表达。但在受控词汇表索引中,这些词语中只有一个下面会有列表。假定这个词是"魔法"。在词语"巫术"那里,你会发现一个简单指针写着"关于'巫术',参见'魔法'"。在"术士"那里,指针会写着"关于'术士',参见'魔法师'"。所有索引条目——不管正文中实际使用的是"巫师""魔法师""术士"或其他什么词——都会在"魔法师"名下。但是,如果一本书是关于一个既有巫师又有魔法师的部落的,而这两个群体有着不同的活动,我们给这本书编索引的时候,就要用不同的标目。也就是说,被索引作品的概念性质推动着索引编制活动,而不是其所使用词语的性质。

你可能觉得如果有这样一种在线工具就好了。但是,事实上谷歌和类似的工具无法创建受控词汇表。目前只有人类能做到,尽管研究者数十年来确实一直在致力于解决这个问题(但成效甚微)。与此相比,实际上所有由人类创造的主题索引都是基于受控词汇表的。国会图书馆的图书分类体系就是一个受控词汇表。H. W. 威尔逊公司多年来所出品的诸多索引也是基于受控词汇表。最重要的是,任何适当的图书索引都是为那本书所单独创建的受控词汇表。

简而言之,在印刷品世界,索引编制是基于受控词汇表的。这就是 40
为什么对像我这样的老派学者来说,谷歌并不显得有多么精彩绝伦。就长远工作而言,它是极好的,但对基本书目来说毫无用处。因此,你需要一份受控词汇表索引。

受控词汇表不仅是好的索引编制的核心,也是你自己进行分析的核心。一个核心分析任务就是要建立自己的受控词汇表。你需要在研究中找出大约 20 个核心重要概念和现象,为它们创立明确的定义。(你需要决定是把论文中的“魔法”“巫术”那样的同义词混在一起还是分开,得决定你所指的“巫力”是什么意思。)因此,理解索引编制并不只关系到能够找到更多更好的东西并做得更快,也事关你自己做分析。

手头有了受控词汇表这样的概念之后,现在我们就能回顾在线网站或印刷版图书所能找到的主要种类的索引。我从自动化索引入手,那些如今全都是在线的,虽然其中有一些起源于印刷版。

自动化索引编制中最重要的一般类型是关键词索引,这个你是熟悉的。这个名称实际上是一个误称。几个世纪以来,印刷版“关键词”索引已经存在于《圣经》和其他重要文本中。(我就是在那里找到上述那些数字的。)它们被称为“重要语汇”,因此这类索引应该被称为“重要语汇索引”。不过,用“关键词索引”来指一个重要语汇的做法是从 20 世纪 60 年代开始,并且已经很完善了。(我马上就要讨论“真实关键词索引”。)

关键词索引的巨大优势在于:它很容易以最小的成本应用于大篇幅文本,尤其适用于数字化文本。的确,如果文本是真正数字化的(就是说,原始文本是由 ASCII 字符编码表示的),关键词索引就是绝对精确的,不过对于用光学字符识别(Optical Character Recognition,OCR)程序所阅读的图形文本(例如 PDF 程序),会有较多问题。

关键词索引的劣势当然就在于它是对词语起作用的,而不是概念,但大多数有一点重要性的词语都出现得太频繁,以致无法识别一定数量的文本。其结果就是出现一长串仅仅略微相关的资料列表。这类搜索的布尔(Boolean)限定——词语组合、词语排除——能帮上一点忙,但不是很多。确实,鉴于当前计算机科学的状态,是能够设计出极好的概念性索引编制系统的。但它们并没有广泛提供,无疑是因为落实起来太昂贵了。

的确有一些做法在解决这个问题。最普通的就是视觉显示：词云、文字云制作工具(Wordles)等。它们由算法产生，首先在词语或概念之间创建“距离”层组(两个词语如果经常出现在同一页或在同一个句子中，就是“相近的”)，然后产生出群集或图形显示，尽可能地保留那些距离信息。关于尺度和群集分析的第一本主要教材——这些算法就源于这里——始于20世纪60年代。自那以后半个世纪，还没有人能把尺度和群集分析从一种艺术形式转变成一个可以通过按钮操作并能够复制的分析性做法。也许这是无法完成的。你应该避免使用任何这种“技术”；它们必须做出许多强有力的假设，因此，有微小的数据干扰就很不稳定。说来也奇怪，只有当你已经对自己的数据了如指掌的时候，它们才会很有用处。也许正因为这样，它们目前最广泛的用途是在市场研究方面。 41

这就是自动化索引的故事。它在原则上可以很美妙，但在实践中并非如此。自动化索引的大多数宣传都在关注它的潜力，而不是现实。好消息是，对大多数资料来说，可以找到好得多的索引编制技术。这些是在基于人工编制的主题索引中找到的。

人工编制的主题索引是第二大类的索引，分为两种。较少见的那种叫“真实关键词索引”(true keyword index)。在这种索引中，作者自己指定他们想让作品得到索引的特定词语，这是作者选择的标签。真实关键词索引始于20世纪60年代，在科学和心理学期刊中仍然非常普遍。它迫使作者去刻意选择自己的读者，从而提高研究的可达性。令人遗憾的是，它从未蔓延到社会科学和人文领域，不过近来有改变的迹象。

另一个更重要的人工编制索引是带有受控词汇表的“真实主题索引”(true subject index)。直到数字时代开始之前，这是所有主要索引的标准做法。在编制一份真实主题索引时有两个基本步骤：第一步是对文本的概念性分析，索引编制者会阅读文本，并对文本内容进行分析，好像他是一个普通读者；第二步是把这个概念性分析附于一个受控词汇表，每个概念对应一个词语。注意，这种附着的做法把诸如魔法师和巫师这样的类别结合起来，但对像火鸡(turkey，禽类)和土耳其(Turkey，国家)这样拼写相同的词进行了区分。也就是说，不仅一个概念通
42 常会有好几个词语，一个词语也不可避免会表示多个概念。所有这些都在受控词汇表中加以区分。(维基百科过去都没有发现这个模棱两可的问题！)一个有“参见”和“用于”标签的体系给受控词汇表索引添加了等级和关联结构。但是，传统图书索引在使用词语方面很保守，并没有把所有东西都彼此链接起来。传统的原则是吝啬一些：过少总比过多好一些。因此，印刷版索引里的超链接(通过“参见”和“用于”等)和互联网超链接相比是非常强大的，互联网超链接会迅速把你带往毫无重点的、往往不相干的地方。在人工索引编制上，只有真正重要的联系才会被收录进来，因为关联的成本太高了。

真实主题索引的典型例子就是数字时代前的那种书末索引。和你可能想到的正好相反，那些并不是关键词索引。它们由某个阅读了正文并设法理解它的人所编制，此人创建了一个受控词汇表，然后每次读一页书，给每页都分配受控索引词。然后把那些信息全部合并起来，嵌入一些超链接，全部内容经过编辑后放在书末。得到索引的那一页并不一定包括在书末对它进行索引的所有词汇。更重要的是，在一个编得好的图书索引中，一页书仅仅出现五六次。(我给自己的图书编制索引时，目标是每页最多 5 个索引参考。)那意味着你已经进行了严格的筛选，只有非常重要的资料才会得到索引。(没有出版商会掏钱在书后印刷全部重要词汇；在任何情况下，全部重要词汇都会造成谷歌那样的大量无关参考的问题。)这些事实意味着：按照互联网标准来说，传统的书末索引含金量非常高。这就是为什么在初期阶段文献书目工作中的关键任务一定是为你的题目找到 5 本至 10 本真正优秀的图书。

它们的索引将是你能找到的最佳主题指南。可悲的是，许多出版社正变为在书后添加自动化关键词索引。这类索引花费不多，但没什么用。

对一个持续生成的索引——例如一份期刊的索引——受控词汇表必须在事先决定。所有基本分类方案都是这样做的，印刷品图书馆就是基于这种分类方案：国会图书馆和杜威十进制分类系统、威尔逊公司出品的许多索引、大多数已经转为在线状态的工具的印刷版、大部分百科全书、参考书和辞典等。所有这些都有(或曾经有)人工索引编制者 43
来施行持续的受控词汇表。随着用法的变化(例如，19世纪的“紧张”变成了“焦虑”，接着又变成了“压抑”)，一个词语及其替代者通常会在这样的索引中共存一段时间(由“参见”联系起来)。在这个一起编入索引的事情结束后，较晚的那个词语单独继续。这种持续的做法不仅使你能对自己的题目通过不同的标签进行追溯，还能让你轻易获得标签的使用历史。注意，这对于此类工具的在线版并不可行，因为它们通常会把所有资料都装进由“现代的”关键词索引所搜索出来的单个数据集当中。(这样你永远看不到索引词过渡期间的重叠。)这就是为什么你经常会想使用一些陈旧工具的印刷版的另一个原因，它们含有在线版本所没有的大量信息：比如“参见”这样的参考。

真实主题索引的优势显而易见。这种索引编制更加精挑细选，因此用处更大。因为索引词都是受控制的，一旦你想清楚基本的概念布局，你的搜寻就更加容易，也更为一致。超链接也是受约束的，所以它也会有高回报。

与此同时，真实主题索引也存在一些问题。它们对资料带有倾向性——索引编制者或受控词汇表的倾向性。如果那个倾向性并不是你的，那么它们就很难被使用。它们还会让一些新兴题目不那么明显。的确，在快速的概念转变时代，它们可能会很有误导性。(出于这个原因，你永远没法不经过仔细调查索引词的稳定性，就去讨论索引中关于这个或那个题目的文章数量的变化。)

有几种资料,数字工具和实体书目工具都处理得很糟糕。对于图书馆研究者来说,最重要的例子就是专著和汇编卷册里的章节。其中有大量有用的资料,但却并没有索引。(鉴于版权法,这样的一份自动化版的索引还为时甚远。)假设你在查找 20 世纪 70 年代的社会建构主义的历史,碰巧我在自己那本《学科的混乱》(*Chaos of Disciplines*)书里写到一章,但除了该书本身的索引之外,通过任何索引都无法找到它。这本书在我们学校图书馆的目录里是放在主题索引词“社会学-哲学”和“社会科学-哲学”下面的。虽然章节列表包括了“社会建构”这个短语,但其他成千上万本并不包括这类历史的书籍的记录中也有这个短语。所以,即使有人最终把所有图书的目录都归到一起,还是得采取关
44 键词方法在不同受控词汇表索引所组成的大杂烩中大海捞针。那根本无济于事,因为每本书的受控词汇表都会有变化。

简而言之,图书中的章节只有通过引用才能找到:也就是其他出版物对它们的参考。因为(出于这个或许多其他原因)这类引用分析已经变成一个关键的书目工具,我会在下一节对它加以考虑。

最后,提供几个有关索引编制的一般性建议。第一,并没有任何“真实的”、最终的索引。对于诸如“电影公司执行官如何使用财务信息来决定是否投拍”这样的题目,2 个研究者可能很容易就会写出 2 份同样优秀的论文,但在参考文献方面却仅有 1/4 相同。我们可以肯定 2 份参考书目中都会有《综艺》(*Variety*)期刊,但不能确定其他很多东西。实际上,有很多方向可以讨论这个题目,也有很多可能的数据来源和各种方法。所以,并没有完美无缺的索引。

第二,没有什么索引是凭空产生的。国会图书馆分类体系是无处不在的优秀索引,但即便是它也并不是很强大。最好的索引总是来自一个具体的——通常是学科性的——视角。它们能做到高度具体,而又不会因为忽略了整群整列的资料和观点而失去范围宽度。出于这个原因,在任何项目中,要做的第一件事情就是锁定由该领域内的专业人

士创建的书目工具。这些工具安排事物的方式会让你觉得很自然。

你可能已经发现,“凭空而来的观点”这个问题也存在于工具书图书馆馆员之中。他们难免也会有一种不知从何而来的视角,他们并不是专业人士,只是了解很多关于工具本身的事情。所以,他们似乎经常会给你提议大量有趣但不太相关的资料,除非你向他们提出非常具体的问题。而在你能具体到足以使他们的回答有用时,你通常已经对自己这个领域知道得比他们更清楚了。在那时,你的最佳顾问要么是你的导师,要么是掌管你所在研究领域的图书馆的“主题书目编制者”。图书馆网站上会有这些人士的列表,即使在一家小型图书馆里,他们也会知道一些工具书图书馆馆员并不了解的事情。

第三,不要指望在线版的索引系统会两次生成同样的答案。这是由几个原因造成的。数据库里会有新资料进来,不可避免会改变已有资料之间的相对“距离”,从而改变其关联结构。这可能会改变搜索列表的顺序和内容。如果涉及光学字符识别,还进一步会有算法持续更 45
新的问题,并因此可能会改变其结果。此外,随着新资料的添加,算法会对数据库里的资料进行自我训练和再训练,从而改变其行为。例如,以我的经验,历史报纸数据库的查询结果是不可重复的,除非等到几个月过去之后。

甚至连潜在文本的字体变化都会干扰这类工具。我的学生布赖恩·科迪(Brian Cody)曾经在 Lexis/Nexis 政府数据库中查找过关于批量拨款(block grants)的文章。他发现,20 世纪 50 年代并没有这类文章,但在 20 世纪 40 年代和 60 年代则为数众多。当然,50 年代不可能真的没有关于批量拨款的文章。布赖恩经过仔细研究,发现联邦政府在 1950 年左右换了字体,而且如果你输入“blook grants”乃至“blook giants”这样的拼写有错的搜索字符串,也会得到许多结果,不用说,这些结果并不包含“blook grants”或“blook giants”这样的短语,而是短语“block grants”。

二、搜索

显然,搜索在实体工具和数字工具中是不同的事情。所以要对它们进行分别论述才有用。

(一) 实体工具

我所说的“实体索引”是指所有生来就是实物的索引。因为这些资料来源永远是在销售和购买中,伴随着这些销售,其名称和细小功能也在不断变化之中,所以要在网络上追查到这些实体资料来源的踪迹可能会很难。的确,这些资料来源中的很多名称自我初次草拟这些章节以来,已经随着时间推移而改变了。但是,它们值得花时间去寻找,因为印刷版资料来源的准确性要远远超过在线版,其索引也编得更好。

这类“生来就是实物的索引”也包括根据卡片图像而生成的在线目录一类的东西(也就是说,包括几乎所有图书馆的在线目录),它也包括先前提到的实体时代的威尔逊公司书目工具:《读者指南》《图书馆参考文献》等,还包括 2 000 年之前参考工具中的资料,比如《历史文摘》(*Historical Abstracts*)和《社会学文摘》(*Sociological Abstracts*)。在大多数图书馆,这些工具中大部分的实体版仍然会放在书库里。在进行主题浏览时,它们通常比在线版更好,大多数情况下也能用得更快。找
46 到这种生来就是实物的工具很容易。去查由罗伯特·巴莱(Robert Balay)编纂,1996 年出版的最新版美国图书馆协会的《工具书指南》,它放在参考书部门,列出了所有东西。

在实体资源中进行的搜索很大程度上是由 20 世纪的图书馆活动所塑造的。图书馆馆员致力于打造一个统一的、精确的模式来描绘具体物件的特征(这称为“描述性书目”)。尽管在国会图书馆最终胜出之前,有着多个彼此竞争的体系,但这些体系都有同样的目标:精确、严

格的分类,压缩拼写和其他“不重要”的变化,设备之间的可移植性(国会图书馆将卡片出售给成千上万家图书馆),跨越时间的稳定性。核心概念被称为“权威记录”。在计算机时代,这就成了机读目录记录(MARC records)。

因此,使用实体工具进行搜索的人必须牢记:图书馆馆员的职责有时候有些混乱,而他们自己又添加了许多规矩。首先,作者的名字总是把姓氏排在前面。查找“约翰·亚当斯”(John Adams)是找不到他的,而是要用“亚当斯,约翰”(Adams, John)。大多数的数字资源认为这个顺序“不直观”,因此使用了“适当的”(比如:modern Western,“当代西方的”)顺序。这种旧排序方法有其自身的小问题——如何处理“Manuel de Falla”中的de,或“Ludwig van Beethoven”中的van——不同图书馆用不同方式处理这些问题。但主要规则是固定的:姓氏居首,然后是完整拼写的名,虽然一般也会使用姓名的首字母(“Eliot, Thomas Stearns”而不是“Eliot, T. S.”)。通常,在旧目录中,首字母是通过互相参照的卡片来处理的(“关于 Eliot, T. S., 参见 Eliot, Thomas Stearns”),但这些往往并没有引入旧目录的电子版中。记住,非西方的名字经常把姓放在前面,最初非罗马字母的名字在不同时代可能要进行不同形式的罗马化。所以,如果你是在查找非西方的名字,要确保不管在新的还是旧的资料来源中,把两种顺序都查一遍。(最近我使用旧的罗马化时期的错误顺序,在里德学院的在线目录中找到了一位著名中国学者年轻时在该学院念书时的学士学位论文。)

第二,实体索引会无情地对拼写加以规范。莎士比亚的名字有几十种变体,但在索引中全都写成 William Shakespeare,哪怕所提及的书籍标题页写的是 William Shaksper。互相参考的卡片能给粗心的人提供引导,但这给苏格兰人制造了灾难(有些 MacDonalds 的名字拼成了 McDonald),造成了一些字母顺序排列问题。(例如,许多旧索引在 Ma 之前把 Macs 和 Mcs 放在一起。再有,对西班牙语按照字母顺序排列的

47 方式随着时间发生了变化:带 ll-的词过去是排列在所有带 l-的词前面的。)这还是个事关英语化的问题。例如,古典作家通常是英语化的(是 Horace,而不是 Quintus Horatius Flaccus)。双元音和变音符号也造成了可以预见的问题(德语元音变音成为附加的 e's ,正如在 Muenchen 中那样)。不过,一旦你弄明白索引对一个特定人物或事物的拼写,就能确保自己在一个地方找到关于那个人或物的所有东西。(我会在下面讨论世界图书馆联机目录时,指出这种情况的一个例外。)

第三,规范化导致了消除歧义的问题。约翰·亚当斯可以指很多个人(实际上,我们大学的在线目录里就有 27 个)。在传统的索引编制中,会使用生卒日期来区分作者。这很有帮助,因为这类信息在数字索引中很少见。在标题上面消除歧义则要复杂些,实体索引对此并不特别擅长。如果你对一本名为《希望》(*Hope*)的书感兴趣,你得去查看几十张卡片中的每一张去找到你想要的专著或期刊。在浏览时,你也会遇到这个问题。

第四,最重要的规范化是应用在主题上的。我之前指出过,所有实体主题索引都是基于可控词汇表的。到目前为止,这些词汇表当中最重要的是国会图书馆分类系统。你可以在国会图书馆网站(我最后一次看的时候,网址是 www. loc. gov/catdir/cpso/lcco)找到整个体系,具体到一个恰当详细的层面。国会图书馆管理局的记录体系掌控着总清单,不仅是主题方面的,还有作者、组织以及出现在一件物品机读目录记录中的任何其他信息。它每天都会更新,并且是在线的。

在你开展项目的某个时刻,值得去图书馆找到包含整个国会图书馆主题标目体系的红色六大卷——我们过去常称其为“全部家当”(the whole shebang)。当你在这些卷册中寻找自己感兴趣的题目时,会不可避免地发现新的词汇需要去搜索,哪怕你已经对一个领域研究了几十年。那时因为在一个受控词汇表中所做出的选择并不总是显而易见的，并且，如果你不去猜测正确的词汇，就可能会错过很多资料。我之前从《圣经》中引用的例子表明，仅仅因为你没有找到大量关于“巫术”的条目，并不意味着那些得到索引的资料没有包含关于巫术的东西。也可能是把“魔法”这个词语用在了这些资料所出现的总体类别中。所以，如果你在一个经典主题目录中没有找到很多和一个题目相关的内容，试试用一些同义词，并且不要害怕去翻阅巨大的国会图书馆红色卷册，那里面包含了所有可能词汇之间的完整的互相参照。

第五，大多数实体主题索引（尤其是国会图书馆分类体系）遵循 48
“具体引用”原则。在国会图书馆中，一件物品会尽可能具体地得到分类。如果它是关于医疗执业的，它会被列在“医师”下面。的确，即使它被普遍视为是关于一般职业的经典作品，你可能因此会预计它位于HT687，而那却是关于一般职业作品的标目。

此外，国会图书馆索引目录仅包括其自身层级的东西，而不包括来自其下面的子目录中的资料。如果你正在进行浏览，要记住，对国会图书馆分类体系（或其他任何这类体系）进行浏览时，在浏览主要标目的时候不会包括任何子目录的资料。如果你在我们大学图书馆目录中浏览 70 个“职业”类别下面的标题，它们并不会包括任何来自“职业、美国、历史”子目录中的东西，除非编目者在该书的机读目录记录中明确把总体题目添加到更具体的题目中。你会仅仅获得关于职业的总体性资料，而不是关于美国职业历史的书。（否则，你会在每一个总体类别下面找到成千上万本图书。设计这个限定就是为了帮助浏览。）

还有一点很重要，就是要记住受控词汇表会随着时间而改变，但物品的分类通常不会变。我曾一度搜寻过一本美国学术出版方面确切历史的图书，但完全错过了唐纳德·比恩（Donald Bean）在 1929 年的精彩著作《美国学术出版》（*American Scholarly Publication*）。为什么？我在书库里逛遍了 Z230 和 Z280 区域——这是国会图书馆的相关标目——搜索关于大学图书馆和学术出版的资料。但比恩的书却在

Z471 区域（“出版商和出版，美国”），因为其他那些标目在 1929 年尚未创建。这表明，有时候使用关键词索引并在索引和实体资料来源中进行浏览也是有用的，当然我也可以使用我们图书馆在线索引中的关键词功能找到这本书。

那么，这些就是关于使用实体索引的基本限制：名字顺序问题，拼写要规范，消除歧义的情况通常出现在记录中，主题是由受控词汇表所掌控的。大多数索引都遵循“具体引用”的实践，所以需要寻遍作品的所有相关层面。根据这些限制来调整搜索策略，你会发现这些工具实际上很强大。如果想要更多细节——或如果仅仅是想见证实体时代图书馆馆员艺术性的精确——那就去你们图书馆找一本美国图书馆协会在 1967 年出版的《英美编目条例》(*Anglo-American Cataloging Rules*)，我保证你会大开眼界。

49 （二）数字工具

数字工具同样强大，不过其功能是通过非常不同的方式实现的。数字工具有好几种。如果一个索引生来就是真正数字化的，那么它就不会有任何在录入过程中产生的那些问题。搜索算法会对文本的电子版进行快速处理，找出关键词和页码，会有一个清理程序对结果进行整理。只要没有芯片错误以及糟糕的一级文件，就不会有出错的可能性。但是，许多“数字”工具实际上并非生来就是数字化的，它们涉及实体资料用图形来呈现的“数字化”。通常，这是由光学字符识别程序完成的。我之前指出过，光学字符识别会带来大量错误，这给研究者带来了显著影响。

仍有其他一些数字工具是以前就存在的实体资料的组合，它们本身可能通过扫描或在其他情况下通过直接录入得到了数字化。联机计算机图书馆中心的世界图书馆联机目录就是一个主要例子。世界图书馆联机目录由一个合作性的机构所推出，各图书馆把它们各自的记录贡献给一个联合收藏集，后者再把它们重新包装为一个综合性目录。由于大型研究型图书馆对转换成本、未来目录的不可预知性两方面都很谨慎，小型图书馆（资源较少，因此编目能力较弱）就先前往联机计算机图书中心体系。由于图书编目在各地不尽相同，从一开始，世界图书馆联机目录里就植入了对记录的可变性。当大型机构最终加入时，它们仅仅上传了自己所独有的那些较少见的物品，通过下载已经在世界图书馆联机目录里的任何记录来节省成本。所以，它们自己的强大编目能力并没有加强这个系统。其结果就是，世界图书馆联机目录含有大量没有意义的变体，尤其是包含无数实际上是同样物件的单个记录。

数字工具的一些特征仅仅是实体工具的对立面。第一，是名称方面。由于工具几乎都是由关键词索引来推动的，并且由于早期用户大多是西方人，名字通常按照西方的顺序排列。这对西方名字来说并未带来问题，但对亚洲或其他把姓氏放在前面的名字造成了困难。其中有些在 20 世纪中期的一些目录里被颠倒过来，还有许多目前在西方的亚洲学者则把西方规则用于他们的作者名字。所以，可能需要在关键词环境中把两种顺序都搜索一遍，就如同在实体环境中那样。至于中间名缩写或中间名，有的数字工具自动就把它们省略了（例如在引号中包含一个名字时）；其他工具则还在使用着它们。你得去发现自己 50
的特定工具采用的是哪种做法。

正如在实体资料来源中那样，罗马化给用俄语、中文和其他非罗马书写体系表示的名字带来了问题。对于来自非罗马文稿的资料来源，应该经常去咨询专业人士或图书馆馆员。通常，杰出人物和机构都有标准的英语化和罗马化名称，但一旦不是知名人物，事情就变得出人意料了。（《英美编目条例》提供了指导性建议，不过它们并不整个掌管数字世界。）

第二，和实体搜索相比，数字资料来源并不对拼写进行规范。这可以通过使用序列对比算法轻松实现,但查错的代价会非常昂贵,所以数字参考作品的卖家把核对替代性拼写的任务留给了你。记住这一点,尤其是当你在使用通过光学字符识别得到的资料来源进行研究时,它会带有随机产生的拼写变体。

第三,在维基百科这种对问题进行过验证的地方之外,消除歧义是关键词索引中的一个大问题,因为在人物之间并没有日期或其他信息来进行区分。因此,在我们图书馆的关键词目录中,“约翰·亚当斯”这个作者关键词短语有 893 个条目。但如果我查看严格表达卡片本身的作者浏览列表,就发现只有 27 个明确叫作“约翰·亚当斯”的人,他们的作者条目总数就不是 893 条,而是 481 条。目录的关键词这边提供了另外 79 个不同的人物,结果他们是所有那些知道其中间名首字母和名字的约翰·亚当斯。(这些在浏览那边并未计入。)这些人带来了 893 条总数中的 481 条。这 79 人可以在线上通过首字母和名字进行区别,但那 27 个人则无法这样区分,除非是在保留了生卒日期的目录中。简而言之,消除在线关键词索引中的歧义是非常复杂的事情,就像在印刷版索引中那样。

第四,关键词索引并没有受控词汇表。这既是强项,也是弱点。一方面,它意味着图书馆馆员没有事先决定如何分门别类。人们所使用的索引词中并没有植入概念性结构。另一方面,它也意味着用户必须为任何给定的概念生成一系列的可能词汇。这表明名词术语中的历史变迁隐藏得比在受控词汇表中更严重。由于这个问题,最近我有一个
51 本科学生觉得性虐待问题在 20 世纪 80 年代之前并不真正存在,因为没有关于它的文章。不过,搜索字符串“家庭暴力”和“儿童猥亵”当然带来了让人压抑的大量结果。

对于从实体版迁移到数字版并在此过程中合并了几个之前索引的工具来说,会受到一个特别问题的侵扰。一个绝好的例子就是合并器软件“19 世纪主文件”(19th Century Masterfile)。这类工具把几十种不

同的受控词汇表混合在一起。不过,这些不同的索引编制者当然没有理由会采用同样的受控词汇表,所以这个工具相当于把苹果、橙子和奇异果混在一起。那么,对于好的作品来说,使用单个工具进行研究会更好些。但是,对于第一遍的作品,这类合并器软件可能就非常有用。

再说一句关于迁移过来的受控词汇表。一些数字工具仍然有主题词表(thesaurus),这可能意味着它们所取代的实体工具曾经有过一份受控词汇表。该词汇表是否继续演变或甚至得到应用则是另一回事。你不能盼望卖家会一直使用它,因为那意味着在微编码方面的巨量工作。但可以非常确定的是,即使他们不用它的话,也是不会公开承认的。所以,很不幸,你只能假定任何在线的、迁移到数字版的索引都是一个关键词索引,那可能是最糟糕的索引。即使那些承诺会有主题词表的索引,可能也只是说说而已。

由于关键词工具一般都会列出长长的清单,其中大部分条目都是没有用处的,因此,它们的开发者就创造出一个整理机制,把最有用的资料放在最顶端。这些“相关性”整理活动的绝大多数本身就是没有用处的。相关性是由网络文献称之为“中心性测量”的方法所决定的。实质上,这些测量手段只不过是提取了你的搜索所得到的所有事物的清单,查看这些条目之间的引用网络(有时候是通用术语网络),并对那些成对的距离规定一个“中心性”的测量方法。测量结果很高的就是高度中心性的事物,会首先出现在列表中。(这些测量方法大多数源自关于人类网络——如帮派、高中好友群体等——的社会学文献。)

因此,相关性完全由搜索字符串本身决定。20个不同的研究者出于20个不同的理由,可能会使用同一个相同的搜索字符串,并会得到同样的“相关性”列表。不过,这个“相关性”对20个研究者来说显然不可能都一样。实际上,这些列表根本就不是“相关性”评比,而只是中心性评比。这就是它们无济于事的原因,尤其是当你的项目并不关注主要的(比如,中心的)问题,即那些碰巧在这些特定资料来源中使

用这个特定搜索字符串进行研究的问题。的确,可能略微改变一下搜
52 索字符串就会发现:原来在相关性列表中相邻的两篇文章,在新的列表中相去甚远。简而言之,不要把相关性列表当作质量指南,而要用日期排序(大多数学术领域认为越近的日期越好)或引用排序(至少它们是真正的人气竞赛,而不是假比赛),尤其是在研究一开始的时候。当搜索字符串变化时,日期和引用评比并不会改变。(本章后面会谈到更多关于质量的内容。)

关于光学字符识别的工具,我已经提过它们的强项和弱点。就像“批量拨款”的故事所显示的,不要相信任何根据光学字符识别扫描而来的资源在所有方面都像原始资料那样精确无误。但对于许多或者大多数的目标来说,那无关紧要。图书馆研究有很大一部分是“让人满意的”,我们的目标是通过获得足够的数据来获得可靠论断,但不能指望万事如意,这在任何情况下都是不可能的。如果你处于学者通常所说的满意的模式中,那么就能和基于光学字符识别的资源和平共处。如果实在真的什么都想要,就得在不同的日子里重复做多次搜索。

所有这些电子资源的问题意味着你通常应当在使用任何工具或数据库之前,需要试着去发现它是怎么产生的。要养成一个习惯,去访问网站的“关于我们”标签。查找“扫描录入”(sannned in)的字样,那意味着资料是光学字符识别的。如果“关于我们”的说明中提及有主题词表,要看看能否弄清楚它实际上来自哪里。例如,EBSCO 公司(世界上最大的全文期刊数据集成出版商)的主题词表好像是来自其在 2003 年所收购的 Whitston 出版公司。由于 Whitston 公司本身成立于 1969 年,它的系统可能是概念性的或纯关键词的。这很不容易分辨,很可能 EBSCO 公司自己也并不知道。如今 EBSCO 公司已经买下了威尔逊公司的工具,理论上应该把两个不同的受控词汇表整合(威尔逊和 Whitston)。但是,他们不可能这么做,因为这个过程耗资巨大。

关于布尔(Boolean)和其他高级搜索的一个说明:任何一个读者都

知道，不同的工具有不同的规则。每个人都认可 A 和 B，但有的人会把 A 和 B 或 C 解读为（A 和 B）或 C，而另外一些人则理解为是 A 和（B 或 C）。这些是不同的组合。对于“不是”（not）的不同用法同样令人不安。还有，一些工具会自动把搜索字符串视为引用语中的界限（就是说，他们只搜索该短语）。其他的工具则自动把词汇分开对待。作为搜索人，你得记住要绝对弄清楚每种工具都是如何工作的。那并没有标准。

最后，也是最重要的，不能假定任何提供给你的工具都还会像你上 53
一次用它的时候那样工作。程序员依靠让工具变得“更好”和“更直观”谋生。所以，要预计到工具会有很多毫无意义的变化。几个月没有使用过的任何东西，都可能忽然有了新的习性，尤其是如果它有了新的东家。

三、引用

不管你用的是实体的工具还是数字的工具，目的都是要获得一种叫“引用”或“参考文献”的资料。如果你愿意，可以把这个放进类似 Endnote 这样的文献编辑软件，但如果用得过于频繁，只会发现自己陷入另一个巨大的仅仅略微相关的资料列表。我自己并不使用书目软件，很大程度上是担心自己会很快积累起一个看起来有趣、但有着成千上万个条目的个人书目。对于每个作品，我都从头开始编制书目。这让我变得诚实，工作也增添很多乐趣。

（一）作者

有了引用就意味着有足够信息去找到一份资料而不会空手而返。这一般都会包括作者信息。有时候，这不是一个或几个人，而是一个发行机构；图书馆馆员对于机构著作权是怎么回事有非常严格的规定，但我承认我并不理解它们。我只知道你得在机构作者方面非常小心。“美国图书馆协会”作为作者,和它作为一个出版方或作为主题可不是一回事。

用《英美编目条例》里的一个例子很能说明问题,该书详细解释了机构著作权。例如,对于机构性名称的变动,《英美编目条例》告诉我们,一份目录应该含有像下述这个用于机构名称变动的卡片,收录所有涉及的各种名称,包括:

> 宾夕法尼亚州立大学(Pennsylvania State University)——农夫高中(Farmer's High School)的名称在1862年改为宾夕法尼亚农业学院(Agricultural College of Pennsylvania),1874年改为宾夕法尼亚州立学院(Pennsylvania State College),1953年改为宾夕法尼亚州立大学(Pennsylvania State University)。这个机构的作品收录在出版时所使用的名称之下。(美国图书馆协会,1967: p. 114)

54 也就是说,宾夕法尼亚州立大学会有4张卡片,有4个不同的名称,每个都指向其他3个名称。如果你们图书馆还有卡片目录的话,就能通过它来找到这样的信息。如果不能,那就很糟糕。这些信息几乎都没有传递到在线目录中去;那么做的成本太高了。也没有自动化的途径来发现——更不用说传达——这个信息。

还要注意,个人也像机构一样,有时候会改变名字。不要指望分类体系——不管是在线的还是线下的——来捕捉这些变化。我的朋友马戈·安德森(Margo Anderson)写了美国人口普查的历史,他和那个写了美国职业统计历史的马戈·康克(Margo Conk)是同一个人。对于这样的名字变动,你只能靠自己。

(二)标题

你需要的第二样东西是标题。对于期刊来说,这指文章标题,而不是期刊名称。对于图书来说，就是书名。从图书馆馆员的角度来看，《国际编目原则声明》(*Statement of International Cataloguing Principles*)保证了一本书有一个书名——“一致的标题”——统领在所有语言和格式中的编目。所以，一本小说的各种版本不管是什么语言，都会出现在一个书名之下；英王钦定版《圣经》出现在《圣经》名下；诸如此类。

许多图书都有副标题。是否有必要把它们也放在引用当中，在实践中做法各异。我从来不费力气去收录它们，不过在偶尔情况下，出版商会坚持我在出版物中用上它们，我就只好再回去找。

标题在两种情况下会有问题。首先，在年度报告之类的情况下：定期发表的文件可能有时候会有独立的年度标题。[美国农业部年鉴过去常带有像《气候》(*Climate*)或《水》(*Water*)这样的年度标题。]有些图书馆会把这类东西归档在独立的(暂时性的)标题之下，其他图书馆则会归类在永久性标题下。如果你运气好的话，会得到交互参照的指引，不过在大多数情况下，这些信息在向电子版转换的过程中消失了。希望统一标题的做法会解决大多数此类问题，但你永远也不能肯定。这个问题带来的另一个隐患是：如果仅仅按照连续且永久性的系列标题来浏览诸如专著系列那样的长期连续出版物的话，会错过很多有用信息。劳动统计局专著系列实际上就是一个连续的丛书，事实上包含了成千上万本精彩的图书和专著。但很少有图书馆会根据单独标题来给它编索引。你得通过政府文件索引或他人的引用来找到这些宝藏。

对于标题来说，一个严重得多的问题是永久性标题发生变化。对期刊而言，进行并购或仅仅是改名就会产生这种问题。有时候，这些变
化会在电子版记录中提及(查找“continued by”的字样)。对任何 1950 55
年之前出版的期刊来说，6 卷本的《连续出版物联合目录》(*Union List of Serials*)有那时存在的几乎所有连续出版物的完整历史。

涉及政府文件的标题变动是最困难的一种情况。由于政府机构的重组、随机改名、合并等，文件标题总在改变。《连续出版物联合目录》

中有大量不间断的政府系列文件。而一个良好的卡片目录——如果你能找到一个并弄明白怎么使用的话（在一个作者/标题/主题卡片目录中，字母排序是一个复杂事务）——会有海量的交互参照卡片，能揭示这个或那个政府机构及其发表的系列文件的历史。如今，有些数字工具含有许多这类信息，这是个好现象。但根本点在于标题——尤其是对那些连续出版物来说——经常改得让人不堪其扰，特别是政府文件。所以你在跟踪它们时要非常仔细。

图书馆馆员非常善于破解标题变化这个难题。他们理解机读目录规则，而我们学者则做不到。你要记住的就是标题经常会造成问题，可能要经历的困难是对一个引用进行分析，或找到一个可能与标题所造成的困难相关的东西。如果你是这样认为的话，那就去参考咨询台。

（三）位置信息

引用中的下一个事项是提供位置信息。对一篇期刊文章而言，会有期刊名称、出版年份、卷号和文章页码。要想在网络或书架上找到它，这些都是必要的（除非你仅仅是从其他资料来源上点击过来），也是参考文献列表或书目脚注中所必要的。注意，如果文章发表以后，期刊名称改变了，要引用发表日期时的期刊名称；它总不会变的。对于图书而言，位置信息包含出版地和出版者。你并不需要任何此类信息就能在图书馆里找到这本书，但在参考文献列表或书目脚注中需要列出这些信息。你不太可能会引用1/4以上在研究过程中精读过的条目，因此会诱惑你不想花力气去记录位置方面的数据；反正你以后总是能从目录里找到它的。

（四）其他信息

除了作者、标题和位置信息，可以忽略目录里列出的关于图书的许
56 多其他事项：主题、页码、开本信息、国际标准书号（ISBN）和特别标注。

它们对学者来说并没有必要——只对图书馆馆员有必要。实际上,你需要对引用做出的主要决定是保留多少信息。保留细节是非常耗时的,如果你像我那样总是急于在可能有用的信息海洋中保持快速前进的话,将引用最简化往往很有用。尤其是当一些资料的关联度并不是很密切,还有当我在做自己的初期阶段书目工作时,我甚至都懒得记下图书的作者或书名,而只是记下一串索书号就去书库。对于期刊文章,我经常只是记下卷号和页码。毕竟,如果我用到那个资料的机会不大的话,为什么要对其细节费心呢?另外,如果有的资料不错,那么我就会打印出来(如果是一篇文章),或者借出来(如果是一本书)。在这两种情况下,我自动就有了引用信息。有时候我失策了,只好再次去找某个资料,不过我同时已经节省了大量工作。

四、位置:实际上找到资料

我们学校的图书馆馆员最近告诉我,他们在一个图书馆使用指导班上发现,如果一篇文章不是通过某个熟悉的网页点击一下就能在线获得的话,许多学生甚至不知道怎样去找到它。所以,这里提供一些如何在图书馆或网络上取得资料的说明。

最好先说一下图书馆在物理意义上是怎么组织起来的。图书馆有4个部分和你相关:阅览室、书库、借阅处和参考文献。你已经知道阅览室了,你可能会在那里学习或工作。图书本身都放在书库里,书库是根据国会图书馆索书号(或在一些小型图书馆里使用杜威十进制索书号)来加以组织的,不过馆藏会随着时间推移而变化,这意味着索书号在图书馆里从一端到另一端都遵循绝对的逻辑是不太可能的。某个地方会有书库分布图,你需要研究一下。

除了阅览室和书库,图书馆还有另外2个关键的地方。借阅处是其中之一,你要把书库里的东西拿到借阅处借出来。把书借出来就是让它们“流通”。如果一本书出于某个原因无法借出来,图书馆馆员会说它“无法流通”。(在许多图书馆里,实体期刊并不流通。)一些大型图书馆并不允许本科生进到书库里——这是陈年旧规。你可能因此只得到借阅处去提交一份“索书单”,才能最终取到书。这也是许多大型
57 图书馆运行其书库的方式——对所有人都这样,而不仅仅是针对本科生。这也是几乎所有欧洲图书馆运营的方式,美国国会图书馆也是如此。

图书馆最后一个关键之处是参考咨询台以及——如果它们存在的话——参考书架或书库。参考工具书是图书馆其余部分的指南,我会在本书里一直强调它们。就像我已经评论过的,美国图书馆协会的《工具书指南》是图书馆里唯一最重要的书,正如其网络版是唯一最重要的在线图书馆工具。注意:虽然许多参考工具书已经有在线版,但很多还没有。在前一种情况下,实体资料来源现在可能会流通了,这对你非常有帮助。你可以自己拥有整本实物书。而在后一种情况下,你要有大吃一惊的准备:印刷时代有着许多无与伦比的参考书。

在参考书附近会有参考书馆员。这些人都乐于助人,聪明且渊博。他们很善于找到资料,如果你在这方面有困难的话,就从他们那里开始。他们不会告诉你去找什么,虽然像图书、索引和图书馆里的其他资料那样,他们经常可能把你引向你不是确切想要但仍然是值得跟进的资料。一个忠告:除非他们年过四十,否则,参考书馆员可能不会太了解实体参考工具书。他们的大多数用户都是纯粹在网络上开展研究工作的,而他们也一定跟着用户需求走。所以,不要指望年轻一些的参考书馆员会来指导你穿越实体参考书世界。你得自学成才。

鉴于这样的实体布局,我们可以讨论一下如何找到资料。图书很简单,它们一般在书库里根据索书号排列,通常是国会图书馆体系的索书号。会有一张地图告诉你索书号的位置。至于那些号码本身而言,直到第一个小数点之前,国会图书馆的索书号都是非常简单的。它们

以 1~3 个字母开始。[别问我为什么索书号仍然被叫作“呼叫号码”(call numbers)]。在书库里,这些字母严格按照字母顺序排列,在 2 个字母组合前面有 1 个单独字母。这些首字母后面紧跟着一些数字,它们像整数那样排列。

还有小数点。国会图书馆体系里所有激动人心之处都在小数点后面发生。(把这想象成图书馆研究电子游戏的第 99 关吧。)在小数点之后(或者,如果有 2 个小数点的话,就在第一个小数点之后)可能会有一个数字。如果是这样一个数字,那么它就像是一个十进制小数(.6405 位于 .640 和 .650 之间)。这样的数字表明国会图书馆体系必须把一个太拥挤的分类类别再次细分。在这个数字之后,如果有的话,会有另外一个小数点。(如果该类别还没有得到细分的话,那么就不会有这样一个数字,而你就止于第一个也是仅有的那个小数点。)这个 58
小数点之后跟着卡特号(Cutter numbers),它是以发明者的名字命名的号码。有时候这些表示一个题目的细分,可能是地理学意义上的(U5 通常表示美国)或有实质意义的(H94 表示 HTML),在其他时候则表示副标题。它有时候由这种机制来处理,而不是由数字的细分。最后的那个卡特号(或唯一的卡特号,如果只有一个的话)代表作者的姓氏,使用其首字母,接着又是一些像分数那样的数字。(卡特号使国会图书馆为新图书找到了无限的新空间,把它们想成是分形发电机吧。)因此,我的关于职业的书(在我们大学图书馆里)的号码是 HD8038. U5A6150:H 表示社会科学,D 表示工业、土地使用和劳动力,8038 表示职业工人,U5 表示美国,而 A6150 表示我的姓氏阿伯特。(他们一定预计到会有许多作者的姓是以字母 A 开头的!)

我发现人生已经有足够多的困难了,更别说还得去掌握克特号。我在一个有着 850 万件藏品的图书馆体系里工作,并且没有那个知识也一直得心应手。(为了写前面这一段,我不得不去重新学习了这个体系。)我仅仅让自己在书库中找到了小数点之前的东西加上紧随其后的任何数字所表示的正确位置,接着我只需四处张望。

网络上有各种地方可以找到图书,有的是合法的,有的则不是。在网上可以很容易找到各种格式的主要经典作品。比较难的是要去确认这些文本的出处和可靠性。有些领域——例如古代文学,并且相当大的程度上是英语文学——已经投入大量工作对主要作品进行数字化,其他的则还没有。所以,明智的做法是在项目开展之初就和书目编制者或参考书馆员进行核对,以确定是否存在着在线数据库含有的大量相关图书,以及这些数据库是否可靠。记住,网络形势的变化是非常迅速的。虽然你所在领域在一年前可能还没有很多这类资源,现在可能就有了。主题书目编制人就是那些知道此类事情的人。要善于利用他们。

期刊则略微有些复杂。印刷版期刊有时候是根据索书号来分类的,但在许多图书馆里则被收集在一个单独按照字母排序的馆藏中。在这两个体系中,任何特定期刊的各卷都放在同一个地方,通常会装订
59 成年度分卷以便妥善保管。一旦你找到了期刊的一般规律,只要按照引用(会提供年份、卷号和页码)就能找到文章。学术期刊几乎总是按年度来分配连续页码,所以并不用期号。引用中出现期号意味着在每一期中是重新开始给页码记数的。这通常也意味着这本期刊并不是学术类的。

如今很容易在网络上找到期刊。登录学术过刊数据库就能找到。如果它不在学术过刊数据库里,那么,但愿你们图书馆的目录里有对这本期刊标题卡片的订阅链接可供点击。如果还没有,那这家图书馆可能会有一个“电子期刊”网页,其中包含着所有订阅的刊物。如果一篇文章的查找极其困难,那么这篇文章不可能会很重要。大多数学士水平的论文不需要到学术过刊数据库之外去查资料,至少对于二级资料来说如此。

政府文件则自成体系。美国政府的很多文件现在都可以在线获

得。在这个领域里，其在线系统远远领先于印刷版。不幸的是，大量联邦政府文件（尤其是机构文件）以及几乎所有州政府和地方性的文件都尚未得到数字化，位于人们称为“govdocs”的梦幻岛。美国政府文件有一个叫文件管理处（Superintendent of Documents）的分类系统，但我已经有年头没遇到真正了解它的人了。如果你运气好的话，你们大学的目录编制者会在一般类收藏中给政府文件编过目录，大多数情况下是根据主题编制，在长期而多样的系列中则根据发文机构编制。如果你运气不好，而你的项目又涉及大量政府文件，那就要去图书馆的政府文件部门——可能会有这样的部门——要求个别指导。没有严肃而专业的帮助，没人能理解“govdocs”。

我已经多次提及另一种形式的资料——系列（series）。真正的系列如今已经非常罕见了。例如，当前有许多大学出版社“系列”，但它们实际上只不过是编辑和宣传的框架，而不是真正的出版格式，其中的专著全都是作为单本图书发行和登记目录的。但特别是在19世纪末和20世纪初，许多大学都出版过“系列”图书：“约翰·霍普金斯大学历史和政治学研究”（*Johns Hopkins University Studies in Historical and Political Science*）等，由经过发表的博士学位论文组成（那时候博士学位
论文必须发表），这些论文在大学的目录里可能有单独编目，或者（更 60
可能的是）没有被单独编目。当每本专著都自成一册时，编目者可能会把它们视为单独的卷册。但是，更为常见的是把它们作为“系列”进行编目，但并没有其中任何的内容列表。

有多种策略可以找到这类资料，它们真的可以成为非常丰富的资源。其中一种做法就是浏览一个把大多数系列作为单独文档编目、却把它们放在共同的系列索书号之下的图书馆的目录（比如芝加哥大学图书馆）。例如，法兰奇·沃尔夫（French Wolfe）在1912年所著的《加入美国工会》（*Admission to American Trade Unions*）这本书提供了一幅壮丽的美国工会主义图景。在芝加哥大学图书馆目录中，这本书有自己

的作者和标题记录,但具有上述的约翰·霍普金斯大学系列的索书号(H31. J6)和指定编号“系列 30,第 3 本”(ser. 30, no. 3)。通过使用芝加哥大学目录,至少能够看到这些古老系列的内容。你可能会发现,自己图书馆有这个系列,但从来没有花工夫把其中的卷册都分别编目。鉴于 20 世纪上半叶出版的“系列”数量之巨大,也许值得去另一家图书馆的在线目录找找这类资料。这就是当前数字环境的一个美妙之处:你可以使用其他大学的目录了。

此外,你通常是在他人的书目里看到系列,或在那些明确想要梳理这类文献的手册或专门书目类参考书中看到。[例如,文学研究有《英语语言文学年度书目》(*Annual Bibliography of English Language and Literature*),一直对系列中的各卷进行例行编目。]你的问题仅仅是弄清楚你所在的大学是如何选择给系列卷册定位的(有的图书馆把它们按照字母排序的系列出版物来定位,还有的则根据索书号来定位)。一旦你发现了那个系列,就十拿九稳了。

在这里,让我打破框架,插进一个有用的故事。原来存在着一个关于系列的通用目录。在我写好前面的段落而文字编辑正埋头于本书的制作之时,我在进行另一个项目的研究,发现一本叫作《系列图书,1876—1949》(*Books in Series, 1876—1949*)的书,由 R. R. Bowker 公司在 1982 年出版。它有根据作者、书名、主题和系列进行编制的完整索引。这个最后时刻的发现只是说明我们一直在学习新的诀窍,而更重要的是,印刷时代产生了几乎所有可以想象得到的参考工具。

61 五、质量

在图书馆研究项目中,所有一级资料都是同样有用的。只要它们和你的问题相关,就不会造成质量问题。但是,二级资料则非常不同。你已经很清楚,网上可以找到很多糟糕的资料。印刷世界有更为严格的标准,它们中有些是正式执行的。但也许更重要的区别在于印刷出版需要资金成本,这个事实让大量不怎么严肃的作者望而却步。然而,尽管有这些标准和成本,印刷品图书馆还是拥有大量薄弱的资料。因此,必须学会在数字和实体两个环境中进行质量评估。要做到这一点,需要了解二级资料是如何制造并得以放到网络上或进入书库的。

网络世界的组织显然已经足够多了。任何人都能够创建一个关于任何事情的网站,只要指定任何一组关键词,庞大的搜索引擎就会返还给你一个网站列表。这个列表根据相关度排名进行排序,我刚才已经指出,这并不表明质量,而更像是一个受欢迎度的竞赛。你会回想到,就像中学时代那样,有时候这样的竞赛确实会选出最好的、最有意思的或最可能成功的;但更多时候,它们仅仅是选出位于中心的人物。所以搜索引擎排名并不是关于质量的可靠指南,也不是权威性的声明。网络上很多站点当然会声称它们比其他网站更权威或更优质,但并没有一个普遍的或权威的方式来判断这些论调。其结果就是,我们中大多数人用一些简单的启发式方法在网络上查资料,比如"带 .gov 域名的网站比 .com 网站更有权威性"或"有切身利益的网站不如那些没有利益关系的网站来得可靠",抑或"我曾经听说过的机构比我不清楚的机构有更令人值得信赖的网站"。但事实是:没有人确实有一个可靠途径来判断网络上的权威性或质量,同时,在线出版并没有一个必须达到的质量门槛。

相反,印刷品长期存在着保持其权威性和质量的体系。在很多情况下,随着它们所出版的资料迁移到网络上,这些体系实际上也转移到网络中。印刷品的一个分支——学术知识——是经过正式组织来出版相对高质量而权威的知识的。学术知识由学术界出版,他们有着严格的理念,会把作品提交给同行进行判断。所以,可以假定出自大学出版社的任何一本书都经过了这种方式的"同行评议",也可以假定学术期 62
刊中的任何一篇文章也都经过了同行评议。(你可以根据其"咨询编辑”或“顾问编辑”的名单来识别一本学术期刊:这些人是比较活跃的评审员。另一个标志是学术期刊很少或者根本没有广告。)并且,在线学术期刊的绝大部分(例如学术过刊数据库中的所有文章)都经过了同行评议。

相比之下,非学术期刊中的文章以及出自商业出版社的书籍通常并没有经过真正意义上的同行评议,尽管它们当然也会有其他类型的适合其最终用途的评审,并且也可能有同行评议。因此,通常来说,非学术期刊的文章、出自商业出版社的书籍在可信度和质量方面都不如学术期刊的文章以及大学出版社出版的书籍。

同行评议的程序很简单——我会用期刊来举例。作者把可能发表的论文发送给期刊编辑。编辑挑选三四名相关的同行进行阅读和判断。通常,他会选择一两名本刊的顾问编辑以及一些其他人。这些评审人把他们的个人判断以及给作者提出的一些更广泛且具体的评论发还给编辑。然后编辑对这篇论文和评审人的评论进行阅读,并做出判断。编辑会把判断结果和评审人对作者的详细意见发还给作者。就同行评议而言,作者永远不会知道谁是评审人。相反情况则不完全对。在“单盲”同行评议体系中,评审人知道作者是谁;而在“双盲”体系中,他们彼此并不知道对方是谁。

在人文和社会科学领域,大多数论文都会被退稿,如同向大学出版社提交的大多数书籍那样。最有声望的期刊和出版社有最高的退稿率(接近90%),这毫不让人意外。知道了这一点,作者通常会把作品寄往他们觉得合理的同等高度的声望体系,却经常最终在比他们最初提交的刊物等级更低的刊物发表。

同行评议体系还远远不够完善。在选择进行评审的“同行”时有许多随机性,而编辑有时候也会很武断。但它远远好过没有质量判断,也比在不明人士中比拼受欢迎度更好。所以,强烈建议你采用同行评议体系所提供的信息,并采用它所维持和实行的学术声望结构。(我们在第四章中讨论引用排名的时候会回到受欢迎度竞赛这个话题——它们相当于在线相关度排名的学术对应物。)

对同行评议感到恼火——特别是那可能意味着需要长时间等待评论和最终出版——导致了多种形式的临时发表。在有些领域(例如经济学),研讨论文系列很常见。已经出现了几个为这类半成品提供的在线论坛(例如"社会科学研究网络")。这种资料都没有正式经过同行评议,因此在这种地方出现的论文都是自行发表的。的确,专业学者的自行出版行为真会带来一种暗示,表明它比那些非学术人士自行出版的资料更可能具有高质量。但需要时刻想到,半成品论文系列,即那些存放在人文和社会科学研究合并器、博客、个人网站等的论文,通常包含没有经过同行评议的资料。所以,对此要加以小心。在图书行业,自行出版的图书(对作者来说耗资不菲)被称为"虚荣出版",这个称呼反映了学者是怎么看待它们的。 63

总之,不管是在网络上还是图书馆里,你能得到的二级资料质量良莠不齐。对于在线二级资料来说,并没有通用的质量指南。但对于实体资料(以及已经转移到网络上的实体资料)来说,则有着明显的质量标记。首先,有同行评议的明确标记。其次,期刊有一个松散的声望等级,出版社也有,不过更为松散。这些等级并不是明确界定的,根据各个学术子领域而有所不同。但作为一个学术新人,你应该尽一切可能利用这些质量指标。最显而易见的经验法则是不要在没有经过同行评议的任何二级资料上费力气。唯一的例外是那些偶尔有"交叉性"的学术书籍,它们因为结合了学术和流行性而被大众出版商出版,如罗伯特·帕特南(Robert Putnam)的《独自打保龄》(*Bowling Alone*)。当这类书籍出现时,是非常显而易见的。不过除此之外,对于一个刚入门的研究者来说,坚持使用同行评议过的资料是最佳选择。

这些就是标识和位置的基本要素,是真正的本质。回到那个旅行方面的暗喻,我们已经收拾好行囊了。现在是时候去买一张开放式的车票,登上火车,开始考虑我们可能想去哪里。用图书馆研究术语来说,如果你有资料要确定位置的话,那你得知道自己在找什么。想清楚要找什么才是本书的真正主题。那么,让我们进入真正的图书馆研究的初期阶段吧。

第四章　初期阶段

我之前曾指出，图书馆研究意味着要平行做好几件事情。所以，在本章关于初期阶段的讨论中，有关于设计、书目、浏览、阅读以及归档的部分，必须同时启动所有这些事情。不过每个部分在后面都会有一整个章节扩充这里所讨论的内容，并展示项目的这些方面在中期阶段会如何变化。 64

一、设计

研究设计包括四件事情。第一件事情是谜团(puzzles)，由它来设定议程；第二件事情是概念化，它会详细说明你所研究的状况；第三件事情是研究问题，针对你的特定情况所提出的问题；第四件事情是研究计划，即“行动清单”。这个清单由研究活动组成，如果你进行这些活动的话，将会发现自己需要对研究问题进行回答的东西，这随之解决了经验性谜团，后者又随之解决了理论性谜团，并因此让研究变得合理化。

(一) 谜团

让我们从谜团开始。图书馆研究项目很少是“在一个给定的时间、地点、事件内恰好发生了什么”这样的形式。且不说这种脱离语境的描述是否可能,它也并不是图书馆研究中的常见目标。更确切地说,每个图书馆研究项目的核心都不只有一个谜团,而是两个。其中一个是经验性谜团,另一个是理论性谜团。经验性谜团通常形式是“为什么它应该是(或本应是)……”?而理论性谜团则是一个或几个我们能够判断、测试、澄清或通过解决经验性谜团来推进的抽象问题。当然,
65 任何给定的经验性谜团都和几个理论性谜团有关,反之亦然。不过,会有特别的配对。

经验性谜团通常很容易聚焦:“即使精神病学是作为19世纪80年代精神病医院主管的职业而起步的,到20世纪中叶前,还几乎没有精神科医生在精神病医院工作。为什么?”(这是我的博士学位论文的经验性谜团。)理论性谜团通常更难。毕竟,“精神科医生抛弃了精神病医院”这件事有什么要紧的呢?要找到理论性谜团的最佳途径,就是提问:“我的经验性谜团研究的是什么问题的答案?”“我的研究能启发哪些更广泛的事项?”或“我的经验性谜团(我的情况)是什么情况?”

对于大多数本科生和刚入学的研究生来说,找到理论性谜团是研究中最艰难的部分。然而你总是必须要有一个理论性谜团,因为这是你的经验性情况的替代性理论叙述,详细说明了你需要发现什么。例如,如果精神科医生是被恶劣的工作条件排挤出精神病医院的,那么条件差的医院应该首先变空。但是如果他们是被大城市专家同伴具有吸引力的团体所拉走的,那么临近那些城市的医院应该首先变空。要想知道排挤因素或拉动因素哪个更强大,就要对工作条件和专家团体都进行研究。

如果只有一个经验性谜团,只要一直持续对其进行研究就可以。但如果发展出了理论性谜团,就有了更具体的研究问题。一种理论觉得这个经验性谜团由一组事物加以解释,别的谜团则由另一组来解释。因此,实际的研究问题由一串对于评估替代性理论来说必不可少的事物所提供。

有时候,我们仅有隐含的替代性理论,如同第二章中谈到其写作的论文那样。在那一章,我从一个纯粹描述性的任务着手:参考工具的历史是什么? 不过核心理论问题马上就出现了:为什么教师采用各自的方式做研究? (特别是,他们为什么不使用图书馆馆员觉得十分重要的索引工具和核心资源?)因此,这篇描述性论文逐渐变得围绕着一个理论问题而重新组织,并最终围绕着学者和图书馆馆员之间的职业冲突展开,探讨谁的研究理念更受青睐及其受青睐的理由。

研究新手会发现,最好从一开始就有两个真正的替代性理论。否则,坠回纯粹描述或单纯说明的诱惑就太大了,就像《20 世纪 50 年代美国大学课堂的布尔迪厄式阐释》(*A Bourdieusian Interpretation of* 66
American College Classes in the 1950*s*)中那样。研究者并不仅仅是把某人的标签置于一些新的情况中。他/她提出经验性谜团,并通过对它们进行解答来发展出理论。理论不用很精细或花哨,不要担心这个问题,只要有两个真正的替代性理论就可以。当你在写一篇关于 20 世纪零售商店中两性关系的论文时,如果事先就知道是父权制造成了这种情况,那这篇论文就没什么用处。如果你事先知道结论,数据就仅仅是说明性的,取得它们毫无意义——除了审美方面。相反,你应该把父权制和年龄、教育或诸如此类的东西相对照。如果它胜出,那么它就是战胜了一个真正的对手,而不是一个影子。

简而言之,如果没有对你所研究的案例、情况或数据有一种特别的、值得研究的、有结果的或重要的感觉,就不要启动一项研究,哪怕它看起来非常非常有意思。你的理论性谜团要确保项目能够完成,当你回答了理论性问题之后,它就结束了。

反过来说,从一开始,你的谜团就不应该(实际上也不会)过于具体。我们已经看到,大多数图书馆项目是由数据所塑造的,包括数据可供性方面不可预见的限制和数据自身当中的发现。所以,太早就有一个过于周密具体的谜团并不好。还要记住,谜团并不是在某个地方等着被发现的。它是你在社会上所看到的现象。你要把随机的拼图碎片制作成图画,而事先并没有画面。(在本书第十一章有更多关于谜团的内容。)

(二)概念化

一旦你明白了有些事情存在让人迷惑之处,就需要围绕这个谜团的社会环境为自己创作一个分析性的描述。这有点类似于报社记者的"人物、事件、时间、地点、怎么做"。("为什么"这个问题太重要了,所以要和谜团本身一样分别论述。)环境的概念化会随着研究工作的进展而逐渐改变。原来似乎没有关联的东西变得重要了,而起初看似重要的东西则可能其重要性会减弱。需要对这些变化保持自觉,在整个项目期间自始至终都要不断反思研究目标的概念模式。但最重要的是,必须从一开始就清楚知道那个目标,要问五个基本问题。

第一,设定中的角色是谁,即你的主人公是谁。你只需要把他们列
67 出来,其中有些是具体的个人,有些是各类人等,还有些是机构。要留意各种各样的物化现象。假设你在写关于保姆工作(babysitting)的历史。"保姆"并不是一个像教会或公司那样真正能被意识到的群体;他们仅仅是一类工作者。而保姆工作的绝大部分是人口统计里的两类人所从事的——十几岁的女孩和祖母辈。所以你得考虑把"十几岁的女孩"作为你的主人公,同时也要引入祖母辈作为另一个重要类别。注意,各个机构——在这个例子中,是指私立日托、育婴所和雇主的日托服务——也可能是重要的角色。

第二,你的角色是做什么的?他们的日常活动是什么?其中有的相关,有的则无关。随着祖父母照顾儿童的趋势扩大,一个关键活动可能是地域流动性(有很大比例的美国人最终定居在父母附近,后者帮着照顾孩子),但你也得考虑日常活动。祖父母通常承担哪种保姆工作——是为了让孩子的父母"大晚上还在外面",还是在两边各住一

周，或者是天天照看？

第三，你需要考虑所处情况的“何时”，从按日、按周的节奏到重大历史事件。在保姆工作历史的研究中，母亲加入劳动力队伍的举动显然是重要的，但也是因为迅速变化的通信技术使护理者可以随时随地联系到父母。无论你是否从事历史研究工作，你所研究的东西总会有一个复杂的时间结构。从一开始就要清楚这一点。

第四，需要考虑关于“何地”的场景和设定。保姆工作的历史已经成为一个关于在家还是出门在外的、有关地理学的故事。一种情况常常会涉及多个地理位置。我那篇关于精神科医生的论文涉及各州精神病医院系统的地理位置，以及各州、大城市及其具体医疗设施的地理位置。关于位置有多个层次和尺度。

第五，你的角色如何理解他们所做的事情，他们的象征和意识形态是什么？最后这个问题并不涉及你考虑情况的方式，而是他们考虑它的方式。他们有专门的语言给它吗？他们会记录自己对它的想法和感觉吗？他们的一般做法——正式的和非正式的，语言上的和形象化的——是怎样的？他们的行话和仪式是什么？显然，你一开始并不会理解所有这些事情。不过，及早提出这些问题，你就给自己提供了一个可以去核对的资源列表。你所研究的那些东西就是最重要的资源之一，如果你不理解它们是如何看待自己的，就无法研究它们。 68

一旦你想清楚了这五个问题中的一些答案，就有了将项目向前推进的基础。你会在项目过程中改动这些答案：修订、重新聚焦、转换。不过在一开始所创立的答案可能最终会为你所创立的分析性文档提供最初的结构。因此，他们会深刻地塑造你的最终作品。

（三）研究问题

谜团和概念化结合起来，产生了一些聚焦性的事情，被称为研究问题。你必须根据数据来回答这些问题，以解决经验性谜团，然后在理论性谜团上取得进展。这些研究问题像谜团一样,会随着研究的进展而变得越来越聚焦。通常的博士学位论文可能会有3个较大的经验性谜团,并从每个谜团"流出"3个到5个一般性研究问题。一篇硕士学位论文——通常三四十页——会有一个较大的经验性谜团和3~4个一般性研究问题。

下面是最近来自我课堂上的三种设置(每种都有一个研究问题的例子)。

项目A

经验性谜团:为什么尽管知名实用主义哲学家乔治·赫伯特·米德(George Herbert Mead)一生中发表了数十篇专业文章,他目前的声望还是几乎完全依赖于他去世后由两套他在课堂上的授课笔记所构成的那本书?

理论性谜团:学者是由他们实际所撰写的东西来塑造其传承,还是由他们的后继者来为他们塑造?

研究问题:米德在年复一年的授课中的概念表现顺序是怎样的?有变化吗?如果有,是如何变化的?什么时候开始变化的?

项目B

经验性谜团:为什么泰国针对卖淫和吸毒采用不同类型的法规,尤其是为什么艾滋病危机由关于避孕套的法规来处理,而不是由关于妓院的法规来处理?

理论性谜团:不同种类的活动变成"社会疾病"的过程反映了国家形成的不同类型吗?

69 研究问题:在泰国妓院中有关避孕套的法规是如何执行的?由谁执行?

项目C

经验性谜团:考虑到芝加哥大学新国家比较研究委员会

(CNN)似乎在其参与者的生涯中——其中许多位参与者非常著名——一直是一股主要力量,为什么它在关于20世纪60年代学术界的历史性著作中却销声匿迹呢?

理论性谜团:有那种并非学校、理论框架或研究所的知识团体吗?它们可能是什么?

研究问题:芝加哥大学新国家比较研究委员会是如何向大学、潜在出资者和自由学术界呈现它自己的?

这些问题中每一个都指定了一些有待完成的实际研究:到大学关于G. H. 米德馆藏档案里,列出一组概念的顺序;去泰国资料来源中,找出执法力量实际上是如何工作的;前往馆藏、寻找并阅读著作和传记,找到芝加哥大学新国家比较研究委员会是如何描述自己的。当这些任务完成后,我们知道这些研究者将能够回答部分经验性谜团和理论性谜团,因为他们将会成功回答直接源自这些谜团的一个问题,这就是研究设计的任务:采纳谜团和概念化,并将它们转变为可研究的问题列表。当然,它们会有变化。我那些学生的博士学位论文中,大约有一半完成时的研究问题跟刚开始大相径庭。这就是研究的本性。结果是,上述的第一个项目和第三个项目都顺利发展成了大型论文。第二个项目完全改变,部分是出于数据的需要,但主要是因为所调查的其他"社会疾病"——鸦片——和主要的理论性问题相比,证明要有收获得多,因此那位学生几乎完全改变她的论文标题。

但是,尽管有这样的变化,在任何时候都必须有清晰的研究问题,否则你会飘忽不定。你的研究问题列表在最初并不会很具体,但应该尽早将它具体化。必须不断对它进行加工、改进、聚焦,不然就会迷失在细节之中。

每个一般性的研究问题,都应该有四五个具体研究问题。一般性研究问题和具体研究问题之间的区别很重要,但并不明显。在上述例子中,关于米德的授课中某些概念顺序的那个问题就是一个非常具体 70

的问题。它可能是一个更广泛的(在这个例子中还是描述性的)研究问题的组成部分:"米德的授课是如何随着时间而改变的?"你可以查看内容、术语的顺序、例子的类型等。但上面提到的第二个研究问题——关于避孕套使用的执行——实际上是个非常一般性的问题。它需要拆分为一些子问题,涉及可能的执行方、与执行有关的数据类型以及能够回答这个问题的数据的具体排列。可能有几种不同的执行方式,与它们有关的数据可能会在非常不同的地方。所以,它们必须作为单独问题和单独任务列出,否则就完成不了。上述第三个研究问题也是个非常一般性的问题。它涉及该委员会公共演示要面对的三类非常不同的听众:大学、潜在的出资者、整个学术界。每类听众都将会有不同的交流途径。那意味着这是个一般性的研究问题,需要进一步细化为可研究的子问题。

这些例子清楚说明,获得一般性的研究问题似乎并不难。实际上,拿出些含糊而没用的研究问题真是太容易了(比如,新国家委员会如何呈现它自己?)如果一个研究问题没有告诉你明天去图书馆或上网应该做什么,那就还不够具体。因此,把一般性研究问题转化为具体问题是设计初期的关键任务。当你开展一个图书馆项目时,需要不断评估具体研究问题的进展,每个星期都要这么做。

这就是为什么必须总要保持一个设计文件夹。它使项目处于知性轨道上。否则,可能会落得一周接一周地做"研究"却只是发现了一大堆有意思的东西,但和着手时相比,离撰写论文那一步并没有接近很多。这是研究生和本科生在图书馆研究项目上面唯一最共同的问题。

(四) 行动清单

行动清单是当前要做的事情的列表。它紧接着经验性谜团及理论性谜团、概念化、一般性问题及具体研究问题。具体研究问题应该会使你相当接近要做的那些特别的事情。但图书馆研究并不是一个线性过

程,因此任务清单本身必定是一个变化中的事物。其中任何一个任务 71
都可能会同时推动好几个具体研究问题。当你进入中期阶段时,行动清单是由我先前所说的迷你型分析——最终作品中成段成页的对具体题目的研究——来主导的。但在初期阶段,行动清单仅仅勾勒出能让你确定设计文档的任务。这些任务中首要的是初期参考书目、早期浏览、文档设计。

这些都意味着你难免会发现自己要不止一次重温各种事情——资料来源、书目工具、复制资料。这并不是效率低下,相反,它很有用处。在第二遍和第三遍重温的时候,你会从中寻找不同的东西,因为你头脑里已经有了更多与你所阅读的资料相关的新想法。在图书馆研究中,效率高并不是优点。实际上,它束缚了图书馆研究的兴起所依赖的浏览和多头作业。

在项目进行中的任何时间,都必须有一个设计文档,含有经验性谜团、理论性谜团、概念化、一般性问题和具体问题的当前版本,以及当前的行动或要做事情的清单。在初期阶段,这个设计文档会迅速变化。对于一篇文章、一个章节或一篇论文来说,大概会五易其稿,耗时几周,形成一个能伴随你度过整个中期阶段的文档。对于较大型项目来说,这样的设计文档实际上就是一个论文开题报告,需要几个月时间,经过导师的几轮反馈。

在中期阶段,你会定期回访这个文档——对于大论文来说每隔几周,更长的项目则是每个月。(本书第十一章会详述这种回访)必须不断更新这个设计文档,使它和你的研究进展相对应,并使它的未来计划跟新的进展相关,而不是与最初可能曾经计划的旧论文相关。

到结束阶段之前,你的项目都不会脱离设计文档。直到那个时刻,成形中的书面文本才会接管对项目的控制,你才会重新进入线性积累的世界。在此之前,你都会身处图书馆研究的非线性世界之中。

二、初期参考书目

在初期参考书目中,你要给自己指明方向。你已经开始对情况进行概念化[见本章前述一(二)],现在要对它进行基本描述了。

72 (一) 概述和参考工具

在项目刚开始时,还有在中期阶段,当一些子项目把你带到不太了解的领域时,概述都是一个合理的着手开始的方式。

概述的关键通常是美国图书馆协会的《工具书指南》。因为这个工具有一个不断更新的在线版本,还有一个过时的 1996 年印刷版,这可能是一个讨论参考工具的实体版和电子版的好案例。我会根据速度和质量的标准而在实体版和电子资源之间进行切换。总的来说,参考工具的印刷版只要存在的话,使用速度会快得多。实体文档的"刷新时间"(实体版的"刷新"就是翻页)比在线版的刷新速度要快得多。在发现自己真正感兴趣的东西时,你偶尔看到的资料在数量和组织方面也做得更好。单独一页中的事物的密度——远远大于在线的——使得扫过大量资料来源的速度也快得多。(在线资源往往充斥着图表垃圾:毫无意义的或冗余的信息,表面上是为了读者方便,实际上却需要大量滚动鼠标,让你的浏览慢得跟爬一样。)

这些关于实体版和电子版的规则适用于美国图书馆协会的《工具书指南》,也同样适用于其他参考工具。我个人认为,印刷版刷新速度更快,并且信息量更大。(虽然它过期了,但大多数经久不衰的重要参考工具在 1996 年都已经存在了。)此外,如果你的题目多少有点古老的话,旧的印刷版指南尤其有用,因为它们含有随着时过境迁而从指南中移除的过往工具。(后来各阶段都制作并使用新工具,但它们并不一定会复制所有的过往信息。)在线版和连续的印刷版中都会有稳定的修改。例如,曾有根据作者排列的英语文学中所有虚构角色的索引,不过这些已经在20世纪70年代从美国图书馆协会的《工具书指南》中消失了。当然,如果你恰好需要一份英语文学中的角色索引(相当于互联网电影数据库那样的),它们都还在某个地方的书架上躺着。所以,在使用美国图书馆协会的《工具书指南》较早印刷版的同时也要使用它的在线版,这往往是值得做的事情。(你甚至可以借出一本老的印刷版,整个给你自己用。)我先前指出过,罗伯特·巴莱在1996年编辑了最后一个印刷版。只要在它上面扫一眼你的题目领域的列表就可以(获取有用的信息)。对于任何题目来说,都有参考工具能极大加快你的研究速度,而美国图书馆协会的《工具书指南》会为你找到那个工具。

鉴于大多数概述都能在百科全书或手册里找到,你也可以使用一个 73
较好的图书馆目录去搜索有关概述的参考文献作品。只要在目录的主题索引中使用高级关键词搜索,把主题具体化,并为下面这些专门的子标题增加一个搜索词:百科全书、手册、名录。(这些词应该出现在主题区,因为它们是国会图书馆主题分类的一部分。)但要记住,图书的编目是具体到它们能够进入国会图书馆体系的,因此对你来说,最有用的一般性参考文献来源在目录中并不位于你开始的那个特性层次,而是位于比它高得多的层次。例如,医疗职业最好的概述可能在一本总体谈论职业的书里(因为一般性资料来源中的评论会比较短,也更简洁)。但是,这样一本书会在职业类下面进行目录编制,而不是内科医生下面。

一般性的参考文献也有在线工具。就本书写作而言,参考文献天地(Reference Universe)和牛津参考文献在线(Oxford Reference Online)似乎是其中最好的。第一个是用于寻找工具的工具。不过它的界面很难看;美国图书馆协会的《工具书指南》的在线版明显就更好一些。第二个是“超级爬虫”,坐镇于牛津大学出版社所出版的大量参考资料中。你可能需要习惯它的一个问题,就是其界面充斥着无关的图表垃圾。只要它所“爬行”的东西是较老的印刷版工具，那这个工具还不错。所以牛津参考文献在线可能会很有用处。但如果它把你指向网络或新近出版的印刷版工具，你会面临更多存在于这类工具中的一般性问题。

为了理解较新的在线参考工具的问题，检验一下新的图书馆经济学不无裨益。在20世纪的印刷时代，出版商和图书馆馆员都是昏昏欲睡的保守派，而索引市场由安静而仁慈的垄断者H. W. 威尔逊公司所占据。相比之下，如今在出版商、期刊和订阅的聚合者、在线参考书的提供商以及诸如EBSCO出版公司这样的索引服务商之间，有着激烈的竞争。这场竞争已经在学术界产生了巨大影响，尤其在参考工具和概述方面产生了恶劣影响。由于当代研究的主要问题是信息过载，因此概述就成了一门巨大的生意。销售商有非常强烈的动机，但这些动机对我们的目的来说很成问题。第一个动机是把概述的领域进行细分。这分化了市场（带来更多销售），但也因此降低了工具的用途。（本书写作时，在我们大学图书馆目录中，实际上有401种牛津大
74 学出版社的图书在标题上带有“牛津某某手册”的字样。）第二个动机是在质量上打折扣。“超级爬虫”和新的参考书实际上包含了大量劣质作品，有些没有署名的文章绝不是资深专家写的，研究生写了许多小型文章（甚至有些长篇大论）。因为撰写这类评论文章没有职业回报，所以真正的专家只有当其要概述的是一篇长文或其地位能产生重大影响时（一家有声望的出版商的主要手册）——最重要的一点是能署名，才会去写概述和指南里的文章。第三个动机是出于只参考同一家出版商的其他工具的诱惑，哪怕另外一家出版商的工具更受青睐或在特定用途上更好。总之，当前许多参考工具都有实际问题；推动它们的是市场，而不是知识。所以，要谨慎对待去哪里找概述这个问题。

应当指出，在当代知识界，类似的问题在其他地方也到处蔓延，出版商并不是唯一的罪魁祸首。例如，许多情况下，学术期刊如今会要求

作者参考该刊物发表的其他文章，仅仅因为这样能提高其在 WoS 数据库中的“影响因子”（一种引用指标），从而提高其订阅费和利润。再有，当世哲出版公司（Sage Publications）短暂拥有《社会学摘要》（*Sociological Abstracts*）时——它索引了所有社会学期刊，明显改变了该工具中的“轻松打印”功能，以便这个功能仅供世哲的刊物使用。它不会打印来自其他出版商的刊物。我有一天偶然发现了这个限制，就通知了我们大学的图书馆馆员。他们随后通知了 CSA 公司，后者在世哲想要把《社会学摘要》出售时买下了这本刊物。结果证明新东家完全不知道软件里还存在着这个限制，即使他们当时已经拥有这家刊物两年了。

这些都意味着如果你能从美国图书馆协会、学术过刊数据库或联机计算机图书馆中心这样的非营利机构找到它们的工具并使用的话，就可以一直假定：由于商业动机导致的变形，当其他条件相等时，这些工具更受青睐。

在维基百科网站上，有着强烈并且分化的观点。它正迅速成为一个更加集中化和权威化的东西。一些较为重要的文章如今被“锁定”（例如，关于太阳的文章），这样就不会被捣乱。反过来说，一篇关于贝叶斯定理的文章非常核心，连编辑意见（最后一次我所看到的）称“修正了一些没有显示的公式；不知道它们是否正确”都要凸显出来。这让人不太舒服。至于我自己所在的两个专业领域的文章，最近一次浏览显示，一篇关于威廉·伊萨克·托马斯（William Isaac Thomas）的文 75
章含有许多小错误，并忽略了关键书目；还有一篇关于职业的文章，其不足之处非常有意思，我一度写了一篇关于它的文章[发表在《美国社会学家》（*American Sociologist*）期刊上的《各种各样的无知》（*Varieties of Ignorance*）]。总的来说，维基百科作为对某个事物的初次接触、获得一次快速指导或当你忘记了事情时候的提醒，是有用处的，但仅此而已。它的平均质量远远低于它所取代的印刷版百科全书。

对所有在线概述以及一些印刷版概述的最后一个担心是迁移(migration),就是它造成了我刚刚提到的世哲出版公司/CSA公司例子的混乱现象。商业化的“信息供应商”带着巨大动机引入未知出处的资料,并把旧资料不经编辑或重新审核就进行迁移。即使免费工具也受到这个压力的支配:如今,具有纪念碑意义的《不列颠百科全书》(*Encyclopaedia Britannica*)第11版的版权已经过期,其中有大量没有再费周折就引进维基百科。诚然,这是一部宏伟的参考巨著,但它已经非常过时,尤其是其历史论述中的内容。

对于营利性资料来源而言,压力更大。我上次核对的时候(2013年7月),在线版《不列颠百科全书》里关于社会学的文章是R. E. L. 法里斯(R. E. L. Faris)和威廉·福尔姆(William Form)所著。法里斯在20世纪20年代受教育,于1998年去世;福尔姆在20世纪40年代受教育,虽然仍在世,但已经不再活跃。那在当年是一篇很好的文章,但内在证据表明,那个“当年”是有段日子之前了——可能是20世纪60年代或70年代,只在20世纪80年代和90年代添加了几个引用。那篇文章作为当今社会学的概述当然是不行的。

参考书和概述都充斥着这类迁移信息。在印刷时代有很多年,《协会百科全书》(*Encyclopedia of Associations*)如果在一年之中没有收到任何新信息的话,就仅会把各个协会的有关信息再版一次,如今他们声称已经停止这种做法了。但印刷版中的所有错误信息都在那里,而且可能很快就会被数字化并随处可见。不用说,没人打算回去纠正它。

作为消费者,我们在这类迁移错误面前不堪一击。但要养成一个习惯,去核对你所使用信息的出处,尤其是在线信息。你会发现,大多数在线参考资料来源的出处极难找到,而就算找到了,其结果也比网站的声明和使它看起来像那么回事的表象要不可靠得多。

因此,结果是毫无疑问,对大多数主题来说,最好的概述资料来源是由一所相对知名的大学里的优秀出版社的编辑人员在最近发行的手册，其中至少有一半文章由同样知名的大学里的学者所著。手册里总会有撰稿人的介绍，所以很容易能够核对这些东西。如果有疑虑，去请教你的导师来做判断。 76

如果你无法找到一本优秀的手册，就得求助于期刊文献。在大多数人文和社会科学领域，“评论文章”这种体裁并不存在。虽然确实有多个学科的年度综述，但其内容并不均衡。这些综述并不持续检查该学科的主要领域，因为文章的篇幅只允许对一个实质性领域有粗略的概述。所以，这样的文章往往是不切实际的。无论如何，年度综述卷总是值得检查的，其中的确有些好文章。

在经过这么多让人沮丧的消息之后，很高兴来说说其实有一个非常直接的办法可以找到一个学科内核心的同行评议过的文章。这就是本书第一章里面称为“针线铺”的、让你避免谷歌式大海捞针的那个方法。这个技能以一个研究中的核心基本词起步。假设你正在研究一个社会运动，想要那个领域的当前回顾。你使用“社会运动”作为 WoS 里的一个标题搜索字符串，把搜索范围限定在过去 10 年，因为要的是当前的概述，然后根据引用水平给搜索结果排名，把引用最多的放在最前面。在 2013 年 7 月，你会得到 9 196 份研究报告。那太多了！那就把搜索列表限定［在 WoS 里用“提炼”（refine）这个词］在你的学科之内——我们假设是政治学。现在有 848 篇文章了，而引用次数第二多的是一篇由保罗·伯斯坦（Paul Burstein）所写的关于公众舆论对政策的影响的概述——这个题目是社会运动研究中的绝对核心。伯斯坦文章的参考文献列表会带来其他一些重要研究（在你项目的这个时刻，“高度引用”可以相当于“重要”），而引用了伯斯坦的文章列表会带来更多高度引用的作品。假设你是一名社会学家，你会把这个列表限定在 1 844 篇社会学文章上，这在我看来还是太多、太缺乏焦点。所以我会回过头坚持标题里要有“社会运动”字样，而不仅仅局限在主题中（主题意味着在标题、摘要等任何地方）。这样文章就只有 1 167 篇了，而不是 9 196 篇，而社会学的限制又把文章数量削减到 399 篇。其中的第三篇是一个社会运动的一般性理论[由伊丽莎白·阿姆斯特朗(Elizabeth Armstrong)和玛丽·伯恩斯坦(Mary Bernstein)所著]。结果这篇论文发端于整个学科的一篇简短概述。

有两个小说明。当你在 WoS 搜索时，不要把“资料类型”限制在评论内。在 WoS 里，评论通常意味着图书评论。还有，一般不要搜
77 索带有“评论”这个词的文章，除非你是一个心理学家。大多数人文和社会科学的评论文章并不用“评论”这个词。另外，如果你的列表上有太多文章，那么无论如何要把在标题中含有“评论”这个词的要求作为“瘦身”方法。核心点就是，要绝对确定任何重要的学术领域都在期刊文献中有最近的评论和总结。你知道它们更有可能被高度引用，所以你是能找到它们的。而引用水平将会确定重要文章的领域，然后再根据它们的标题及其带来进一步资料的希望，从中选择最好的，并用它们的参考文献列表和脚注作为下一步研究工作的指南。鉴于参考文献领域的当前态势，应该在项目很早的时候就采取这个引用策略。

总而言之，还是有一些优秀的概述和参考书的，哪怕它们淹没在垃圾中很难被发现，但值得去它们当中找出两三本来。我说过，《美国图书馆协会指南》通常是你开始搜索的地方；只需要对从中发现的资源进行审查，检查撰稿人的传记及其当前的职位。但是，要用 WoS 引用策略来认定当前有影响的文章。（在这个任务上 WoS 比“谷歌学术”更好，我很快就会解释原因的。）

（二）合适的参考书目

应该马上开始为你的题目准备初步参考书目。你会在项目过程中自始至终向它添加或移除内容。（不过别把东西扔得太远，我通常会在别的一个文档里保留拒绝掉的书目，否则你会发现自己一再走进同

一个死胡同。)

对于起步的参考书目来说,对一个三四十页(硕士论文规模的)的项目,要把目标定在大约 10 本书和二三十篇文章,而且全部是高质量的。这至少会让你在与题目相关的文献中找到方向。你的最终参考书目中的资料大约会是这些的 2 倍或 3 倍。

你的目标是质量,而不是数量。这意味着你应该主要依赖带有质量控制的书目工具。例如,你所在大学的目录比世界图书馆联机目录好,仅仅因为你们图书馆的采购书目编制人在选择其中出现的条目时会做质量评判。你们学校所拥有的资料跟它所没有的东西相比,可能在质量上更好,在实质上更重要,在实践中运用得更广泛。这就是学校为什么要采购那个资料的原因。

质量评判的另一个关键是重复。一个在许多地方出现的资料可能 78
比一个没怎么出现过的资料更好。如果它所出现的地方本身就是高质量的,则更是锦上添花;比如一级刊物、优秀大学出版社出版的图书等。(本书马上就会讨论如何识别这些东西。)记住,知识民主在于每个人都能出版作品这个事实,但出版物并没有必须受到尊重的民主权利。尽管存在例外情况,但一个资料如果被引用和讨论得越广泛,它相对于其他同类作品就显得越重要,这一般不会错。而重要性对你来说是一个可接受的近似于质量的东西。随着项目的进展,你会形成自己的更为具体的质量评判标准。

1. 到哪里去查找初步资料

开始搜索初步资料的地方就是你所在大学的图书馆目录。现在你能轻易使用美国的任何在线目录,而真正有经验的人可能会选择一家相对小型的图书馆——比如,25 万册藏书——用于其初始的书目搜索,因为相对小型的图书馆的质量选择标准通常会比一个拥有数百万藏品的地方更严格。不过,你可能也会想要去一家大型图书馆的在线目录检查相关的主题列表,并特别寻找任何后面列有书目这个词的资料。我已经指出过，这些正是可能已经替你代劳了的条目。

运气好的话，目录中的搜索会让你发现几本可以作为整个领域的入门书。因为图书（特别是好书）是由聪明的作者所著，他们在自己的主题上花费了大量时间，可以提供进入一个题目的指南，并且比你自己制作的任何东西都更好。初步参考书目的一个中心目标就是找到这类关键书籍。它们本身就有着很长的参考书目，甚至可能还有书目注解。一定还要查看这类作品的索引，在一篇严肃概述的索引里，可以从中标示出一个领域的主要作者，因为他们都有很长的条目。

在目录之后，下一个可以求助的是基本期刊索引。大多数学生都从谷歌学术或者学术过刊数据库开始。谷歌学术的质量构成很糟糕。它是建立在和谷歌索引大体相同的基础上，即票选结构的相关性分析。但由于该算法根据一个给定资料在广泛文献中的引用水平来进行排名，它容易强调那些最大型文献的引用意见。不过，这些大型文献可能
79 并不是你所感兴趣的，因此它们的资料来源等级对你而言可能并不相关，甚至是错误的。而谷歌学术同时扫描了网络和同行评议文献，它的质量判断从一开始就被极大地削弱了，因为网站并没有经过同行评议，这就让问题更加恶化（WoS 引用排名绝对是基于同行评议的资料的）。教训很简单：别用谷歌学术。

学术过刊数据库比谷歌学术更受青睐，因为它只收录学术机构的精华（尽管由于学术过刊数据库收录了越来越多期刊，它的品质也正在下滑，但它最开始收录的都是最高质量的资料）。学术过刊数据库特别有用处的地方在于它含有文章本身：它既有索引，也有经过索引的资料集。此外，它是非营利的，因此不会别有居心。

尽管对于前沿学者来说，学术过刊数据库的覆盖面有时候可能是个问题，但对绝大多数学生来说，学术过刊数据库的局限反而是有利条件。就可比较的主题而言，与一篇不在学术过刊数据库中的文章相比，学术过刊数据库中的那篇是重要文章的可能性要大得多。

应该使用学术过刊数据库来查找起步所需的主要文章。然后，可以用这些文章的参考文献列表来查找学术过刊数据库之外可能需要的任何东西。

但学术过刊数据库没有任何重要性或影响力。为此，必须使用 WoS。我自己也因此在 WoS 中进行大部分书目工作，通常是添加一个专业领域的索引。对我来说，出于我的研究领域和时代，它们往往是《历史文摘》(*Historical Abstracts*)或其美国版同类出版物[《美国：历史和生活》，(*America:History and Life*)]。(在我的图书馆学术研究中，我就改用《图书馆文献》。)但你可能会用《艺术摘要》(*Art Abstracts*)或其他的，这取决于你感兴趣的题目。WoS 是一个非常广泛的工具，收录了所有你可能想看的文献，并且专业索引会让你聚焦于密切相关的事物。总有 WoS 在后面支持的效用在于：你能用它的引用排序功能来得出大致的质量判断，这在研究过程早期尤其有用。在当下此刻，WoS 还有着相当大的历史纵深(20 世纪 70 年代中期)。记住，在使用数据库之前，应剔除其自然科学部分。[只选择人文(AHCI)和社会科学(SSCI)引用索引。]否则，就会有大量无用的资料。

最后，世界上的每个话题几乎都有一篇关于它的博士学位论文，你能轻易找到它们。在这里，《博士学位论文摘要》(*Dissertation Abstracts*)是基本工具，如今已经在网上成为 ProQuest 数据库体系的一部分。但是，不要在项目早期就全文阅读他人的论文。这会让你确信自己的项目已经有人做过了！不过，你可以随意“掠夺”任何论文的 80
书目。

不要在项目初期就去查世界图书馆联机目录。在初期阶段想要的任何东西都会在当地大学图书馆里，那里有更为友好的、品质更好的索引。此外，还可以在定位的资料附近的书架进行实地浏览。世界图书馆联机目录有比较高的废品优质比，其索引系统比较薄弱，并且界面也差劲。此外，你会发现，当你想要依赖它的时候，里面的图书馆信息错误的数量出人意料。它的确是个有用的工具，不过仅仅对于碰运气式的尝试、替代版本等而言。在项目晚些时候再用它。

2. 书目的经验法则

经常会有人已经替你编好了参考书目。诀窍就是要找到那个人。一种做法是在《美国图书馆协会指南》里搜索“书目之书目”(bibliography of bibliographies)的题头(而该书也为其几百个题目准备了“书目”子栏目。)如果你所研究的题目是在第二次世界大战之前，可以查询自1940年起的极好的印刷版工具《世界书目之书目》(*A World Bibliography of Bibliographies*，最后一版于20世纪60年代中期出版)。在《美国图书馆协会指南》的老印刷版中，你会发现其“书目之书目”题头分类比网上能找到的要细分得多(也因此查找起来更快)。这又是一个在线版反而更慢的例子。最后要注意，详细的书目过去常常是图书馆学院的日常作业，你们图书馆书库里索书号在Z5051之上的那片区域可能就塞满了世上每个主题的有用书目。

编制书目涉及多个资料来源。因此，要预见到会去图书馆做这件事，尤其是在初始阶段之后。即便是在刚开始的时候，你也可能需要看一下图书，以便知道它们是否真的值得读。谷歌图书(Google Books)并不含有能够让你做出明智判断的足够信息；如果你手里拿着一本书，而不是在屏幕上辛苦翻阅，判断速度会快得多。也许更重要的在于，在书架上巡视能让你把定位资料和判断其质量结合在一起，因为扫视一排实体书的速度比在屏幕上看要快得多。一本装订磨损的书意味着它的重要性，书脊上带有著名版本标记也意味着高品质，一本鸿篇巨制则意味着不必要的细节。更普遍的是，一旦你真的在项目里向前推进，就必须在图书馆里面工作，因为书目链会反复
81 提到印刷资料，你不能坐以待毙，必须去图书馆追踪那个链条。必须保持大踏步前进。

注意,你不会一开始就真的去阅读你所找到的大多数东西。只要读到足以找到新的前进方向就可以了。不过,快速穿过大量资料也会让你头脑里逐渐塞满术语、名字、概念和在文献中占据主导地位的事项。只要让它们变得眼熟就可以了,然后它们会成为进一步浏览的吸引点。

最后,为了找到一定数量的上述所列资料,你所查看的资料数量会是所需的三四倍。你需要查看 40 本书来找到 10 本不错的,看 100 篇文章来找出 25 篇不错的。它们并不是都能在同样的索引里找到。使用多个索引是件好事,而不是坏事。所有的索引——不管是印刷版还是电子版——都有它们的独特性和缺陷。多重搜索可以对此加以弥补。还要记住,在书目领域里并不是越多越好。质量远远比数量重要。

3. 书目的质量标准

对于一级资料和二级资料而言,质量意味着不同的事情。对于一级资料来说,这意味着数据质量,涉及诸如和原始事件或感兴趣的事情的接近程度(一级资料是对场景的逐字逐句还原吗? 是对报道的报道、回忆还是传闻?)但早期书目中大部分都是二级资料,那里的质量就是另一回事了。二级资料的质量,首先是指作者的专业知识和权威,其次是指那种专业知识被第三方总体接受的程度,最后是指该资料中关于你所感兴趣的特定题目的相关程度和细节。简言之,优质的二级资料是那些由公认的专家所撰写的资料,和你所密切关注的东西相关。

我已经给出了关于书目工具质量的一些基本规则。最好的书目是那些由各领域专业人士所开发的,这些也是在一流图书的末尾或一流文章的参考文献列表中最常发现的。不过也有一些领域(比如英语文学)有专业人士开发的年度书目。这种书目可以通过《美国图书馆协会指南》找到。至于其余的,人工索引工具比根据关键词索引的工具
更好,在《美国图书馆协会指南》中找到的工具比那里面找不到的那些 82

更好，较老的工具通常在质量上高于较新的工具，与印刷时代有关系的在线工具比纯数字的工具更好。

一旦我们离开了工具，转入真正的二级资料，就能得到关于质量评级的更多细节。我已经指出过，经过同行评议的资料在质量上好于没有经过同行评议的资料，而且学术界也有声望等级，你要知道去利用它们。所以，这里有一些对所有种类的二级资料——书目类以及其他——进行评判的简单规则。

对于图书来说，第一个质量指标是出版商。大致来说，最好的作品大多来自那些顶级出版商，部分原因在于同行评议本身，但很大程度是因为作者自己相信真的是这样，并把作品交给觉得自己能通过同行评议的最有声望的出版商。所以，顶级出版商可以从更多更好的作品里进行挑选。根据不同领域，这些顶级出版商区别很大。所以，最好请导师为你列出最好的相关出版商。不过，一般来说，你可以假定大学出版商出版的图书的平均质量高于商业类图书，而从当代相关学科的角度来看，出自那些顶级大学出版商的图书通常都具有很高的质量。

不过，这些仅仅是大致规则，排名会根据学科不同而大相径庭。每位内行的图书馆研究者在书库里漫游的时候，仍然会在头脑里有一个工作状态列表。举例来说，这里是我的列表，它像每个人的一样，都是独特的，因为它由我自己的兴趣和工作领域所掌控。对我来说，顶级的六家出版社是加州大学出版社、芝加哥大学出版社、牛津大学出版社（尽管现在他们也出版了许多劣质图书）、剑桥大学出版社（也有点出版过滥）、普林斯顿大学出版社和哈佛大学出版社。在社会科学领域的商业出版社当中，在我看来，诺顿出版公司是当今唯一真正杰出的出版社。30 年前，基础图书（Basic Books）、学术出版社（Academic Press）、阿尔定（Aldine）和自由出版社（Free Press）都是非常严肃的出版商，不过如今不是了。但是，在一些特别领域里，我很清楚在我感兴趣的领域中有其他一些非常重要的出版社：北卡罗来纳大学出版社和霍普金斯大学出版社出品了非常重要的美国历史,伊利诺伊大学出版社和天普大学出版社出版了许多重要的劳工史,明尼苏达大学出版社在法国理论方面、康奈尔大学出版社在文学理论的诸多方面都是顶尖的。布鲁金斯学会在政治学方面很重要。不过我经常提醒自己,可能会有我并不了解的其他强有力的专业列表。

反过来说,对我来说,劳特利奇(Routledge)、世哲和帕尔格雷夫(Palgrave)是如今的高产低质者。我发现,它们所出版的大量作品中,大部分都非常差劲。普雷格(Praeger)、列克星敦(Lexington)、厄本姆(Erlbaum)、格林伍德(Greenwood)和韦斯特波特(Westport)也没好到哪儿去。我知道,这些出版社确实都出版过一些真正优秀而且有影响 83
力的图书,但我也知道,我只是好像听说过这类图书或看到它们在别的地方被引用。我还知道,质量排名肯定会时过境迁。半个世纪之前,当时称为劳特利奇和基根·保罗(Routledge & Kegan Paul)的出版社,是一家非常杰出的出版商。同样,在 20 世纪 20 年代,上等学术作品经常来自商业出版社。所以要记住,任何质量评级仅仅是第一印象。

你的主要问题在于,你会轻易找到能够阅读的数量的十倍之巨,因此需要质量方面的信息来引导自己。所以,在早期就要去请教导师,本领域内的优秀出版商都有哪些。如果你的资料超载了,就先去找它们的图书。如果游刃有余,那么就利用你能找到的并用到极致。

图书质量(或至少是其重要性)的一个直接指标就是它们的使用。要弄清这一点,你得去看实体书,并判断其磨损和撕裂程度——磨损撕裂得越多,这本书就越重要。这是要在书库里漫游的另一个理由。还要注意,外观新颖并不一定表示它质量好,而往往只表示时髦。我会在下面回来谈这个话题。

对于期刊和图书来说,最高排名根据领域各不相同。在一个特别领域内,往往最好的期刊并不是整个学科范围的刊物——虽然它们都很知名——而是各类专业期刊。[因此,在社会学方面,诸如《社会学论坛》这样的一般性二级期刊并不如《人口统计学》(*Demography*)或《科学社会研究》(*Social Studies of Science*)这样的顶尖专业期刊那么重要。]当你对一本期刊一无所知的时候,估测其品质的一个快速方法就是在 WoS 的“期刊报告”栏目查看引用水平。(在主页的最上面一行可以很方便找到它。)这需要费些工夫,但你能发现自己兴趣领域里的完整期刊列表,并且能根据引用水平进行分类。一本在引用总数方面没有排在前 20%或 30%的期刊不太可能是重要的,除非它是一个高度专业领域内的主要刊物。你应该在项目很早的时期就掌握自己研究领域里有名望的刊物名称。如果你离开那些顶尖刊物太远的话,那就是在浪费时间。

要注意,引用指标对那些主要被图书引用的期刊的重要性造成了系统性的低估。图书引用还缺乏有效的索引编制。还要记住,谷歌学术同时对网站和真正的学术作品进行搜集,因此它在引用重要性方面
84 并不能像 WoS 那样可以作为可靠指南。至于在谷歌学术上面运行的“超级爬虫”,应该绝对避开。它们充斥着复杂甚至可笑的软件错误。我最后一次查看的时候,“不发表就出局”(Publish or Perish)这个工具就并不认为我的图书《学科的混乱》曾经在生物学文献之外的领域被引用过。而事实几乎恰恰相反。

书目作品不可避免地在时间上是向后推进的。一个资料来源只能引述那些在写作时已经存在的事物。这意味着当你已经重温了好几轮参考书目之后,可能会比你想要的要更处于初期阶段。引用索引可以绕开这个参考问题。我会在下一章谈到它们的使用。

4. 关于一级资料的注解

在编制初步参考书目时,应该找到和项目相关的主要一级资料,一般需要很长一段时间才能找到。它们往往并没有得到很好的索引。你常会在偶然间发现它们,这意味着应该留出最大量的时间去寻找,所以应该很早就开始着手。

如果你是在寻找档案资料（手稿、独特的藏品、机构性记录），应该去档案网（ArchiveGrid）。不过要小心——档案网的界面很累赘，垃圾信息占的比例很高。因此，查看旧的印刷版工具时［《全国手稿收藏联合目录》（*National Union Catalog of Manuscript Collections*）］偶尔还能更快一些，它有累积的打印版名称和主题索引，并且如今已经有网络版。记住，重要的档案资料不仅能出现在你的核心主题的收藏中，而且存在于写过其中一个主题或从该主题听来的人的收藏中，所以需要广泛且多元化地进行搜索。手稿资料的最佳指南往往是在该领域内某本新的专著中的资料注解或附录里。要养成去书库里寻找这类书籍的习惯：这可能比你在档案网上工作更有效。

如果你正在解决的问题预计会有大量一级资料来自国外或以外语呈现，必须马上和教师中这个领域的专家约个会谈，他能说明这些资料主要的存放地点和来源。你无法单打独斗找到这类东西。但是，在你还没完成基本书目、阅读了一些二级资料并明确自己的问题之前，别安排这个会谈。如果你已经自己掌握了一些基本知识，领域专家会在有限的时间里面为你做更多事情。

如果你是在研究政府文件，必须通过刻苦的书目查找工作才能找
到那些一级资料。《美国国会文献集》（这是图书馆馆员对基本的美国 *85*
国会文件的称呼）有完整的在线索引，所以国会方面是很简单的。但是，这些索引通常是建立在光学字符识别算法的基础上，有着它们通常的问题。不过，全国行政文件（至少在 1975 年之前的）则不像国会文件那样经过良好索引的编制。至于州一级的文件，就要自力更生了。有的州开发了极好的在线索引，有些州的文件则令人望而生畏。记住，州一级的发布部门变动之快让人目不暇接，报告的名称、内容和规格甚至可能经过两三年就变得不同。

一级资料也可能是机构性信息——公司历史、期刊发行量、志愿组织的地址、电影名单，也可能是各类统计数据。对所有这些来说，要从

《美国图书馆协会指南》起步。它会把你引向严肃的参考资料，后者提供了通往所有这些东西的路径。（的确，还有统计信息的一般性指南，例如，美国政府有一个统计门户。）

三、初期阶段的浏览和扫视

我已经说过，浏览是管用的，因为它把两套信息结合到了一起——一套在你头脑中，另一套在资料中。为了让一些事实在你正浏览的资料中显得重要，作为浏览者的你得事先了解很多。这个要求对项目中浏览行为的时间选择有深刻含义。除了那些在自己已经了解一些情况的领域工作的资深研究者，对其他人来说直接浏览并不是一个项目入门的有效方式。对于我们大多数人来说，密集浏览是中期阶段的活动。而一开始，我们要铺设系统性的基础：谜团、研究问题、跑马圈地式的书目等。最后，我们再清除那些漏洞和残留。在中期阶段，我们倾向于了解术语并在头脑中存有许多数据事务。这才是让浏览最有效的活动。

因为浏览严重依赖于你头脑中已经有的东西，因此，全神贯注的长时间工作比短期突击更有成效。当我全职投入工作时，在项目中的表现最好。当然，我们大多数人没法只是全职工作于一个项目。但举例来说，每周有三次整个上午的工作比六次两个小时的时段更好些。

浏览在初期阶段相对不那么重要，扫视则是核心。在上述关于书
86 目的部分，我指出你应该一直保持移动。那就是假定你在扫视。通过扫视，我的意思是你仅仅从文本自身就能获得看似最重要的事实，诸如名字和主要参考文献。通过迅速移动，你就可能再次遇上它们，过不了多久，通过纯粹的重复，你就会开始自己知道那些重要的名字、参考文献等。扫视意味着用你的短期记忆让自己对一个领域了解得更多。

初步扫视主要涉及寻找非常相关而且核心的文本，并通过纯粹的重复发现来认出它们。你的目标是避免详细阅读，获取比实际需要的

资料数量多大约 4 倍的资料，然后，当你可以对它们进行互相比较时，再从容地从中进行挑选。扫视最好也像浏览一样，最好长时间扫视，因为扫视和浏览一样，依赖于在狭窄的空间里识别出微小线索，依赖于可能明天早上就忘得一干二净的短期记忆。

四、阅读

初期阶段的阅读具有双重特性。一方面，要用它来了解自己的题目；另一方面，要用它来了解和这个题目有关的文献。你会开始看到以前那些分析的不同维度，会看到不同的解释，以及可能的不同意见。

在初期阶段，你实际上应该阅读什么？并不多。初期阶段的大部分时间将会用在扫视事物、来回搜寻、迅速穿过各个不同的书目工具，这些全都是为了寻找上文所指出的基本书目。但当你在编制最初的书目以及定位一级资料的时候，应该真正去阅读和项目相关的主要二级资料。这些应当在书目工作很早期就会出现。合理地选择出哪些是最重要的，并从头到尾阅读它们。没有必要做过头。如果有十项，那么把其中三项到四项从头到尾读过，并仔细扫视其余的。如果有需要，你可以等以后再来详细阅读其余的。

我在这里所说的“最好”资源指的是那些所含信息量最大、政治观点和其他包袱最少的资源。例如，如果你对项目的一个领域或一个时期的背景知识不太熟，可能需要找一本关于该时期或该领域的旧式基本历史或调查，以便掌握基本知识。当代的调查历史和领域研究往往偏重理论，更不用说还带着强烈的政治色彩。要仔细对待，更好的做法是回去看早前的学术作品。早前的作品可能会存在过多的叙述，还稍 87
微有些保守，有点性别歧视，而且过分关注各种精英，但它会用细节告诉你实际发生了什么。近来的很多历史类著作做不到这个。

在项目早期要仔细阅读背景知识和基本二级资料的一个重要原因

在于，就像扫视一样，这样的阅读开始把事实、人物和组织放进你头脑中，这些将会作为浏览时的触媒。这意味着相关性对项目早期所阅读的那些作品来说是另一个重要指标。要广泛撒网，但也别太广。你想要用 10 本核心书籍像鱼鳞那样覆盖你的领域，而不是彼此之间分崩离析。与此同时，你并不想它们是关于一模一样的事情的。学会如何判断这种相关性对于图书馆研究来说至关重要。

我之前曾说过，在图书馆研究过程中，有需要强力方法的时候，有不得不“阅读所有涉及 X 的事情”的时候，也有不得不“列出并分析所有涉及 Y 的资料”的时候。不过在初期阶段，无论如何也没有必要使用强力方法。你需要为准备书目花大力气，但即使在阅读量小得多的书目上也别使用强力方法。只有当你已经把题目或任务缩小到某个点时，由于搜索的大多数条目都会很重要，这时进行强力工作会有好结果，才会用它们。

五、文档

你需要在某个地方记录下找来的所有东西以及你为找到它们所做的一切事情。这些文档要能够壮大到足以管理一个中型研究项目。你需要它们的部分原因是为了简单记录。不过，仔细归档的主要回报是把你的头脑从记住所有东西的位置这个任务中解脱出来。然后你就能够用自己的头脑去思考、浏览、分析。一刻也不要想象你能记住运行一个扎实项目所需要的全部事情，即便是年轻人的记忆力也无法做到。所以，要把东西进行归档；然后你忘了它们也没关系。

你可能注意到这里有一个潜藏的主题。就图书馆研究的大多数任务而言，给资料施加一个武断但有限的结构总比让它们毫无条理要好些。因此，在编目方面，国会图书馆的编目体系要好于一个通用的超链
88 接索引（因为任何指定的图书都能以很多方式得到索引）。在索引编

制方面,出于同样原因,一个固定术语的受控词汇表要比一个波动的超链接索引体系更好。在文档的事情上也是如此,一个固定的分级结构要好于把资料放在一个地方并通过关系数据表单把它们联系起来。

对于任何图书馆项目,都应该期望有一个看起来如下所示的文件夹体系:

- 主文件夹
    - (书目子文件夹——可能会从主文件夹中分离出来)
    - (观点子文件夹——可能会从主文件夹中分离出来)
    - (待归档子文件夹——可能会从主文件夹中分离出来)
    - (待完成事项——可能会从主文件夹中分离出来)
- 设计文件夹(含有所有设计文件草稿)
- 日志(已经做过的事项清单)
- 已出版资料文件夹(如果有必要的话)
- 一级数据文件夹(如果有必要的话)
- 分析文件夹(如果有必要的话)
- 写作文件夹(如果有必要的话)
- 最终文本(但愿还有出版通信!)

下面是运行这样一个体系的基本规则:

(1) 要有一个主文件夹,包含与项目相关的所有基本事务,但入口文件(如档案资料)和复印订单除外,这些和它们所包含的东西放在一起。

(2) 要有一个主书目文件夹,否则很容易会造成书目的重复。避免这种重复的方法就是把所有的书目都放进一个大

> 型个人数据库中，大多数学生和我的一些同事就是那样做的。但我觉得最好是根据项目来划分，至少要做到这样。还有，需要单独保存（晚些时候的）迷你型分析的书目，放在为那些分析所创建的文件夹里。
>
> （3）要有一个设计文件夹。
>
> （4）对于一级资料来说，要有一些文件夹在必要时分为子文件夹，分别存放观点、要做的事情、待归档事项以及（可能的）书目。要总是能迅速找到任何东西。
>
> （5）在创建分析文件夹时，小心不要丢失任何一级资料的出处信息（它来自哪里）。
>
> （6）运用常识。文档的目的是为了让你能忘掉那些细节，以便集中精神进行数据收集、分析等事项；让你开阔思路去浏览、自由联想、进行多重任务。所以要做到为了实现终极
> 89 目标所需要的那样细致，但也不用更多。把时间浪费在没有必要的详细描述上毫无意义。

动态地运用研究文档永远是明智的做法。始终沉浸在数据中寻找事物并决定如何分类，这是哪怕索引编制也无法替代的。这种沉浸让你对自己的数据有一种深刻的认识。它迫使你继续思考这些东西适合哪里、它们是怎么匹配的。它还会带来持续的浏览洞察力、随机联系以及新观点。因此，它就像在索引之间四处冲浪，这就是很好的书目工作。

过于依赖任何形式的进行中的索引工作都并不明智。将档案或资料注释做成电脑中（或某个定性数据库软件里）一长列未归档标志的文本清单是可能的，在每个标志前加上关键词。但你可能无法事先得知合适的关键词。而在任何情况下，你直接细读全部数据的数次越多，就能发现越多。我有很多学生用过索引软件，但那似乎无济于事，反而让他们陷入伪科学的细枝末节当中。编制索引只是对思考的补充，而

不是主要的吸引因子。

我的学生迫不及待地接受了实体文档的主意。他们说,这样能够看到项目在自己眼前成长。我觉得这还因为实体文档没有数字文档那种让人害怕的、难以捉摸的无限感。我再说一次,物理现实所带来的限制——体积、成本、重量、可达性——迫使我们做出更多判断。我们真的需要再多复制一篇文章吗?再多下载一个手册条目?再多复印一份参考文献列表?转向实体资料的举动让我们做出更多判断。判断就与知识相关。

六、一些结论性的注释

在你启动项目之前再说最后几句。好好保存已经做过的事项的记录。在一个既定时期,你可能只能完成资料来源或书目的一部分。记得要记下你所到达的精确位置,不然当你回来时又得重新再做一遍(或者还有更糟糕的,就是错过了一级资料中的某个部分)。仔细的记录还能让你在最终写好的书目和脚注工作上节省时间。即使是在一个很长的历史性论文里,只要项目自始至终都很仔细地保存了记录,那么脚注要花的时间就会很少,不管它有多详细。个人联系同样如此。所 90
有这些都应当录入一个综合性的日志——基本上就是一本详细日记——来记录你的研究工作。

手头要备有草稿纸或其电子对应物。一旦项目开始启动和运行,你随时都会有想法:洗澡的时候、在餐馆就餐期间、和同事谈话的时候。把它们摘要记在某个东西上面,并丢进待做事项文件夹。如果不把这些想法记下来或作为电子邮件发送给自己,你就会忘记。

一章里面有这么多建议已经足够了。设计、书目、扫视、阅读和归档会让项目得以启动。你是同时做这些事情的,而不是逐项进行。这就像一条狗在追逐自己的尾巴。别担心,这些事情都会逐渐积淀成一个能运作的项目,只要让这些事情都继续下去,并且保持信心。

经过大约五次反复修改之后,设计文档将会稳定,而你也会对资料和研究问题了解得足够多,可以规划实际的分析来回答问题了。这就已经做好进入中期阶段的准备了。中期阶段有着和初期阶段同样的五项活动(设计、书目、扫视或浏览、阅读、归档),还增加了两项更深入的活动:分析和写作。随着这些活动在中期阶段的展开,本书后续各章会讨论这些活动。因为它们会以各种次序和组合的方式到来,我会以一种多少有点武断的顺序来考虑它们。此外,多种顺序的问题意味着在我们对活动本身了解得更多之前,讨论中期阶段的总体流向和规则——这是中期阶段设计方面的事项——没有意义。但如果你想要迅速感知中期阶段各个部分是如何流动的,那就可能要到本书第十一章的第一部分去看看。

第五章　中期阶段参考书目

在中期阶段各章节开始的时候,我要提出两个警告。第一,要记住 91
中期阶段这些章节并不是按先后顺序排列的。读这章的时候不要带着假设,以为应该在完成书目之后再进行扫视、阅读、索引编制、分析等。第二,我会在本书这些章节中自始至终不断重复之前已经给出的建议。同样的,各个事项在项目中期阶段仍然是这样,不过它们可能会有不同的含义,我们在任何情况下都需要回想到它们。

一、变动中的书目性质

在我第一次讲授图书馆研究的时候,学生们的问题在于找到资料。如今,他们的问题是忽略资料。发生这种过载现象是因为,过去成本逼得人们要有选择性。把所有资料都买下,图书馆负担不起,所以它们会根据质量进行挑选。把所有资料都编入索引,索引资源也负担不起,所以首先它们会选择最高质量的资料。其结果就是,研究新手不会找到许多外围作品。碰巧,那些作品中有很多并不值得发现——那就是为什么它是外围的资料。毕竟,学者自己会把比较好的论文发给比较好的期刊发表,所以,有一些质量梯度是来自个人的选择。不过,这种选择又被顶尖期刊和出版商更加严格的审稿所强化了。

与此相比,在今天,可获得性并不是质量指标。一名普通学生就能迅速生成一大堆相关书目,其中大部分顶多算得上平庸之作。然而在电脑屏幕上看的话都一样。在屏幕上,就厚重的论文、精确的作品、精英出版商细致的文字编辑而言,如今看上去与来自较差的出版商的双栏排版、花哨的字体和大量错误相比并没有多大区别。即使是那些不
92 起眼的学术质量相关度也没有了,而它们一度被研究者用来作为优质作品的快速指标。

因为这些变化,我修改了自己的建议,不再强调系统化的详尽书目。如今我推荐大家一开始先找一份小型的优质书目,大量依赖这些资料里面的较深层次的参考文献。本书第二章表明,这就是学者一直以来的实际工作情况。你也应该同样这么做。

这个策略的当前版本依赖于引用模式,这种做法肯定有着广为人知的劣势。学者"堆积"在特定引用上面,仅仅因为方便,或者因为那些引用创造了一个有用的短语,或者因为它们位于非常明显的位置。对于专家来说,是的,这些可能会是个问题,但对于学生而言则不会。利用以前的专家研究工作永远是最优策略。

"掠夺"其他学者书目的劣势在于它会在时间上让你稳步倒退。一篇文章只能参考在它之前撰写的东西,大部分往往是早它几年的。所以你不时需要向前朝着当下推进。这也要用到引用。很简单,用 WoS 在你目前的书目里找到引用最多的作品或最密切相关的作品,然后用 WoS 的"被引用的参考文献搜索"功能来找到最近引用那篇作品的论文列表。然后,对这些论文根据它们被引用的论文数量进行排名。在前 5 名或前 10 名当中会有一些明显很关键的近期文章。(也可能有一些非常高度引用的文章是不相关的,那会把你带往一个全新的没什么用的方向,别理会它们。)如果那些新发现的重要文章对你来说是足够新的,那就万事大吉。如果不是,就选取其中前两篇或前三篇,并重复这个策略,直到抵达当前。(你可能最终会得到一系列高度引用的作品,这会展示你所在研究领域的研究历史。)

最后要记住，书目会很有诱惑性。庞塞·德莱昂（Ponce de León，西班牙探险家）终其一生寻找不老泉并因此殒命。你可以把所有时间都花在寻找终极的完美文章上，但这样的文章并不存在。实际上，终极的完美文章就是你要写的那一篇。

二、中期阶段的参考书目

（一）参考书目的轨迹

尽管参考书目工作贯穿整个项目，但随着项目的推进，它的类型会改变。在初期阶段，你找到了一些不错的背景作品，在研究文献中识别出核心图书和文章，并评估了一级资料的可获得性。你必须把质量标 93
准设定得很高，在项目早期使用薄弱的资料会付出很高代价，因为它有误导性。

在中期阶段的开头，你开始填补空洞。参考书目中的背景部分应该基本都完成了。实际上，这时候你应该已经读过这些作品了。注意，它们中大部分并不会作为参考文献出现在最终作品里，不管那是文章还是论文。它们只是把你引到背景中来，不需要被引用，除非它们对你起到决定性的影响。

反过来说，参考书目中主要实质性部分会在中期阶段有巨大变化。到这时候，你应该已经读过了在初期阶段认定的主要文章，并从中对那些最有影响力的论文有了更清晰的感觉。不过，你会错过其中一些，而与此同时，其他一些文章结果并没有原先想的那么重要，部分原因是谜团会逐渐改变。当你不断对真正重要作品的列表进行提炼时，也会辨认出它为什么具有影响力：因为它的理论方案；因为它含有重要数据；因为它的解读是第一个，因此也是决定性的叙述。所以，参考书目篇幅应该会增加，但作为历史演变的文献也会变得分类更加清晰、叙述更加清楚。还有，这时候开始对参考书目做注解是个明智做法：用 20 个到 30 个单词做简短而决定性的注解就足够。

在我自己的社会学领域里，一篇对找来的数据进行研究的一流文章几乎没有超过 100 个以上必不可少的引用的。（有些这种文章有 200 个引用，不过可能有一半是装饰性的。）对于一篇好的图书馆研究论文来说，并不需要一份含有 500 个条目的参考书目；相反，它只需要 100 条适当的引用。所以，不要害怕从参考书目里扔掉一些东西。（我先前说过，把它们保留在一个“死亡书目”子文件夹里，这样你就不会再次“发现”它们。）

因此，中期阶段的初期就是进行强力书目工作的时候。如今是对着在线目录坐下来两个小时，并核对 30 个或 40 个标目下面的每一条参考文献的时候了。有时候，这会和针对一个特定研究问题的迷你型分析对接上。假设你正在写关于 H. H. 戈达德（H. H. Goddard）所著的《卡里卡克家族》（*The Kallikaks*）这本书的反响，该书是优生学方面的知名（也有人说是臭名昭著的）著作。在项目早期，你将不得不到一家
94 大型图书馆中，在诸如“优生学”之类标目下的在线目录中跋涉，搜索限制条件是 1930 年以前的英文资料。在芝加哥大学，这个搜索会产生几百个条目，结果其中有一份 500 页的书目。撰写关于 20 世纪初纽约艺术评论的学生得在“艺术评论——美国——传记”这样一个目录中跋涉，结果芝加哥大学图书馆的目录会带来一篇关于 1900 年到 1939 年纽约评论界的博士论文，其书目将为研究者节省大量时间。因此，在进行强力书目作业时，并不仅仅是在搭建一级资料和二级资料的列表，还是在确认已经找到的此前已经存在的主要书目。

中期阶段初期的强力书目工作会防止你在项目后期被决定性且核心的资料意外出现弄得不高兴。与此同时，它带来一大堆有用的参考文献可供跟踪。不要跟进所有的资料。运用设计方案去规整工作参考书目。如果很容易就能在网上找到这些有趣论文的复本，应该总是去

看看它们的参考文献列表。对这些资料进行扫视，查找被忽略的珍宝。当然，你打开的任何书目都应该得到仔细而且彻底的检视。

最后，在中期阶段的初期，需要确定你所需要的一级资料。至于档案和报纸这样的并不是到处都能找到的资料，必须——如果在初步工作中还没有这么做的话——认定需要的是什么，它在哪里，使用条件如何。对于政府文件，你应该已经开始挖掘在线资料，并且，如果是在进行研究时，印刷品是唯一可供索引的时期或国家，应该已经开始对那些索引进行强力作业来识别出关键文件。

如果你的项目需要档案、报纸或政府文件（尤其是州政府文件和非美国政府的文件），可能你得“旅行”到资料那边。得尽早计划这样的“旅行”，以便安排好访问。你可不想在中期阶段的后期被耽误，因为你得等到有点遥远的将来才能取得某些一级资料。

在中期阶段的中间，书目会再次发生变化。到这时候，项目正细分为一系列松散连接的迷你型分析，其中每一个都有它自己的重点参考书目需求。这些不太可能是一般性搜索、浮光掠影式的工作。恰恰相反，它们会是聚焦性的工作，以回答特定的具体问题——即时参考书目。你会发现自己回到了之前已经使用过的索引，但带有新的搜索词和新的受控词汇表。参考书目工作从强力作业转为“双臂摆荡”。在 95
每个阶段，你都不会停下来对所有事物进行评估，而是会迅速前行，寻找需要的特定参考书目珍宝。

所有这些参考书目线索会堆积在与一些特定迷你型分析相关的文件夹和子文件夹中，不要费劲去把它们合并到主参考书目中。在很大程度上，迷你型分析所浮现出来的书目作品只会让主参考书目显得混乱。在中期阶段收集到的绝大多数参考书目——即使是那时候似乎非常重要的东西——并不会出现在最终作品的参考文献列表中。

但是，如果你正在使用一个在线书目软件系统，并在记录上保留了一些记号，表明它只是与一个迷你型分析有关，那么就可以把迷你型分析参考书目合并进主参考书目中,否则主参考书目会充斥着没用过的资料。(例如,在本书第二章讨论过其写作的那篇论文中,我最终只从自己在院系图书馆里找到并复制的30多篇论文中引用了6篇。)这个"只在当时必要"的品质在过渡作品中——你摆动着双臂前往最终书目奖励途中的那些树木——甚至还会保持得更久,只要将它们归档,并将对它们的记忆融进你的头脑用于下一个项目。当时间来临,你将发现自己会说"我记得,有一本书列出了曾在国会图书馆工作过的所有重要人物,所以我可以在那里搜索Q先生……"而且不出几分钟就会找到那本书,哪怕你并不记得它的书名或作者,仅仅因为你记得曾见过它,并大致回想起它说了些什么。

在中期阶段的晚期,写作开始主导研究过程。这时候,参考书目就变得非常聚焦了。现在你要查找具体事物,以佐证文本中的特殊观点,甚至那时候你只有在主参考书目或迷你型分析参考书目中还没有它们的时候,才会去查找。在这种后期的参考书目工作中,你很可能会重新看到以前读过的资料,可能会验证以前并没有完整记录的引用,还应该开始为最终文本创建真实的参考文献列表。根据你所用的软件,工作量可多可少,但要记住,最终出版的参考书目可能最多含有你曾收集到的所有引文的10%到25%。你的迷你型分析文件夹里应该充斥着你摘记下来但却没有时间跟进的东西。

96 **(二)标准和目的**

有时候仍然会想当然地觉得参考书目的终极标准是穷尽性。就像WoS那样把所有资料都聚集在一起的资源是这样暗示的。正如学术过刊数据库这样包含了从真正优秀的期刊到低于平均水准的期刊。不过,如今任何学者都知道没有参考书目能够穷尽一切。即使在像"工作社会学"这样的子领域当中,一份试图穷尽一切的参考书目每年都会有成千上万个条目。因为,不可避免会有你错过的资料,而且还可能是重要的资料。

如今，一份好的最终书目的标准是：

> （1）含有关于一个题目的绝大多数真正重要的资料；这意味着其比例达80%到90%；
>
> （2）含有一个中等重要资料的内容充实的例子，一个大到足以给项目中所涉及的所有主要领域提供证据的例子；也就是说，在中等品质层次上的资源分布是特别重要的；
>
> （3）不含有任何真正的废品；
>
> （4）含有足够相关的资料，可以令人信服地佐证你选择报告中的任何迷你型分析；也就是说，书目应该在你进行详细讨论的领域更加深入。

记住，参考书目并不是只有一个目的，而是有好几个目的。这些目的在参考书目的三个不同版本中得到表征。第一个是主参考书目，含有你所认定的全部参考文献。第二个是较小的列表，含有你实际上对每篇都花了不止几分钟去检查的作品——即有效参考书目。第三个是最终文本的实际参考文献书目。这些资料的比例会相差巨大。有效参考书目可能不到主参考书目一半的长度。发表出来的参考文献列表将不到有效参考书目的一半，往往还不到主参考书目列表的10%，如果把废弃的那些无关或劣质资料参考书目算进来的话，可能还不到5%。

参考书目的这些不同部分服务于不同目的。参考书目中大部分是纯粹给你用的。它把你指向一个领域，让你在说诸如“大多数学者认为……”这种话的时候感觉胸有成竹，哪怕你的文本可能仅仅引述了那个学说中的一两个例子。拥有一份供给充分的参考书目，还会让你充满信心地觉得新的参考文献并不会造成太大意外。

同样，背景作品也仅供你使用。读者将会假设你是该研究所在总 97
体领域的专家。如何确保这种假设则取决于你，哪怕你并没有提供引用来加以证明。

至于论文的最终书面参考书目列表,其要求如下所述:

(1) 论文中直接引用的一切资料;

(2) 作为论文或其图表中一项信息的唯一来源的任何资料;

(3) 在论文中提到名字的任何一级或二级资料;

(4) 能够向读者佐证你的文献资料评估的足够多的其他二级资料。

显然,这里的灵活性主要是在第4点上。大多数当代学术都朝着过度杀伤的方向前进。如今的一些专著的"参考文献",列出了实际上10年都读不完的资料。通常这些参考文献出现的时候并不带有页码引用,这表示它们的真正用途并不是知识性的,而是装饰性的。

总之,参考文献列表的真正目的是让读者信服你是一个值得信赖的资料分析师。但也应该允许他们重复你的作品中的任何特定部分,尤其是任何一个迷你型分析。这意味着对一级资料的引用必须谨慎。特别是,理想的引用和参考文献列表不应该含有任何"二手"引用:对二级资料来源所报告的一级资料的引用。只有当你经过认真努力也未能证实一级数据时,这些才能出现,然后它们应被短语"如……所报道"加以注释,这样读者就知道你并没有证实过一级数据。引用一个资料就是在声明你已经亲自看过了。

(三) 中期阶段的参考书目日常工作

1. 搜索

在中期阶段,应该开始超越像学术过刊数据库和 WoS 这样的基本资源。经常会有新的索引发明出来,而更重要的是,老的索引一直在提高它们对早先年代的覆盖。我已经说过,不要假定你知道一个资源的收录范围。一份索引被称为《社会学摘要》并不意味着它把每一本可能吸引社会学家的期刊都收录了。也不要假定对所有期刊的收录都是连续的,即使该索引暗示或声称是那样的。对于在线资源,要阅读关于该索引是如何开发出来的细则。还要记住,一些专属工具会是同一家 98
公司的专属期刊的前台。

去了解你所在领域的所有主要索引工具,我在本书第四章说过,要记住工具经常会发生变化,却不通知任何人。我自己是一个保守主义者,并且严重依赖 WoS,因为它不会过于频繁地“改进”(比如,“让用户感觉友好”;又如,降低难度)。但你可以选择自己的书目工具。只是不要用谷歌学术,因为它的排名是部分基于未经同行评议过的资料。这就像用一次把兄弟会的兄弟和数学专业的学生放在一起计数的普选投票来决定微积分考试的答案。你并不希望那样。

2. 日常工作

当然,需要在中期阶段保留一个参考书目日志,就如保留一份所有图书馆研究工作的日志那样。这是一件更重要的事情,因为迷你型研究参考书目会从主文件夹中分离出来。可手工或在文本文件中完成这件事。不要依赖浏览器的历史文件。你也很清楚,历史列表过于具体,并且非常缺乏信息量。所以,保留简单的记录:你在某一天用了什么索引,采用的搜索词和短语是什么,把结果存在哪里,还有,一般来说,它们是什么。这会让你一直知道自己已经做了什么(这样就不会去重复做)。

其次,开发一个参考文献的单独标准格式。这一般就是你自己学科的格式,不过大多数书目软件会将从一个学科到另一个之间的引用进行转换。但是,如果并没有一个清晰的学科标准,那么社会科学方面默认的就是《芝加哥手册:写作、编辑和出版指南》(*The Chicago Manual of Style: The Essential Guide for Writers, Editors and Publishers*,芝加哥大学出版社)的作者-日期格式(除非你是历史学家),因为这(或它的一

些接近的变体)正成为大多数学术期刊的标准。例如:

G. H. 米德:《头脑、自我和社会》(*Mind, Self, and Society*),芝加哥:芝加哥大学出版社 1934 年版。

M. 博伊德:《国际移民中的家庭和个人网络》("Family and Personal Networks in International Migration"),《国际移民评论》(*International Migration Review*),1989(23):638-670。

在历史和人文领域,标准是《芝加哥手册》注释/书目体系或美国现代语言协会(Modern Language Association,MLA)格式。当然,可以用
99 软件来实施这些标准,但你会经常在书库里潦草地把参考文献记录在纸上(把它们从某本书的书目中抄录出来),所以,明智的做法是有一个标准的个人格式。我在这方面并不总是很细心,在末期不得不重新编制引用,没有比这更让人恼火的事情了,因为那时候你已经彻底对项目感到厌烦了。

我在本书第三章讨论如何消除模棱两可情况的时候指出,在大多数时候仅仅使用作者名字的首字母就可以万事大吉,但情况并不总是这样。获得完整名字也可能是有用的,以免你会有需要。如果你在使用一个大型在线目录,那么缺乏姓名中的名(first names)会让你承受大量不必要的工作:世界上有很多作者名叫"史密斯,W."(Smith, W.),甚至"史密斯,W. R."(Smith, W. R.)。其他一些文化中的名字甚至更加集中。有大量叫 M. Cohen、K. Lee、K. Yamaguchi 和 X. Zhao 的人。而你甚至并不想考虑 Kims。所以,当遇到常用的父姓时,要保留名字的第一个字。(我写到这里的时候,WoS 是把名字首字母和全名混在一起的,造成了许多不必要的混乱。)

最后,随着书目的累积,对其进行分类就变得越来越重要。如果想保持多维性,可以把每个条目都与几个关键词(比如选自你自己的受控词汇表)相连。但不要让参考书目成为一个巨大的无差别列表。遵

守这样一个简单规则:如果任何列表上超过6个条目,就把它细分成子类别。这个规则对于文件夹、术语、许多其他事情以及参考书目部分都很管用。

3. 要记住的事实

在中期阶段,你会变得越来越依赖于真正的主题索引,要仔细检查它,这和你将要快速扫视的关键词搜索正好相反。这些真正的主题索引在哪儿呢? 首先,我之前已经说过,在书的后面。图书的电子关键词索引只是现在才刚刚开始。所以可以假定几乎所有出自优秀出版社的书直到2005年都得到了很好的索引。那意味着它们具有为那本书所制定的受控词汇表,如果你一开始没猜到正确的词汇术语,交叉引用会给你带来正确的词汇,并且经过逐页的阅读来检查其重要性和品质。通常,一本书年代越老,索引就越好,至少回溯到1960年还是这样。你将会知道,某些出版社也倾向于有优秀的索引,虽然其他一些出版社则没有。在20世纪早期,许多优秀出版社(比如牛津大学出版社)编制了极其详细但又非常单调的索引,每个索引词只引用一两页,而索引仅 *100*
仅是一大串看似并无关联的术语的列表。并不是所有老的东西都是美妙的。

其次,具有真正主题索引活动的第二个地方当然是在关于你的主题方面最佳文章的参考书目列表中。你已经知道这个了,但再次重申还是必要的。文章参考文献列表并不使用受控词汇表,但它们的确隐含着分类,因为它们会出于特定目的而引用特定文本。仔细阅读会揭示这些隐含的分类。

还有一些参考工具保持着真正的按主题做的索引。例如,我最后一次看《社会学摘要》的时候,它还有着受控词汇表和一名阅读并分配术语的人工职员。威尔逊公司的索引一度有过这样的索引编制,但最近它出售给EBSCO公司之后,就没法确保是否还会继续这么做了。我在第四章中指出过,经过良好索引的特定主题书目是昔日图书馆学院的标准作业，而国会图书馆的Z类别（从Z1000往上，尤其从Z5051到Z7999）全是这类书目。有些学科（例如英语和经济学）还有着按主题索引的书目的年度列表，应该在中期阶段尽早查找这类工具。1980年之前的几乎所有资料都有，经常分几十个主题。甚至在最近，还能发现评论文章和其他的集中化书目。一定要去寻找它们，这会替你节省大量工作。

你会再一次通过图书馆在线目录（在主题高级搜索中使用主题加上“书目”这个词，这个主题指的是国会图书馆的标目，而不是关键词）或在《美国图书馆协会指南》里发现这些东西。（回到本书第四章查看关于寻找参考书目工具的更多细节。）用一个例子可以清楚说明制作系统性的参考书目有多么重要。在本书第四章中，我提到一名学生在研究泰国性工作法规的演变。尽管她没能找到任何参考书目，但我对此前是否存在详细的参考书目持积极态度，果然有一份（出自1977年）带说明的关于泰国的各个书目的参考书目，包含了205份泰语或几种西方语言的参考书目，由唐·弗西斯·哈特（Donn Vorhis Hart）编辑。有意思的是，我无法通过一些明显的关键词搜索在我们大学的目录里找到它。只有使用了“泰国”和“书目”作为主题关键词，才能通过高级搜索功能找到，因为我还没有碰巧在一个纯粹的专题浏览中看到这个标目。（我青睐纯粹的专题浏览，因为这样你会获得大量有用的周边信息。）

这个例子体现了三个重要的经验。第一个经验，不要仅仅因为你第一次尝试的时候没有找到，就假定一个资料不存在。所有的索引编制和存取系统都有其独特性，对于像参考书目之参考书目这样的重要资料来说，在承认一种特定资料并不存在之前，应该尝试多种策略。

101 第二个经验，如果找到了合适的东西，但时期不对（通常是较早的时期），则早先的资料可能会指定持续的书目资源，直到你感兴趣的时期，或者更可能的是指定重要的实质性作品，你能够用来作为WoS里进行“被引参考文献”分析的种子引用,以便找到引用过这些重要的早期著述的当前作品。

第三个经验,它是最重要的。它包括自己的感觉,即一定会有一个相关参考书目。随着你在图书馆研究方面变得越来越熟练,会发展出我在本书第一章里提到的第六感:那种“等一下,一定会有关于那个的资料”的感觉——不管是一份参考书目、一个参考文献作品,还是一篇博士学位论文。学生经常会到我这里来说:“没有任何关于某某的东西。”我会马上说:“那不可能。一定会有至少两三篇关于那个的博士学位论文,还可能有一份发表了的书目。问题无非出在你的搜索词或使用的工具上。”你需要培养这样一种感觉。有一件特别的事情,我可以跟你保证:自19世纪末以来,人文和社会科学领域总共大约有30万篇博士学位论文,肯定有一篇跟你实际上所能想象到的任何题目有关的博士学位论文。它们的质量可能参差不齐,但其作者已经做了大量可能对你有用的参考书目工作。

三、双臂摆荡

强力书目工作容易在中期阶段较早时候到来。在中期阶段的主要时期,大多数书目工作将采取我在本书第二章中所指出的双臂摆荡的形式。它在资料和索引之间迅速地来回运动,依赖着此前的高质量著作,也进行许多碰运气式的猜想。双臂摆荡也是书目如何在迷你型分析中起作用的方式。这里有一个我自己工作中的例子,来自一篇关于工作和职业社会学的论文。(我保存了图书馆工作时的现场注解,来为自己的教学提供例子;这个例子就是。)

(1)我正在写一章关于工作社会学的手册。诸多子题目中有一个是工作任期。于是我需要一系列如下数字:在美国的任何一个20世纪的时间点,人们在其工作职位上会待多 102

久？鉴于我所知道的劳动统计数字，我怀疑这项统计是否会长期以一种连贯的格式存在。

（2）果然，《美国历史统计》（*Historical Statistics of the United States*）里并没有这个数字，也不在其新出的千禧年版或1976年出版的200周年版中。

（3）但是，我碰巧在一本1922年的书里看到过这个所谓的“任期信息”（那是在中期阶段的早期，当我同时进行着该项目几个部分的时候），我发现这本书是因为它出现在雇佣系列的注释里，而后者又恰巧出现在《美国历史统计》里，虽然《美国历史统计》并不怎么与工作任期（通常指在一个工作岗位上的总时长）相关，却与流动率（在一年内离开一个工作的人员比例）很有关系。这本1922年的图书里，二者的数据都有，而我想要去看任期的数据，因为出于那一章里的理论目的，我更喜欢这种做法。

（4）我的研究助理曾发现一本题为《在工作中》（*On the Job*）的书，讲的是工作稳定性是否在1980年到2000年之间下降了。于是我决定使用稳定性（流动率的反面）方面的信息作为当前工作任期方面信息的代替者，但我仍时不时继续着书目式的观察，以求获得更准确的信息。

（5）我忽然想起来哈罗德·威伦斯基（Harold Wilensky）关于职业的一篇著名的文章，我在进行强力书目工作的某个时刻曾发现过它，但后来又忘记了。我是在为该研究的另一部分而读《社会学年鉴》（*Annual Review of Sociology*）里一篇关于职业的文章时回想起它的，而这篇文章恰巧提到了威伦斯基的这篇文章。

但因为这篇年鉴文章让我回想起了威伦斯基的文章，我就回去找，它又引用了威伦斯基的另一篇文章，结果后者有他

(在1960年)能找到的所有关于个人“整个职业”信息的全部研究的完整列表。

于是,如今在我对任期信息的搜索中,至少有了在20世纪开始时(那本1922年的图书)、20世纪中叶的早期(威伦斯基)以及1980年之后(《在工作中》那本书)的一些资料,但还没有任何从1950年到1975年经济繁荣时代的信息。

(6) 我不想再等下去,开始写论文中关于工作任期的那个部分,并决定把我的阐释精确地集中在任期信息的消失,我把这归因于社会流动理论的变换:威斯康星地位获得模型和 103
O. D. 邓肯(O. D. Duncan)结构方程模型的分层研究的兴起,二者都聚焦于“成就结果”(最近一份工作的声望),忽略了人们如何获得这最后一份工作的过程及其所产生的总体职业轨迹(比如工作任期)的类型。

(7) 尽管如此,我在写作的同时还是扫了几眼《在工作中》这本书里的文章。其中一篇有一个参考条目引用了某些人的一项汇报1951年到1980年任期数据的研究。结果它是出现在一本养老金精算理论的教科书里。我们图书馆并没有这本教科书的最新版本,这些数据就是在那里找到的。不过我决心要全神贯注于找个这类数字的书目问题。

(8) 于是我找遍了养老金课本较早版本周围的所有书架。也许其他哪本书会带来我所需要的。我从书架上取下书来,扫视它们的索引和目录。

(9) 我取下来的第6本书中确实有一些关于工作任期的内容。(在拿到这本书之前,我已经对其他2本书产生了兴趣,因为它们告诉我一些对我的论文来说可能是有趣的有关养老金的其他事情,但与工作任期还没有关系。)

(10) 这第6本书是一位经济学家所著,所以依我之见,

> 它多少有些过度理论化。但我从中注意到一个引用，看起来像是一篇关于工作任期的很有意思的论文，作者是特立独行的经济学家乔治·阿克洛夫（George Akerlof），论文发表在1981年的《美国经济学评论》（*American Economic Review*）上。
>
> （11）我在学术过刊数据库里找到了阿克洛夫的这篇文章，结果它有几条非常具体的关于工作任期的参考文献。其中有4份劳动统计局的报告，那恰恰就是我想要的。我直接前往书库，把那4份报告全借出来了。

因此，通过十来个或更多的一系列步骤，其中有的是有意为之，有的是先前的或同步调查的偶然结果，我发现了自己想要的东西。我还发现了一些与项目其他部分相关的东西，并回想起一些我可能已经错过的重要理论关系。

我可能也会以另外一种途径找到这4份报告，但可能性很小。政府期刊的索引是出了名的糟糕。这些特别的报告并没有像大多数政府文件那样在我们学校的在线目录中得到索引。（可能他们被编入索引
104 了，不过是在我们仍然还有的卡片目录中：我本应该想到那个的。）但是，《在工作中》那本书的参考书目里并没有提到这4份报告，因为它是关于一个较晚时期的，并且它本身采取的是故障率（流动率）的方法，我之前指出过，这只是把任期作为其他因果力量的一个乏味的副产品而已。

这个例子展示了中期阶段参考书目工作的样子——持续性的、复杂的、定向的，但同时也在重要时刻非常自觉地运用随机性。它也是网络化的，这个特别的故事从其他搜索中提取参考文献，并反过来向它们贡献参考文献。这类中期阶段的参考书目工作通过无意识的浏览而在背景中持续进行，然后在你需要它的时候就会来到前面的显著位置。你得一直对它不放手：一直追寻事物、一直巡视书架。资料会出现，而你在浏览中的头脑应该一直准备好能认出它们。

意外发现珍宝的运气并不是非同寻常、一生一次甚至一个项目只会遇到一次的。它是图书馆研究中的一个常数因子，因为你是在持续查看跟自己的直接焦点相近的资料，只不过是在别人组织起来的资料中，兴趣点略有不同。那就是养老金著作的教训，它们就在我所寻找的书的旁边。为了认出这些图书是有用的资料，我得知道那个章节中要有一个关于养老金的部分，以及那个部分中会有哪些事项。那种通过网络数字工具帮助的一次性的关键词书目并不会带来这个重要研究线索的持续性、低水准的产生。这就是你为什么要有一个设计和研究问题。再重复一遍，图书馆研究不是关于找到东西的，而是当你看到什么东西的时候，知道你实际上——在项目的某个其他部分——就是在寻找像那样的东西。你会发现，你最重要的书目成果中，有许多或大部分是在前往其他事情的途中取得的。

注意，发现这些报告的双臂摆荡活动从一个可能的资料(《在工作中》那本书)引往一个你永远也想象不到的资料(关于养老金的教科书)。那个资料必须得到实物检查，而我利用这个机会去实物检查了一堆物理位置相邻的图书。正是通过那个随机的搜索，我发现了一段文字，恰巧引用了一个看起来像是很好的进一步资料(阿克洛夫)，接着找到了那个资料的电子版。一旦找到之后，那个资料就带来了我正在找的参考文献。所以，我在实体资料和电子资料之间切换，在当前和过去之间来回，在题目之间往返。我总是睁大眼睛，留意各种碰巧和我所探察的资料接近的事物。穿过资料大步前进的整个过程靠我的内在信心得以维持，我坚信一定有人曾写过关于工作任期的题目，并且，一定发表过关于它的广泛数据。 105

还要注意，当我已经在论文中写了工作任期部分的相当篇幅时，才有了那个最终发现。将这个特定题目弄清楚是一件很麻烦的事。我只得根据 20 世纪 60 年代中期的工作任期数据所告诉我的，完全重写这个部分。实际上，读了阿克洛夫的论文，让我想到一个新的非常重要的理论问题(关于时间和工作的测量)。

最后,注意这个工作非常强烈的平行特性。我的研究助理在寻找资料。我在阅读其他资料。即使当我专注于工作任期的时候,也在积累和这个项目其他方面相关的信息,诸如此类。

因此,双臂摆荡和强力工作正好完全相反。双臂摆荡并非一劳永逸的工作,不是基于严格的理性,而是一种朝着最有可能的潜在方向所进行的贝叶斯式(Bayesian)的摆动。

双臂摆荡非常强烈地服从于书目通常让你在时间上后移的规则。因为在这样的旅程中有许多次摆荡,每一次都不可避免地后移,你就经常需要转到 WoS 及其引用谱系来重新回到当前。这当中的一个重要帮助是 WoS 里面的“相关参考文献”(related references)功能。它会选择那些和你目前正在看的文章共享引用的那些文章,这是一个很强大的工具。我在强力作业的时候不会用它,但如果陷入一个摆荡中,它就会非常有帮助。

四、挑选

中期阶段参考书目的一个关键事项就是保持它在规模上是可管理的。我已经在本书第四章里谈到了其中一些,因为质量判断在刚开始是绝对重要的,那个时候,你的选择是非常重要的。但质量标准要经得起重复。

你努力想在书目中最大化的因素是思考的品质、判断的可靠性以及将要依赖的学问的力量。你感觉自己还不够格去做出这些判断,这
106 是理所当然的。在很大程度上,我也是这样。因为我不断转向新的领域,经常是并不熟悉自己所阅读的学者。即使一个很有专业性的学者也会不断遭遇新的方法或以前没有研究过的语境。所以我们都在寻找启发式教学法,使我们能在自己没有真正专长的领域做出高质量的

判断。

(一) 单个事项的标准

我已经在本书第四章里谈过单个事项质量的一些基本指标。在那里我主要谈的是场所:图书的出版商、一份期刊的地位或引用水平。顺便说一下,对于期刊来说,要看总引用数,而不是“影响因子”。人文或社会科学领域中大多数引用的是超过 10 年以上的东西,所以影响因子——仅仅由被过去 2 年或 5 年内发表的文章所引用来决定——并没有意义。

对于单个事项来说,还有一些其他的质量启示方法。在一定程度上,作者及其定位是不错的指标。的确,长久以来美国学术人才处于买方市场,这意味着一流学者遍布美国的学院和大学之中。但该学术体系由于其种种缺陷,在质量与位置之间存在着粗略的联系,所以作者的定位可以是一个有用的标准。但要记住,较年轻的人常常更靠近前沿,在一个好地方的助理教授尤其可能已经写出了一些强有力的、很有用处并且是当下的作品。所以,地位高的比地位低的作者受青睐,年轻的作者或中年作者比年老作者受青睐。对于 1970 年之前的作品,作者所在大学的地位可能是最强有力的指标;在 20 世纪中叶,美国学术界是极端集中化的。

引用也是一个显而易见的质量指标,但我先前已经指出过,必须小心对待。第一,引用水平根据学科和子学科而大相径庭,永远不应该跨越子学科来比较引用水平,更不用说跨学科了。第二,引用容易受到“叠加”的影响:一旦一篇文章名声远扬,就会被几十个没读过的人引用。第三,引用并不是一个线性标尺,而是一个非常松散的形态。当引用水平低于 10 个时,意义并不大。但即使当你把 2 篇各有 20 条或更多被引用的文章进行对比,其关系也还是不确定的。一篇被引用次数是另一篇的 3 倍的文章,几乎可以肯定是更重要的文章,但如果是 1.5

倍,就不一定了。这个界线确切落在这两个事例之间的哪个地方,无从
107 说起。幸运的是,叠加意味着一个领域中真正重要的引用是显而易见的。它们很容易有其他文章或图书引用数量的 5 倍或 10 倍。

识别关键文章和图书的另一个途径是仅仅去记住当你在做其他事情的过程中,你快速扫视的文章参考书目中一次又一次出现的文章。你会发现自己开始记住某些参考文献。任何你开始记住的参考文献就是应该进入你的参考书目的东西。

有的指标要求你在对一个作品作出判断之前先扫视或阅读。它写得好吗?容易理解吗?论点可以听懂、平实并合乎逻辑吗?作者对待自己的资料是否公允,抑或他的资料仅仅是为其政治或理论观点充当陪练的?参考书目看上去是粗略、充实还是过多了?如果作品是一本书,别害怕去阅读前言和导语。虽然庸才也能写出好书,天才也会写出劣作,这千真万确,但了解一些作者的特点可能会有助于估计其学术品质。

对有些人来说,流通性是质量的一个重要测量手段。显然,出版日期会给你提供一个关于流通性的初步估计,但对于图书来说,需要确定这本书是不是最新的版本(如果是第二版,那要核查一下参考文献是不是已经更新过了)。还要记住,最新的版本有时候更好,有时候则更差。各领域也在经历着循环。如果你想要由那些埋头于经典之作的人在原始资料基础上对英语诗歌所做的详细分析,就不会想读过去 20 年中出版的作品。反过来说,如果你想看针对人种、阶级、性别等事项的解释,那么当前的资料就是绝对需要阅读的。

有一点很重要:对基于网络的资料要特别警惕。互联网并不是记录的来源,网站总是在变动,然而学术伦理要求参考文献能让别人追踪你得出结论的路径。所以总的来说,学术性参考书目应该绝大多数依赖于印刷资料。在我看来,这特别要包括统计资料,尽管现在很多政府资料生来就是电子化的。顺便说一句,要把它们打印出来,因为政府有时候会悄悄地更正一些东西。即便是政府网站,也别指望当你回去看

的时候能找到完全同样的东西。互联网的不稳定性——既包括上面的资料，也包括对这些资料的网络索引——对做学问来说是个实际问题。

更广泛地说，关于互联网，要记住以下事情。第一，任何人都能发表东西。没有编辑，没有事实核对人员，没有同行评议。第二，许多网站并没有关于著作权的确认性证据，也没有任何途径可以评估那些资料撰写人士的技能，或资料是否的确由那些声称自己写作了的人所写。（例如，网络期刊正迅速变为XML格式，造成了文本可以无限地分解和重组。）第三，流通性也是一个问题：网页的日期是可以查明的，但在大多数情况下，其信息的日期就不能确定了。最后，没有理由认为网络资源是客观的。即使专业学者也在确保客观性方面举步维艰，而他们还是全职学术圈的人，有像同行评议这样的机制来保证作品的可信度。如果觉得组织松散的网络团体在权威性上能有可比性，那就是纯粹的幻想。 108

（二）整体的参考书目标准

参考书目并不是越多越好。科技已经让参考书目收集变得非常容易，也的确让存储参考书目变得非常容易。不知不觉中你会发现自己已经在EndNote里面存了500个条目。我已经说过，部分是出于这个原因，我并不跨项目保留参考书目，而是为每个项目重新创建参考书目。否则，我会一直淹没在参考文献当中。

我的确会为自己所有的旧项目保留图书馆借阅条，这意味着当我需要找一本书时，我模糊记得它在先前的项目里，但在那个已完成项目的参考书目里并没有用上，这时就会有一些引导。但我并不会以这么集中化的形式保留期刊资料，如果同样是那种情况下我要找一篇文章，就经常不得不去翻检旧的参考书目文件夹。

但要为每个项目重新编制参考书目的最重要原因在于，参考书目的主要成果都来自编制它的过程，而不是来自拥有它的事实。假设在开始研究的第一天,有个精灵能把最终将会用在完成稿中的参考书目递给你,你能根据那个参考书目写出一篇很像样的学术作品来吗?不能。编制参考书目教会你什么与什么相连接,告诉你什么题目带有哪个研究问题,使你理解自己项目的边界在哪里,尤其是,它创造了无数个灵光闪现的片刻来产生伟大的研究。

109 这类来自参考书目的理论性和经验性教训也很关键,因为它们共同帮助决定了项目什么时候能够完成。对于参考书目本身而言,有一个更简单的标准。一旦你认出了每个新资料中大约 2/3 的重要引用,多少就算完成了。如果你还认不出 1/3,那就还要继续努力。

在本章前面我指出过,一个好的参考书目应该是全面的,但不是过度详细的。这在实践中意味着什么?本书第二章中讨论过的那篇论文的发表版本在实际的参考文献列表中有 89 个条目,而这是一篇原稿有 46 页的非常详细的历史类论文。在项目过程中,有许多特别资料我可能曾经看到过 5 次之多,但那是指高度详细的带有许多一级资料的作品。通常一篇 40 页的合格论文或硕士学位论文在最终版的参考文献列表中会有四五十个条目。它们都是重要而且优质的,代表着你在项目期间可能曾经接触过的三四百条参考资料。

第六章　中期阶段的扫视、浏览和强力作业

在图书馆研究中，你能以不同程度的聚焦点来使用资料。可以迅速扫过它们，也可以仔细翻阅，或检视所有材料。我们往往认为后者是“阅读”，但每一名学生都知道，阅读本身也可以用不同程度的聚焦点来完成：可以扫视、浏览或仔细阅读一个特定文本。但阅读是一种很特别的活动，它应该自己有一章，置于本章之后。这里我会考虑把不同程度的聚焦点应用于项目中的一切事物，而不仅仅是一个特别的文本：书目、搜索工具、数据库、参考文献列表、统计摘要等。 110

我会区分三个层次的活动——扫视、浏览和强力作业，以讨论什么时候部署每一个层次作为开始。这三个活动当中，浏览是最重要的，因为它最清楚地展示了强化图书馆和互联网资料各种参与活动的理论问题。因此，接下来我要讨论如何选择要浏览的资料，然后再转到浏览理论本身。接着我会考虑外显式和内隐式的浏览，并在最后部分转入对扫视和强力作业的讨论。

一、搜索策略的选择

扫视和浏览这两个词都是指“不是什么都看”。本质上，它们表示了“不看”的不同程度。扫视意味着极快速地翻看资料，常用于寻找少量非常具体的事物，并忽略其他一切。浏览意味着要进行得稍微慢一

些，兴趣点没有那么具体。这两个词都可以与“什么都看”相对立，后者就是强力作业，即无论是否期待从每个事项中找到结果，都强迫自己检查一切东西，这个词捕捉到了该行为无情到几乎机械的特性。注意，
111 “什么都看”对专业学者来说并不会显得比对你来说更有灵活性。专业人士自己也得扫视和浏览，问题在于什么时候做哪件事。

你的策略是由发现（或错过）好资料的可能性来决定的。对回报可能性较低的资料进行强力作业是一种浪费。相反，也不应该对非常丰富的资料一扫而过。更确切地说，你是对回报很低的资料进行扫视：例如，当每20件作品中才有一件值得做的时候。相比之下，在你预计从10%~40%的资料中都会获得回报时，就要进行浏览。当回报率在50%或更高的时候，就要对资料进行强力作业了。在那种情况下，看所有东西都会有收获。

处理资料的比例也决定了你所使用“过滤器”的类型。我所说的“过滤器”指的是你所寻找的资料类型和列表。因为扫视是非常快速的，你得留意非常少量又非常具体的资料：一个特定的词或短语、小范围的日期、四五个重要名字。浏览则要慢一些，这样就能够寻找更多资料，并且事先也不用那么具体。

不过，对搜索程序的选择不仅取决于你所搜索资料的回报可能性，而且还取决于可能获得回报的价值。接近项目尾声的时候，有时候有必要对哪怕是低回报的资料进行强力作业，因为如果你确实发现了什么，回报会很大，而如果你错过了什么，损失也会非常大（例如，像你曾写下“没有关于题目X的任何研究”）。在这种情况下，强力作业就是必须的了——在正面的案例中就像在淘金，而在负面的案例中则像搜查所有的可疑分子。

但淘金的暗喻也有一个问题，这个问题告诉我们一些搜索方面至关重要的事情。金块值钱是因为黄金市场。也就是说，它们的价值是事先就由其他人确定的。而在项目最后对你来说价值巨大的资料，其

价值是你所创造的:通过你的研究设计的关注、通过你在执行时的勤奋和好运。如果你回想一下本书第二章,会记得我曾发现了“院系图书馆”的重要性,我把一切东西都放下了,只聚焦于那个题目。该项目的演进明确了一点:院系图书馆的历史是位于项目所变成的形态的中心(虽然它并不是项目刚开始时想要成为的那个形态的中心)。于是我回到自己觉得已经加工过的书目和资料那里,通过强力作业对它们进行了重新研究,仔细梳理了每一个可能会有关于院系图书馆的资料出现在其下面的标目。但这个资料的重要性并不是事先就在那里的,而是通过研究过程创造的。换句话说,是研究的现行状态定义了一堆特 112
定资料的回报可能性的高低。

在项目中的任何特定点上,想象什么是进行扫视、浏览的有用地方并进行强力作业是一门艺术。因此,在我的图书馆研究课程里,在第 4 周有一节课是关于浏览的。到这时候,大多数学生的经验性谜团和理论性谜团都正在明确,模糊的概论和不可行性已经消失了。所以我浏览了项目列表,给每名学生都确定了一堆进行浏览的资料:书库里的一些书架、学术过刊数据库里通过一个特定字符串搜索所产生的列表、可能还有一套档案里的检索工具。在一堂 20 人的课堂上,几乎总是有人找到金罐子,让其整个项目几乎易如反掌。还有几名学生找到了核心性重要的资料,还有十多名学生找到了至少一篇或两篇他们难以相信自己曾错过了的显眼文章,可能只有四五个人没找到任何有用的东西。

也就是说,通过查看一名学生的当前设计文件并考虑 5~10 分钟,我就能得出为大多数学生带来重大回报的浏览范围,即便他们已经在项目上努力钻研了一个月。但我是怎么做到的呢?当然并不是因为我只不过知道一切需要知道的东西。我并不比学生更加无所不知,但选择浏览的区域是有策略的。

二、选择浏览什么

选择策略有两种，反映了两个要求的事情：(1) 选择一个用于浏览的方向或区域；(2) 指定一个过滤器和一个将要被实际浏览的精确范围的资料。方向性的策略较为简单，它们由我在本书第四章中讨论过的概念化的类型所驱动。我在本书第四章说过，你的概念化是对研究情况的分析性描述，是一个新闻记者的“人物、事件、时间、地点、怎么做”。而找到要浏览的资料区域的主要实质性策略则是在这个概念化里采取小行动。

例如，我的一名学生在写为什么中国的茶叶生产保持着高度传统化，而印度的茶叶生产则高度理性化。带着这个谜团，显然要去浏览的领域会是茶叶销售(中国茶叶的营销商和卖家——人物的变化)，或中国一些类似的传统奢侈品的产量(丝绸——事件的变化)，或更大的设
113 定(中国总体的乡村农业——地点的变化)，或在某个其他社会的茶叶产量(日本——地点的重大变化)，或在一些不同时期的产量(时间的变化)，等等。所有这些都是直接的举动，但在我的经验当中，也是学生们觉得出乎意料的困难的举动。通常，当学生们觉得我给他们的项目提出了特别深刻的建议时，我其实只是给自己列出了他们实证情况中所涉及的所有因素或设定，并注意到他们忽略了一两样东西。回到你的概念化阶段去，这会给你提供许多有关你所忽视领域的建议。

确定了浏览的总体区域之后，接下来必须创建并调整你打算浏览的资料的具体选择以及你将运用到浏览中的过滤器。这里有三个关键问题：(1) 生成用于浏览的资料选择的搜索字符串或策略；(2) 数据库的规模以及选择用来浏览的范围；(3) 资料的质量。这些事项背后的理由是显而易见的。有许多潜在的数据库范围可供浏览。我们所在的大学图书馆有大约 144 公里长的书库架子，学术过刊数据库里有大约

100 万篇文章,诸如此类。你也许已经准备充分,但除非你选取了将要浏览资料的合理范围,否则浏览还是无法奏效。

第一个问题是搜索字符串(在关键词环境中)或受控词汇表专用语(在真实主题索引环境中)。第二个问题较为简单。通常来说,如果你无法在受控词汇表环境中找到有用的资料,那就还没有发现这些资料的正确搜索用词。最好的做法是找到主题词表本身,沿着"参见"(see also)和"用于"(used for)链接找到适当的搜索用词。但仅仅试一下其他专用语往往更快。例如,我的一名学生在研究法兰克福学派社会理论家作品在知识分子当中的反响,在我们学校的目录里(也就是说,在国会图书馆编目术语里)浏览后并没找到什么。于是我就让她把主题词从"知识性声誉"切换到"知识性影响",成功了。我怎么会知道"影响"这个词能奏效呢? 其实我并不知道这个词会有用。但我的确知道:(1)"声誉"这个词没用;(2)绝对有比她所找到的资料更多的东西。的确,一旦你用受控词汇表进行过研究,你就培养出一种它们会用哪种实质性名词的感觉。出于某种原因,我就是知道"影响"才是那个对的词,而不是"声誉"。

但大多数浏览列表是由关键词所产生的。在那种情况里,切换搜索字符串一般只会把你从一个冗长松散的列表转移到另一个冗长松散的列表。解决方案是使用限制条件而不是一个过分具体的搜索字符串来限制列表的规模。例如,另一名学生在研究骨科医学的历史。我们 114
担心"骨科的"和"骨科"会在学术过刊数据库里生成太长的列表,于是就把要搜索的期刊限制在历史学、心理学和社会学,并把条目类型限定为文章,以便确保列表是相对简单而有力的。(局限于文章就错过了图书评论,这会是个劣势,但单独搜索图书评论更容易,因为一个特定标题经常有五六篇书评,所以它们对快速扫视有很好的反应。)注意,在很多数据库中,你也能根据日期和语言加以限制,这也会让你缩短搜索结果列表而不会过度缩小主题字符串。

创建浏览列表的总体目标是要创建一份大约 1/4 条目都会有用的清单。你需要一个相对丰富的清单(至少有 15%有价值的条目),但不要太长(在 250 个条目以内)。

找到一两篇优质作品,会让识别出良好的搜索字符串变得格外容易。我先前指出过,通过使用 WoS 里面的引用排名来识别出最为高度引用的资料。这些特定文章的标题和摘要会含有传统上在一篇文献中重要的关键词,使你能从单纯的关键词工具中得到的回报最大化。相比之下,如果你在一个像国会图书馆、《社会学摘要》或威尔逊公司的旧工具之一那样的受控词汇表索引中做研究,就需要为索引编制者指定合适的搜索字符串,而不是为作者。但是,这是通过检视项目中绝对核心的几篇文章相关联的索引标目列表就能最轻易完成的事情。接着搜索这些主题,使用多种其他限制(学科、资料类型、流通性)来把列表缩减到合理的规模。

"合理的规模"这个标准是要对所使用的各个工具的总体规模加以注意的一个原因。不过,知道总体规模之所以重要,还因为规模与质量相关。在所有其他资料同等的情况下,越大的工具其平均质量越低,所以总体规模越大,就越难以定义一个合理的列表。

也就是说,质量是在创立浏览列表时的第三个基本变量,而确定质量是非常困难的。例如,有时候你可能想要浏览博士学位论文,既作为书目资源,又因为对它们真的感兴趣。毕竟,有大量书目作品是集中在博士学位论文中,迄今大约有 10 万篇美国的博士学位论文是在线的。这是一个不错的小型数据集,从中选择几百个条目来进行浏览(当然
115 不是浏览整篇论文:只看摘要,以便确定是否要去查看书目)。而博士学位论文在质量上相当容易排名。尽管在体制内有许多变量,但总体来说,出自更有名望的大学的学位论文要好于出自名气较低的大学的博士学位论文,所以你可以通过选择出自精英之地的博士学位论文来聚焦浏览活动。但一如既往也会有权衡。一篇来自一个声誉较低的机

构但直接谈论某个题目的学位论文，会比一篇来自享有盛誉的机构但只是模糊相关的论文要有用得多。

相比之下，学术过刊数据库含有大约 100 万篇文章，这个数量级大过了博士学位论文的数据集。所以它需要更多限制以得到一个可以合理浏览的子集，并对质量有更为明确的关注。幸运的是，我们可以使用主题领域、资料类型和日期来限制学术过刊数据库的搜索结果。不幸的是，像我之前所指出的，在学术过刊数据库里面没有直接的质量标准，除非关注特别刊物，你得在另一个资源的基础上（通常是 WoS 期刊引用报告）确定其质量。

WoS 是另一个更大的数量级，可能每 10 年收录（在社会科学和人文学科索引中）大约 150 万个条目，接近学术过刊数据库的 10 倍。当然，这意味着其平均质量要低得多，并且得用更加鲜明的限制来取得可浏览的列表。这里你绝对需要使用特定刊物来实行质量限制。例如，在我上次检查的时候，社会学在 WoS 里每年大约有 10 万个引用，遍布于 114 份期刊的 3 581 篇文章中。但这些引用中几乎有 1/4 是引自 2 本顶级刊物的，这 2 本刊物每年只发表 80 篇文章。

在目前掌握资料较少的领域，浏览可以带来最高的回报。你应该看看自己当前找到的资料，进行一下自我评估。一旦把书目和资料进行了很好的分类，需要到哪里去找更多资料就很明显了。作为一项规则，你在任何想要深入探讨的话题中需要至少 6 个好的来源。一旦一个主题分成多个子主题，你就需要深入研究每个子主题的 6 个来源。以此类推。

总之，通过选择与你相近但并不绝对相同的题目，就指定了浏览的区域。假如收获甚少，那么如果是在一个受控词汇表环境下，就尝试搜索字符串的一些同义词；如果是在一个关键词环境下，就试试更通用的关键词，但要用质量指标、日期、语言或其他限制来对列表加以约束。116
在关键词环境下，制定一个浏览列表的最佳方法往往是从你已经识别出的两三个优秀作品开始着手,使用它们的词汇表和主题标目并向外扩展。

把浏览的条目列表保持在一个合理的规模——每个列表几百个条目,书库里的几个书架区。对于在线资料,用语言、日期和格式限制来控制列表,而不是让搜索字符串过于详细或苛刻。布尔操作符(Boolean operators)可能有用,但在创建浏览列表时也不要过于详细地使用。对于浏览,你的目标是建立一个丰富的资源池,可以在其中“捕捞”,而不是直接指定资料。最有用的布尔限制是“不是”(not)。通常,你自己的专门兴趣被埋藏在一些一般化主题下面,“不是”操作符可以把那些一般化的覆盖物排除。例如,如果你在研究诗人亚历山大·蒲柏(Alexander Pope),可以用“不是梵蒂冈”或“不是罗马”来排除大量的无关资料,这可能比在搜索字符串中要求有“诗人”或“亚历山大”更好。不过,还是要再说一遍,要使用语言、日期、格式、质量和其他诸如此类的东西来进行限制,而不是通过试图创立一个完美的搜索字符串。当你创建浏览列表时,后一种做法会弄巧成拙。

一旦准备好了浏览列表,最好就在图书馆里进行浏览,当有需要时,可以在那里马上顺着踪迹前往实体资料。将一些短程冲刺的频率用于浏览工作,再以有了几个最佳发现之后的当即追踪加以点缀,这会让你一直留意并保持兴趣。持续太长时间做任何图书馆工作都会让人厌烦并事倍功半。

三、浏览理论和种类

一旦认定了一系列具有某些潜在回报的资料,就必须对其进行浏览。对这种浏览如何实际奏效加以详细描述是不无裨益的。

我已经说过,浏览是两件事情的交叉点:头脑和数据库。数据库可以是任何东西:一份电子列表、一个书架的图书、单独一本书、一篇文章、一份书目，任何东西都可以。通常，数据库本身已经带有许多排序和（或）选项。这可能是因为你自己已经通过一个关键词、搜索字符串或受控词汇表用词进行了选择，但也可能是它自己此前的排序。书架是根据国会图书馆或杜威索书号（Dewey call numbers）来排序的；一本 117
百科全书有它自己的标目。那个排序可能也是纯粹任意的。词典和百科全书有字母排序，许多统计摘要和大量手册有作者添加的主题顺序。

所有这些排序在数据库里制造了任意"显著"点：分页符、标题字、主题标目。在电子搜索语境中，这种"可选性排序"的大部分都被取消了。通过关键词或搜索字符串取得的列表只是根据相关性进行连续排序。所以，通过关键词获取的列表兼有双方的最糟之处。它们根据"相关性"排序，那是由通用目的流行度比拼来决定，而不是由你的特定兴趣决定的。但它们也剔除了任意的分割点和外围信息，而那对于真实浏览来说是必不可少的。

相比之下，在实体语境以及谨慎创建的在线浏览列表中，基本数据库的排序性能保证你会看到大量与你想要看到的资料相当接近的信息，但并不绝对是你想要的。有时候，这是你感兴趣的资料自动关联的信息。书架上的图书显示了它们的大小和新旧。手册里的术语显示了它们的重要性（通过分配给它们的篇幅长度）等。在通往研究关注之处的"路上"，你也会撞上一些信息：在书库过道经过的书架，或在翻阅一本百科全书时在页面顶部瞥到的术语。这些信息是由数据内在的次序和该次序在其中所创建的"任意显著点"所制造的。总之，数据库有其自身顺序和自己的"相邻"信息组，有的相邻是出于实质性原因或理论原因，有的则纯粹是任意的。所有这些都只是浏览公式的一端。

浏览的另一端是浏览者本人。要从浏览中获益，浏览者必须有数据库中所含资料的大量知识，但这些资料的排序却有别于其在数据库中的排序。我在关于参考书目的情况中指出过，这并不是说数据库里的资料事前就"具有"重要性。它们之所以重要，是因为你的问题让它们重要了。它们对浏览有着显著意义和用途,是因为你在头脑里认定它们是意义显著和有用的,特别是对你而言:那些事情让你觉得“我以前看到过这个名字,他不就是那个发明了精神错乱的病灶感染理论的家伙吗?”或“我曾在其他什么地方看到过这个组织的名称,现在它为什么重要了?”或“啊哈,又看到‘退化’这个词了,我最好弄清楚它真正
118 表示什么意思”。浏览取得成功是因为那个名字、机构以及那个词已经在你的头脑里了,尽管它们并没有按照任何特别秩序井然的方式排列。

因此,我前面已经多次说过,成功的浏览完全在于你之前所做的把这些吸引因子装载进头脑里的工作。如果你回过头去看关于初期阶段的那一章,会看到这些吸引因子是哪里来的。首先,它们来自参与的书目工作。通过阅读几十篇文章(当然,其中只有几篇被选进书目)的名字、标题和位置,你会被动地开始知道名人和重要概念。其次,它们会来自背景阅读。(我会在本书第七章更详细地描述背景阅读。)这里也有名字、日期、机构和概念不断地重复出现,其中一些将会迅速被罗列进你对整个领域的初步观点中,但其他的——实际上远远更多——将保留为隔离的记忆。

按照正式的术语来说,浏览之所以有用是因为两个知识体——一个在你的头脑中,一个在数据库里——结合到了一起。当你头脑中的顺序和数据库中的顺序并不相同时,是最多产的。在你的头脑中,题目A可能跟较为狭窄的题目(YNT1、YNT2、YNT3等)、较为广泛的题目(YBT1、YBT2、YBT3等)、一些相关的题目(YRT1、YRT2、YRT3等)都有关联。但在数据库中,题目A可能会关联着不同的较狭窄题目(DNT1等)、不同的较宽泛题目(DBT1等)和不同的相关题目(DRT1等)。所以,浏览过程并不是复制你已经知道的事情,而是引导你前往许多新的方向。因此,用于浏览的最佳数据库并不是“无中生有”进行排序的,而是具有一个观点,它在某个地方接近你的观点,但又并不完

全相同。这带来了机会,让你的浏览能把你带到有用的地方。

两种不同顺序的相遇诱发了浏览的成功,除此之外,还有任意隔离点所带来的远射式浏览。当你翻阅百科全书时,可能注意到页面顶部有一个单词吸引你的注意。当你翻阅主题索引时,可能注意到一个吸引因子的名称,可能注意到一个非常有用的图表,因为你在《统计学摘要》(*Statistical Abstract*)里很难找到这个自己想要的东西。这些远射式浏览的成功是你在浏览通常的关键词相关性顺序时所获得经验的物理类比。即便这种顺序也可能很有用,因为它们相对于你想要的东西来说是任意的。不过它们缺乏有力的顺序和丰富的外围信息,正是这些 119
使得真正的浏览如此有效。

简单来说,当你翻阅数据库里较狭窄、较宽泛以及相关的题目,甚至还有其任意的相邻一些题目(很烦人,因为它们“拦在了找到我确切想要的资料的路上”)时,会取得浏览的成功。忽然,数据库里邻近的题目 5 触发了那个较为狭窄的题目 3 的警报,一个吸引因子找到了它的目标。结果就是,你可能改变了考虑较为狭窄的题目 3 与主题目之间关系的方式,又或许这个联系表示一个新的相关题目,而你原来并没觉得它有关联,又或许它表明了一个对较为狭窄的题目进行重新安排的方式。

在浏览过程中,这类体验是连续的。许多图书馆研究者爱讲一些具有魔力的片刻,他们找错了书架却很随机地发现了关键书籍。他们称之为意外之财,表现得似乎这在他们生命当中只出现过一两次。而事实是这种意外收获的发现在图书馆研究里经常发生。它实际上是项目得以聚焦并完成这个过程中的一个(或只有这个)核心要素。(回想一下我在本书第五章中所讲的关于养老金的故事。)然而这种随机性恰恰就是高度高效的搜索所剔除出去的——通过“只看你精确想要的东西”。这就是为什么效率对图书馆研究者并没什么用处的原因。

浏览要求一个有知识的浏览者以及一个安排好的浏览目标已经有

了一些明显的研究线索。我在本书第四章已经指出，在项目刚开始的时候不应该浏览太多东西。浏览一般来说是项目中期的活动，最好是在你已经知道使浏览奏效的必要吸引因子之后再做。由于浏览依赖于数据库与你头脑中已有之物之间的微妙联系，因此，进行集中注意力的长时间浏览是最佳的。但它们应该包含浏览工作的冲刺爆发并间以追踪结果的活动。在一个较长时段中，你运行的短期记忆中会有更多微小细节，作为浏览洞察力的吸引因子，而偶尔的追踪结果会让你保持注意力。

把外显式浏览和内隐式浏览这两种不同类型进行区分也有用处。在进行外显式浏览时，我们是带着找到一些相关资料的明确意图去阅读数据库的，即使并不精确肯定那个意图可能是什么。而在进行内隐式浏览时，我们在数据库中做的是另一件事，是在背景中进行浏览。在每种类型的浏览中，我们都应该考虑所涉及的数据库、其中的排序原
120 则、通常的搜索人、常见的结果以及优点和缺点。并且，尽管我们已经在一定程度上谈到了这些事情，温习一下浏览通常采取的形式仍不无裨益。

（一）外显式浏览

对我们这代人来说，最熟悉的外显式浏览类型就是在书库里浏览。在这里，书库本身就是个数据库，而排序原则是国会图书馆分类法。我已经指出，在书库里，许多信息是一瞥就能看到的，而在数字记录中则要花费更多时间才能获得，因为你得去读；在书库这个地方，玩电子游戏打造出来的技能将最有帮助。你直接看到了图书的大小。有了一点经验之后，你同样“看到”了一本书的新旧——至少大约会在 20 年之内——根据其封面设计、书脊印刷和黏合材质。你能看到这本书的使用情况。（在学术型图书馆里，散了架的图书是重要的书。）你能看到出版商，因此知道其大致的品质。所有这些事情都是片刻之间就清楚

的，比你从一个数字记录中获得相关信息要快得多，后者——更糟的是——包含着无用信息。更好的是，一本有意思的图书可以从书架上取下来并马上对其本身进行浏览。（在所有形式的研究中，书库浏览者必须是一个随时阅读者：你必须知道那些有名的人、重要的概念等。你得能够看出来哪些可能是重要的。）

书库浏览让你能够迅速找到重要的书籍。你在发现的同时就得到它们了。但也要提醒你关于未来研究的重要事项，因为题目的不同方面以及对它的不同态度会使书架上的一堆书名朝你跳出来。它们不是以从计算机屏幕上跳出来的那种方式，因为在屏幕上，所有图书看起来都完全一样，缺乏让实体物品较快就含有信息的个性。

书库浏览的优点是它的速度非常快，同时带有多个变量，马上就能引向实体图书浏览，因为图书就在那里，可以取下来。缺点在于，第一，重要的图书可能被借出去了。第二，如果馆藏图书太多的话，就无法浏览。（对于本科生研究论文的早期没有焦点的活动部分，我所在的大学的主图书馆就太大，没法浏览。即使有一个相当具体的题目，也会有成千上万本书。）如果你是在一个拥有一所大型图书馆的知名大学，可能会想要找一家小得多的大学图书馆，其在线目录中有排架列表功能，可以在那里浏览。它不如实体浏览那么好，但那里不会有图书被借出，121
而你可以对有限数量的图书进行考虑。第三，在书库里没有相当于超链接那样的东西。如果你想转到一个新领域，你得使用在线目录，找到图书馆的一个新位置，并到那里去浏览。

与书库浏览明显相关的就是实体书浏览，我已经提到过这个。在这里，浏览的数据库是一本书，而排序原则就是概述的章节顺序。通常有一个不错的主题索引，还能马上得到写作形式、学术机制层次（脚注）、作者的个人品质（前言）以及逻辑结构（目录）、主要术语（索引）等信息。大约 5 分钟之内你就能对一本书了解很多，而一本在线版图书会让你花上半个小时。

一次图书浏览的常见结果可能包括观点、事项、人物，当然还有参考文献和引用。实体浏览一本图书的好处在于它能比你对在线图书所做的任何事情都要快得多，也更全面。你可以在一个领域深入扫视，但在另一个领域则浅尝辄止。你可以在书库里安营扎寨进行浏览，在大量主题资料中快速扫视。其缺点在于可能很难做注解笔记（在线就会容易得多），并且你得站着做这事（如果你是在一次书库浏览中这么做的话），那很累人。（在本书第二章所述的研究中，我站在书库整章整章地读书，才找到了学者们在 20 世纪 50 年代的人种志论述。）

另一个有用的浏览之处是在线图书馆目录当中，通常是在其（国会图书馆）主题索引里面。除了你要寻找的信息，还会对标目结构有所感觉，尤其是如果你能在一个好的目录中一眼看到许多条主题的话。当然，你可以点击前往标目下面的图书列表并得到任何图书通常的 MARC 记录信息，这会构成对图书做出质量和相关性决定的基础。目录主题扫视是一个非常有用的东西，但需要许多技巧。国会图书馆自成系统，需要掌握它才能有效浏览。但一定要记住，在线目录里的关键词浏览是没有意义的；它就像你明明可以吃菲力牛排（浏览国会图书馆主题标目），却偏偏花同样价钱去吃汉堡。

通常目录浏览并不会带来多少副产品，其目标是找到直接相关的资料用于深度调查，而且目录或多或少是为了那个目的而优化的。但有一些显著的好处。其中之一是你能浏览那并非你们自己的图书馆的
122 目录。尽管似乎很让人意外，但即使是像哈佛大学、密歇根大学、伊利诺伊大学这样的大图书馆，每家也都含有成千上万别家所没有的资料。如果你在找非常隐秘的资料，去本地图书馆之外的几个目录里找找，会很有回报。我已经指出过浏览一个较小规模收藏的用处，尤其是在研究过程早期，当你正在寻找背景作品的时候。重要的背景作品在一个小型教学目录当中会比在一个大规模的研究驱动型目录中要明显得多。另一个重要的优势是在电子目录中，超链接能让你在中途迅速变

道，把你的注意力导向其他地方。这有时候可能是个问题——你会忘了自己已经做过什么以及如何走到现在这个局面，但它确实让你能在复杂的资料结构中迅速摆荡而过。

目录浏览的缺点也是许多此类大型工具的不足之处。你会发现有并不太相关的资料的庞大列表。（这里要再次强调，你应该依赖所能得到的其他任何限定条件：日期、语言等。）还有一个难点是国会图书馆编目工作把书籍的方位写得尽可能明确，所以经常有必要不仅检查某些主要类别，还要看它们底下的子分类，才能完整覆盖一个领域。

那些假定可能会替你浏览的工具——比如 AquaBrowser［它在我们图书馆被称为"棱镜"（Lens）］——是没用的。它们通常有着傻乎乎的相关性排名，在每个页面放进了太多信息，减少了能迅速看到的条目数量，因此把浏览速度降低到很慢。它们含有大量非学术类资料，因此拉低了其所找到条目的平均品质。最糟糕的是，它们"帮助用户找到他们想要的"，这意味着它们实际上进行了大量的选择和安排，而用户对此并不知情。那种选择和安排是基于程序设计员所抱有的错误的图书馆研究理论，因为他们自己并不是严格的图书馆研究者，对图书馆研究是如何进行的并不了解。绝对别用这类工具。还有，千万别用万金油式的"门户"，除非（像 ArchiveGrid 那样）没有高级搜索工具。门户是为新手优化的，因为他们把所有的控制权都交给了机器。（在学术过刊数据库的目录里也是这样，千万别用学术过刊数据库的基本搜索，而要一直用它的高级搜索，高级搜索是你自己可以控制的。）对于主题浏览要一直用传统目录，后者有着严密的逻辑、受控词汇表和透明度。

第四个要浏览的是参考文献作品。《美国图书馆协会指南》列出了几百种参考文献作品，既有在线的，也有印刷版的。它们都致力于在
特定题目上成为权威作品。其中大多数由作者社团所制作，它们通常 123
分割了各个专业领域。有的是手册，有的是统计概览，带有不同的质量和出处。（我在本书第四章中指出过一些最佳的判断技巧。）由于你的

题目通常来说并不恰好位于某个特定参考书的某个特定章节之内,浏览这些图书往往是为了寻找信息,而非详细阅读。这类在参考文献作品里的浏览可能会非常有益。它们已经高度专注于其主题的术语,容易有非常强有力的内部组织,通常按照主题或其他的实质性分类(地点、组织等)。由于它们有非常集中的焦点,因此会有大量邻近的、密切相关的信息,你可能不会想到去寻找,但可能会与你的项目非常有关系。最重要的是,在参考文献作品中的浏览不同于大多数浏览形式,它的确能帮助新手用户或人们在新的领域中起步。它会通过提议一个或多个标准方式来安排和查看该领域里的东西,从而做到这一点。因此,能在项目开始的时候做这件事,就可以进行定位。它在项目后期也会有用,可以提醒你想到那些原本应该已经研究过却还没有进行的事情。它能让你看到自己研究中的小漏洞。

参考文献作品的巨大好处是它们强有力的主题组织,这意味着它们在项目开始时提供了合理的概述,并在项目结束时提供了合理的核对清单。它们的缺点在于当你处于题目深处时,会知道你在它们当中看到的大多数事情,却发现它们有点脱离中心或有点滞后,因为要对所有这种图书中一定会有的无可避免的理论倾向做出反应。还有一点也是真的,它们会让题目变得不突出(如同计算机屏幕所做的那样),并且会难以识别哪些是一个题目真正重要的部分、哪些则是外围的部分。但是很值得去冒这个风险。这类图书会非常有用。

我已经论述过在数据库里进行的浏览,它是先前讨论的浏览的基本模式。因此我不会在这里进一步论述它。但还有一种重要浏览形式,即在专著和文章的参考文献列表里进行浏览。这里的“数据库”无非就是一名学者从前关于一个题目的作品。翻阅一篇精选的优质文章里的书目可能是大多数高级研究者在进入一个新领域时的第一个举动。这是唯一可做的明智之举。注意,在许多图书馆体系中,你能直接
124 点击前往被引用的文章。但是,这可能会让人分心。一次做一件事情,

直到项目已经架构良好。否则，你会以世上最大的书目收场，还没办法将它缩短。

（二）内隐式浏览

除了各种外显式浏览，我们还有内隐式浏览。我指的是当任何严肃的学者在工作时仍会持续进行的浏览。图书馆研究者总是在背景中浏览，在他们面前的任何资料——文章、书籍、数据、迷你型分析、参考文献作品、索引等一切东西——中粗浅地注意到奇特的事情。这种浏览很大程度上是被迫进行的，因为搜索工具“缺乏效率”。因此，在前往“你想要的东西”的路上，不得不看到很多“无关的”事物。吓人的引用确定了这个观点的问题之所在。优秀的学者想要看到密切相关但又略微不切题的资料。他们90%的想法都是从那里来的，并不想要效率。

内隐式浏览的例子可以是一个人翻阅一本专著寻找特别的东西，或一个人翻阅一个得到索引的作品去寻找特别的东西，抑或是一个人搜索一份书目、一部百科全书或词典、一个地名词典或统计数据资料，寻找特别的东西。甚至是一个人穿过书库无所事事地看着他所经过的各排书架一端的书籍。所有这些东西里面都有某种按照字母排序的或其他的“标目”，当你经过的时候一定会看到：字典里的首词和尾词、统计资料里的表格表头、书库末端的国会图书馆索书号和主题。如果你的内隐式浏览检查器是打开的，那么一天就能在这些东西和浏览吸引因子之一的随机碰撞中获得四五个作品。

当你对收集来的项目资料进行研究时，的确会有内隐式浏览发生。严肃学者在研究资料的任何时候都在进行背景浏览。这些背景可能是一级资料，甚至是某人自己的项目文档。它们通常充斥着各种各样的外来信息，而忽然有一篇会击中你，它会比你想的更相关。一个全新的调查线可能就此展开。这些洞察力甚至可能在你给数据进行编码——把它从一些外部资料中提取出来——的时候发生。这个外部资料——　125

在完美检索的世界里已经消失——会突然告诉你一些重要的事情。

虽然内隐式浏览揭示了各种外围观点和假设,并给你的项目提供了了不起的深度感觉,但它仍然有一些缺点。有时候它揭示的资料如此重要,你只得回去对项目的主要部分重新加以考虑。有时候它会变得让人分心。正如我们会在几章当中看到的,避免分心是你应该经常对数据进行重新归档的一个原因。的确,自己的文档中有过量的内隐式联系是一个迹象:说明你需要对项目进行重新思考和重新想象,不管是通过重新组织文档还是改变设计本身。

四、扫视和强力作业

在本章开始,我指出过,当回报率低于10%时,扫视就是合适的搜索策略,而当回报率高于50%时,强力作业就是适当做法。在每种情况下,其技巧都和浏览技巧稍有不同。

关于扫视,有两个一般策略。其中一个是在头脑中确定一个非常具体的模板,并快速阅读一长串资料——200个、300个、400个条目——只寻找那一样东西。我会在本书下一章对这个策略进行更多的讨论。当然,如果这种东西是个关键词并且列表是电子版的,那么机器会为你做这件事情。但你往往并不仅仅是找一个关键词,并且很多时候列表不会是电子版的。假设你的项目是要理解20世纪上半叶芝加哥美籍华人的同化,你的扫视模板是“任何与芝加哥美籍华人足够相关的事情在项目中都可能是值得的”,那么没有一个主题标目会奏效,没有一个地理标目会奏效(加利福尼亚州美籍华人的同化会是相关的),没有一个期刊会有用,等等。你可能要被迫带着这单独一个如果多少有点灵活性的模板,冲过长长的列表,抓住任何看起来相关的东西。你可能需要经过几个庞大的国会图书馆标目:“美籍华人”(在我们大学图书馆有778条)、“文化适应”(321条),以及“同化——社会学”(199条)。但你没办法浏览这些，因为它们会永无止境，并且大多数条目都是无关的。所以你要确定有些总体性的想法作为模板并进行扫视，而不是去浏览。

另一个扫视策略是信任你自己的直觉，不要选择任何模板，仅仅是 126
迅速扫过一长串列表并注意任何看上去有意思的东西。在项目后期，你的直觉会对这个特定项目足够敏感，使得这种做法成为一个可行的策略。到那时，你在几乎所有长列表中所看到的绝大多数东西，要么是明显熟悉的，要么是明显无关的。你要找的是那些自己还不能完全分类的罕见事物，在它们每个上面停留 30 秒，做出一个迅速决定，然后继续。如果你发现自己慢下来了，那要么你还没有准备好做这种扫视，要么这个列表要求采取一个慢一点的程序。无论如何，当你确信自己没有错过任何东西的时候，这在接近项目结束的某种情况下是一种有用的扫视方式。

扫视中的主要危险是不专心。扫视是一个高度纪律性的专注工作。你在飞快地移动并寻找非常特定的事物。如果你的头脑里有一部分溜号了几分钟去回想昨天晚上的约会，你可能很容易会觉得自己在扫视资料，而实际上却刚刚在眼皮底下放过了什么。如果你发现发生这种情况，就休息一下，喝杯咖啡，重温一下约会的全部细节，然后再回去工作。

与扫视相比，强力作业意味着用合理的关注度查看一切东西。在项目中会有一些时刻要用上强力作业：在分析某类数据的时候，检验某种书目的时候，甚至在给自己的资料进行重新归档的时候。以下三种情况可以用到强力作业：

第一，你所看到的条目中有一半以上的内容需要采取行动：不管它们是未经过编码的数据、可能需要取回的重要书目条目，还是可能可以移动重新归档的存档资料。当一份书目中有 50%的条目都是相关的，当你找到并分离了与项目完全有关的一级资料，当你创建了一个数值资料组必须得到完整分析以便证明其定量判断时：在这些情况下，完成每一个单独条目就是唯一的策略。

第二，错过一个相关条目所造成的可能损失是非常巨大的时候，也就是说，当任何其他程序可能让你做出太多牺牲的时候。这常常发生在当没有可靠的索引并且没有可以担保的扫视策略的时候。

第三，当你特别有兴趣对所研究的现象的互相关联和独特性获得一种全面感觉的时候，有时候要采取强力作业。也就是说，你有时候把
127 强力作业作为对自己的一个声明，即你在让自己投入该研究，沉醉于该现象。这就回到那个说法，即你没法纯粹通过表面方法来做真正的图书馆研究。你必须在某个时刻真的进入那个现象的世界，就如人种志学者必须要“入乡随俗”，即使同时也要保持距离。强力作业去突破一些资料将完成那件事情。

这些标准解释了我在本书第二章中对芝加哥大学图书馆研究生院的资料进行的强力搜索。我不顾一切地搜寻任何我能找到的东西：(1) 对学者们使用图书馆采取了一种严格的社会科学式做法；(2) 日期是 1970 年之前的。由于芝加哥大学图书馆学院在 20 世纪中期一直是这类严谨工作的中心，我感觉有必要看看来自该学院的每一篇单独的图书馆硕士学位论文或博士学位论文。于是，如我所说，我打印了整个列表（大约 600 个条目）并花了一整个下午对列表进行强力作业。这让我缩小到了 100 个可能的条目，我从图书馆借出了其中的每一篇，并最终把它们全部翻看了一遍。大约有 30 篇非常重要，如果我错过它们的话就惨了。确实没有更快的方法通过主题搜索来找到这些东西，并且任何主题搜索都会错过其中相当多的篇目。于是，这个任务就满足了强力作业的标准之二：避免灾难性的损失。当然，在其他机构还有其他的图书馆学论文。但我通过仔细检查芝加哥大学这些论文的书目就找到了其他大学的“宝石”。通过对一个远低于我的 50% 门槛（我发现“宝石”的实际命中率大约是 6%）的资料组进行强力作业，我在芝加哥大学以及其他可能之处的相关资料上满载而归。我无法承担不这么做的后果。

我们都知道强力作业中的危险：厌烦。如果你发现自己快睡着了，就休息一下。如果你发现自己错过了东西，就休息一下。的确，如果事情变得太糟糕了，那就去做另外一项任务，某件更加让人兴奋并直接有回报的事情。如果你将要把一件有好处的事情搞砸，那么罚自己去强力作业是没有意义的：要确保你看到了一切东西。

因此，扫视、浏览和强力作业是进行图书馆工作的三个关键模式。当然，它们适用于书目，但也适用于对一级资料的强化搜索，后者是许多图书馆项目的核心。就我的关于图书馆使用的项目来说，如今我们项目的一级资料往往是一些对其所处时代的二级分析。有时候，需要浏览大范围的一级资料——就像在我的关于图书馆使用的项目中，我 128
借阅并扫视了 90 本学术类自传，然后更仔细地浏览了大约 30 本，最终发现 15 本是核心重要的资料，需要细致阅读。

那把我们带往下一个主题：像大家可能预计的那样，图书馆研究项目的中心是阅读。

第七章　阅　　读

129　图书馆研究包括大量阅读。然而在当前环境中,阅读似乎不如以前那样占有核心地位,哪怕在专家们的研究实践中也是如此。我们最为轻微的奇思妙想可能都是一时兴起,所以我们都花费更多时间在网上冲浪,减少了阅读的时间。我们需要对搜索和阅读之间的权衡进行仔细研究,因为它决定性地塑造了当代研究实践。

用经济学术语来说,在搜索和阅读之间有一个明显的权衡。如果一个研究者只发现了很少的资料,并极为认真地进行了阅读,那么虽然他的作品可能会在其有限领域里面出类拔萃,它也可能会构思不当,因为这个特定领域极不寻常,或因为那些特殊资料有极大的片面性,或因为语境信息已经透露出明显更可取的资料解读。相比之下,如果一个研究者把所有时间都花费在搜寻事物上,但接着只是马马虎虎地阅读它们,他可能就会被表面状况、被经过更深度阅读就会显而易见的偏见、被他所追踪的超链接的意外逻辑所误导。

经济学家用图 7.1 所示的曲线来表现这种逻辑。

图 7.1 中,阅读(R)在 X 轴上,而搜索(S)在 Y 轴上。每个没有标号的曲线表示研究项目总体质量的一个单独水平,由搜索和阅读这两个因素的多种组合所产生。当我们沿着任何给定曲线向左移动,就用搜索代替了阅读。但你也很清楚地知道,在某个点上,搜索变成了适得其反的东西。你发现的事物太不相关,以致无法组织到一起;你发现了

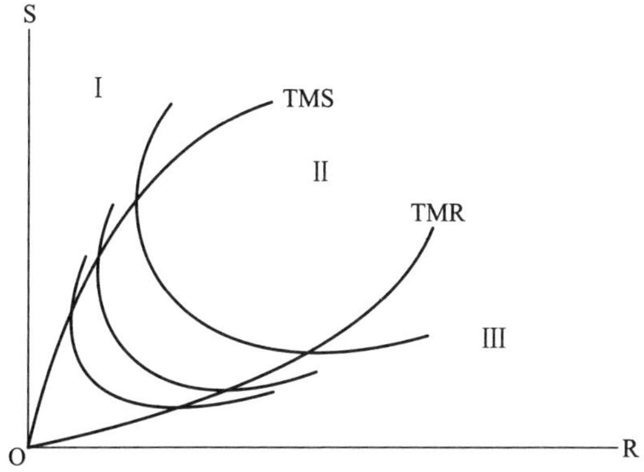

图 7.1 搜索和阅读之间的权衡

太多事情,没办法决定哪个是重要的。也就是说,在曲线的这个部分,额外的搜索事实上阻碍了学问之路。实际上,原本可以少搜索一些,用同样的阅读量写一篇更好的论文。这在图 7.1 中得到体现:随着曲线
向上升起,就开始向右弯曲。你可以直线下降(同样的阅读量)并将它 130
与较少的搜索量结合起来,来到一个离原点更外面的曲线上——一篇更好的论文。在图 7.1 中,曲线 TMS 从原点延伸出来,它与各点相交——每个不同质量曲线上各有一个点,那里就是这种向过度搜索的转变发生的地方。

当然,在另一端有一个类似的论调,当我们向右移动时,阅读代替了搜索。最终,读得太多,也损害到了项目。可能你沉迷于阅读资料中一个特别的观点,或可能被不必要的细节所埋没。可能你被研究领域里的一潭死水、一个黑洞困住。过度的阅读会非常迷惑治学,必须进行更进一步的搜索来抵消这个问题。(曲线已经开始向上弯曲,离开 X 轴。)实际上,减少阅读也能写出一篇更好的论文,只需用同样的搜索量。(和 X 轴平行向左移动会把你放到一条更加远离原点的曲线上。)从原点伸向 TMR 的曲线和不同质量曲线上的点相交,那里就是这种向过度阅读的转变发生的地方。

在曲线 TMS 和 TMR 之间的地方,在任何给定的质量曲线上,是搜索和阅读之间的权衡呈现正面效果的区域。更多的搜索和更少的阅读可以带来同等的产出,反之亦然。这就是理智的因素替代的范围,在图 7.1中它是区域Ⅱ,而 TMS 是区域Ⅰ,TMR 是区域Ⅲ。

131 成本是什么?一条给定的成本线由一条向右下方倾斜的对角线所代表。它表示可以用“时间”购买的搜索或阅读单位,因为时间是图书馆研究中的主要成本限制。这些对角成本曲线有着同样的倾斜度,因为搜索和阅读的相对成本并不依赖研究者已经完成了多少工作。(让我们暂且忘掉那些厌烦、睡意和屏幕抖动吧)。在图 7.2 中,我插入了一些特别的成本线。它们碰巧是产量曲线的切线。因为对于花在阅读和搜索组合上面的任何一定量时间(任何给定的成本线)来说,最好的(离原点最远的)产品曲线是那条跟这条成本线正好相切的曲线。所有这些都是基本经济学。对于任何既定项目、对任何给定了搜索和阅读之间的成本权衡来说,都有一个特定的搜索和阅读组合,能产生最佳论文。

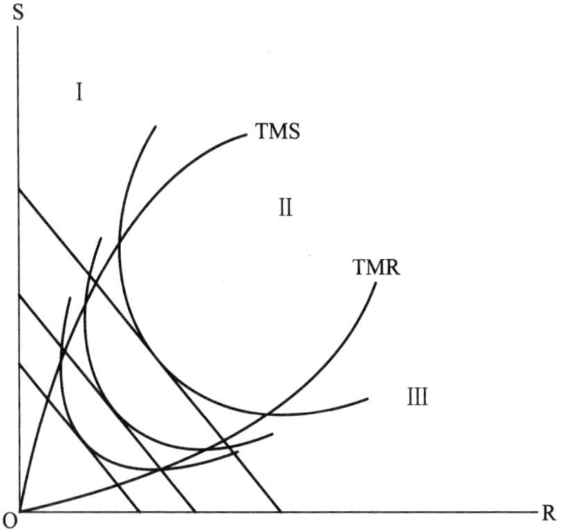

图 7.2　根据特定的搜索和阅读成本来优化搜索和阅读

现在假设搜索技术改变了，以致搜索成本越来越低。（显然，这正是过去 20 年当中所发生的。）成本线变得越来越陡——一定量的阅读（X 轴上的指定点）所花费的时间可以用于数量远远多得多的搜索。在图 7.3 中显示了一些例子（虚线）。切线在新的点上相切。的确，对于来自原点的第一条曲线，现在我们非常接近没有功能的搜索量。注意，如果搜索是完全没有成本的，那么成本线就是垂直的；阅读成为唯一决定成本的因素，因此也决定了项目质量。但更常见的是，随着搜索 132
的时间成本下降，研究者会逐渐做越来越多的搜索，从这个意义上讲，越来越多的最终产品来自“搜索工作”而非“阅读工作”。正如经济学家们所说，搜索替代了阅读。

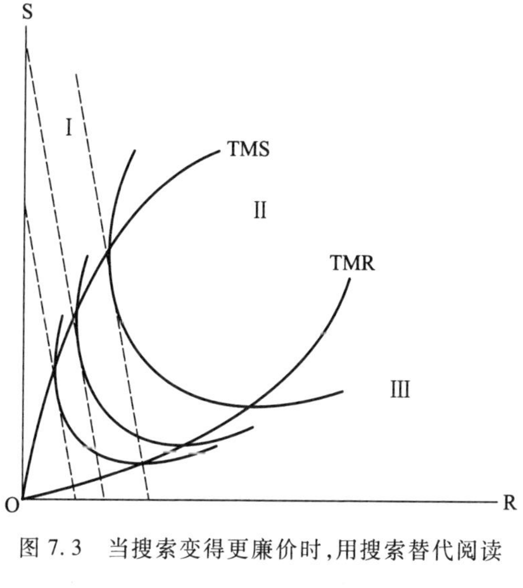

图 7.3　当搜索变得更廉价时，用搜索替代阅读

如今，这些图中带有一个关键性的假设，隐含在每条曲线的三个区域的宽度中。我画了这些图，让这些截面大致对称，但它们并不对称。我也没必要告诉你，搜索的收益递减来得非常快。你找到了太多资料，没办法对它们进行排序或删减，你就很快就被淹没了。要有效处理如

此巨量的搜索，你需要大量的知识资本，如公认的术语、此前对研究领域的知识等。只有经验丰富的研究者有这些工具，这让他们得以处理突如其来的过量信息。这就是为什么许多教师热衷于新的数字世界，因为他们有必要的手段来有效利用它。因此毫不奇怪，他们不理解学生怎么似乎迷失在了对教师来说是天堂的地方。

对于学生来说，这些图可能看起来更像是图 7.4 那样。在这些图中，搜索的收益递减很快到来。与之相比，阅读的收益递减要花很长时间才到来。这是因为浏览中对吸引因子的需求意味着阅读非常直接地
133 帮助了搜索，而搜索则几乎无法给阅读帮什么忙。这些事情意味着项目的实际质量很大程度上是由阅读生产力所决定的，而不是搜索。任何能够降低阅读的时间成本——让它更有成效——的东西都会是非常有用的。

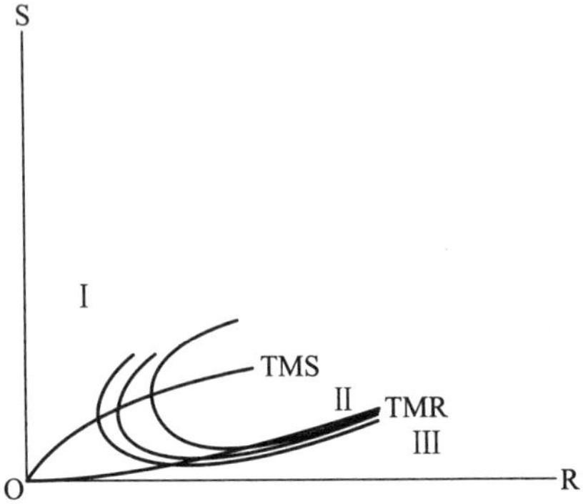

图 7.4　当今学生的搜索和阅读的实际权衡

所以，存在着很强大的纯粹经济上的逻辑，把我们指向研究中阅读的重要性。讽刺的是，搜索变得越容易，研究的生产力就越主要依赖阅读。幸运的是，有不同类型的阅读。为任何特定资料选择合适的阅读策略会让你的阅读总时间更有成效。对阅读进行反思当然也是其他原因的重要因素，因为我们在阅读的时候会专注于单一的观点、单独的题

目、一组数据、含义的单独一个领域、一位作者。所以,出于工具性和规范性的原因,单独设立一章讨论阅读至关重要。

阅读在某种程度上与浏览以及扫视是连续的。初看有点近似,好像阅读只是意味着放慢速度,投入更多注意力。但实际上,一方面是扫视、浏览和强力作业,另一方面是阅读,二者之间有着深刻差别。扫视、浏览和强力作业都是联想技巧。在它们当中,我们用一个或多个模板——我称之为吸引因子——来分析文本。我们希望找到一些附着于吸引因子上的观点、事实、例子或引用。但在阅读中,我们的目标不是发现条目,而是论点、描述和其他的延伸性智力结构。我们在寻找需要 134
思考的事情,而不是简单地识别。我们不是通过和吸引因子的关联来找到它们的,而是通过掌握它们的句法或模式。阅读是一个散漫的技巧,需要不同种类的注意力。

一、阅读模式

就像扫视、浏览、强力作业一样,阅读可以在多个层次上完成。但在这种情形中,层次不是取决于预期回报的文本密度的,就像浏览或扫视一样。它是由我们需要从阅读中得到的特定种类的事物所决定的。有时候我们仅仅想要跟随一个故事,有时候想要获得智力上的刺激,有时候想要掌握论点的梗概。这些每一个都有其自己的策略。

(一) 叙事性阅读

叙事是最熟悉的阅读类型。我们通过读书来得到故事。因此,叙事性小说的写法是假定你会阅读每个字,似乎故事会被大声地讲出来。尤其是在19世纪的小说中,这个结构会被一些句子的使用所恶化,这些句子因为很复杂,如果不进行默读的话都不可能理解。为了理解一个文本,你必须听到它。

这种阅读在任何社会科学研究的一级或二级资料中几乎都不是必要的。它们中很少是以自觉的文雅性所撰写,并且大部分都不被认为是叙事性的而是解释性的,不是作为故事而是分析。正如我们下面将会看到的,解释性文本经得起多种形式的加速阅读的检验,后者利用它们的主题句子和章节总结略过了很多中间的文本。在许多解释性图书中,在最后一章甚至有该书论点的总结文章。对于饱受折磨的研究者来说,这的确是一个有用的东西。

但在图书馆研究中,有一些情况要用到叙事性阅读。当然,在人文领域,叙事性阅读通常是阅读一级资料的第一个方法。(后来的阅读就不是叙事性的,而是分析性的。)但更普遍的是,图书馆研究者"在背景中"阅读的时候采用的是叙事性的方式。在背景阅读中,你把自己引导进一个领域,熟悉重要的名字和概念,并沉浸于辩论和问题当中,
135 因此,目标是通过浏览吸引因子来填补自己的中期记忆,并开始建立对你所在研究领域的一个总体感觉。

(二)沉思式阅读

在大多数图书馆研究中,只有在非常难得的情况下,你会想要读得比日常叙事性阅读更慢一些。但有时候你可能会想要采取这种"沉思式阅读"。在寻找新的一般性观点的时候,会带着沉思去阅读:如何抨击你的基本项目、新理论或诠释的观点。于是你挑选了一个信息丰富的文本,常常是一篇跟特定研究问题并不密切相关但跟你所关注的理论问题的一般性设定有关的文本。你缓慢地阅读每个词,并让自己的头脑和文本自由地共鸣。你注意到了可能的隐喻、有意思的主题,有时候甚至还有词汇的天籁。你读了一两段,然后面壁思考。接着你可能会在理论文件夹里摘记下几个注释,作为闯进头脑中的观点:"如果我就是不理会第二个理论问题了,并对项目进行重新聚焦会怎样呢?""制度主义理论在这里真的对我有帮助吗?""用实用主义方法组织这

些子栏目会怎样呢?”

接着你进行更多的阅读,打算在每页上面花三四分钟甚至更长时间。你并不打算要完成什么,目标仅仅是刺激自己的思考。因此,你让文本瓦解成为洞察力和暗示的碎片。显然,这个策略只对信息丰富的文本才奏效。因此,沉思式阅读适用于重要理论作品或较大型文本里的中心段落。

在图书馆研究中,应该给沉思式阅读选择一篇自己的项目领域里重要的理论作品。我课上的一名学生在研究厄瓜多尔环境政治的崛起。于是我建议她去阅读 R. G. 柯林伍德(R. G. Collingwood)的《自然的观念》(*Idea of Nature*)。这是一本关于自然本身概念的一般性哲学作品。她不需要详细理解柯林伍德的论点,我意在让它们去刺激她进行思考,给她指点新的方向。

沉思式阅读提醒我们思考的重要性。即使是一个细心的研究者也 136
会陷入探索的兴奋、双臂摆荡的华丽炫目、追寻的激动当中。更有理由记住,研究最终并不在于发现什么。我们的项目并没有一个现成的答案在某地等着我们到来。更确切地说,我们致力于组装一个由寻获事物构成的令人激动的新集合,以解决一个经验性谜团并从理论上反映社会生活。研究的核心是研究者的创造性活动,而不是一个聪明侦探的例行公事。不经过刻苦的思考是不能做研究的,而沉思式阅读能保证我们进行那种刻苦思考。

因此,我们应该始终记住,我们在研究项目中所读过的作品的作者是有观点的;他们并不仅仅是在背诵事实,而是努力把这些观点诉诸文字并印刷出来。他们用很多种不同方法来阐述自己的观点,因为没有特定方法是听起来完全合适的。他们撰写长篇大论,因为他们知道,通过对观点进行细化,可以把它们维系住。但所有的额外书写只会让观点所富有的模棱两可变得更加明显。一位作者的观点并不会随着你对其阅读的增多而变得更加具体,但它们会变得更有成效。你会变得更有预见,更能够与作者沟通。只有这样你才能够在你自己的想法中使用一位作者的观点。要做到这一点,你就要进行沉思式阅读。

(三)扫视阅读

在天平的另一端是扫视阅读。在一个大多数资料都不相关的文本中,扫视是非常快速地进行的,但有小部分是需要并且能够迅速识别的。你首先用索引、目录和标目来找到用于扫视的可能部分,接着运用模板或搜索词尽快地掠过选中的页面。如果后者有着容易辨认的特征的话会很有帮助:大写字母、几个单词的延长模式等。(因此,在本书第二章中,我扫视了 90 本学术自传,查找有关学术活动的论述,并在其中寻找"图书馆"这个词。)扫视速度是多个事物的结果。文本越缺乏组织,就必须扫视得越慢;模板或搜索词越不明显,就必须扫视得越慢;如果错过了什么东西越要紧,也必须扫视得越慢。索引的质量、各章内标目的细节、特别是段落乃至句子的长度,都可能造成巨大的差别。

137 扫视总是涉及一个或多个特定的搜索词。在扫视阅读中,扫视模板来自当前的迷你型分析或数据来源。因为它依赖于模板,扫视阅读有时候在电子文本中更为容易(如果有一个明显关键词的话)。但如果模板并不是很具体(例如,如果你是在寻找"有关厄瓜多尔环境问题的任何事情"),那么搜索关键词就不能很好地奏效。更成问题的是,虽然你能在学术过刊数据库中扫视文章,但目前还只能在谷歌图书中扫视书籍,而谷歌图书限于版权法,又无法提供全部内容。所以,应该学会如何扫视阅读实体图书。

在扫视阅读时,浏览的机会可能会让你分心。背景阅读和受控词汇表的建立会在你的头脑中放置吸引因子,而当你在文本中看到那些吸引因子的时候,会不断受到诱惑想要放慢速度去浏览。不过,一定要强迫自己继续前进。扫视阅读是一个强力作业活动:勇往直前,不要跳跃,绝对聚焦。这将是非常累人的工作。

（四）为了掌握论点而进行的阅读

掌握式阅读是社会科学领域中全文阅读的标准模式。当我们必须了解一个文本的核心论点但可以忽略诸如例子、离题的话和次要推论时，就要进行掌握式阅读。有几个变量影响着掌握式阅读的难易程度。文本的长度不同，密度各异，而第三个，也是最重要的一点，它们可能或并未遵从高质量解释性文章的标准规则，而正是这种规则让文本容易搜索重点或主要观点。在文章类型的层面上，这些规则包括：主要用短句，偶尔夹杂长句，非常清晰地使用参照物和逻辑标记，带有明显主题句（通常是起始句）的短段落，还有清楚的逻辑链。在图书层面，这些规则要求有清晰而有益的章节结构、各章之内强有力（并可能是多层次的）的细分、理性长度的段落（每页 2 段或 3 段），尤其是在各分节、小节、章甚至可能在全书的末尾都有清楚的总结。

所有这些规则都让一个文本更容易被掌握。但即使一个文本并不是写得特别好，你仍然要尽可能多地应用写作上乘文本的策略，只有在绝对必要的时候才退回到较差文本的策略（下文会讨论）。

要掌握式阅读一本写作上乘的图书，第一，要掌握其目录，读上四
五遍并记住它。第二，对索引进行扫视，找出十来个引用最多的抽象概 138
念。这些将会是作者论点的核心词。记住这些，这样当你扫视书中页面时就会马上认出它们。你的主要任务是理解这些词语是如何被作者的论点有逻辑地连接起来的。第三，检查最后一章，看看是否有关于论点的总结。还要检查一下各章末尾去查找总结。（顺便说一句，有些作者写的总结没什么信息量——只是结束语，而不是概括。）如果你找到了总结，仔细阅读它们；注意它们是如何结合索引中的主要术语的。试着对自己背诵该书的主要论点，仿佛是在跟其他人解释一样。记住，你并不是在进行叙事性阅读，而是在“从上到下”地读书。你会一直翻书页，一直来回读，总是在强迫自己总结迄今为止的知识。如果你发现

自己稳定地阅读了5分钟,打住。你脱离掌握式阅读这种模式了。

一旦你掌握了布局、术语和基本论点(这会花费大约半小时,感觉像是很多工作),就对图书进行大约15分钟的扫视,寻找其他任何需要吸收或能增进你对论点的理解的东西。然后,也唯有在这时候,才给自己10分钟或15分钟来写关于论点的总结注解。在必要的时候去回顾正在阅读的这本书的目录、索引、总结和正文文本。

对于一本写作质量上乘的300页图书来说,这整个过程应该花费大约1个小时。举例来说,通过这个过程,可能在大约1个小时里掌握我本人第一本书的六个理论性章节。在这1个小时当中,你会花一刻钟到半小时实际"阅读"句子。其余时间都在掌握其组织并发现要读什么。你可以非常确定在以这个方式度过1小时之后,比起从头开始进行叙事性阅读,你对这本书的了解将会是后一种方式的10倍。(例如,一个真正优秀的掌握式阅读者会发现,前三个理论性章节在第111~113页几乎得到完全总结。)

顺便说一句,因为你花费了这么多时间来回翻页,掌握式阅读事实上不可能在线进行,因为无法足够快地翻页或以同样快的速度扫视大段文本。奇怪的是,在线环境青睐叙事性阅读,而这种阅读只在很窄范围的研究活动中有用。这就是为什么带有分页的电子图书正变得越来越普遍。不过它们还是比实体图书读起来要慢。

在文章层面也是,上乘的写作相对较容易进行掌握式阅读。文章之所以如此,因为文章的逻辑模板数量有限:比较和对比,案例分
139 析,定量因果分析,两种理论的裁定,讲故事,等等。你很了解这些模板,也知道怎么阅读它们。不幸的是,在文章里,句子和段落层次上的写作往往非常糟糕,通常是因为盲从式的模仿:有时候是对科学格式的模仿,有时候则是对晦涩的哲学或理论的模仿。还有,在文章当中,没有目录或索引,所以你必须依赖摘要、标目和结论来生成对一篇文章的最初印象。

对一篇写作质量上乘的文章进行掌握式阅读遵守着对一本写得好的图书进行阅读的同样法则。它大约要用20分钟。首先,掌握文章的摘要。将整个事情放进头脑中,熟悉其每个部分。注意它有哪些方面还不够清晰,并在头脑中做上标记留待进一步调查。这么做需要把摘要读五六遍,花费5~10分钟。其次,将摘要与你自己对这篇特定文章的理想版本的概念相比较,想明白理想版本中那些在摘要中并不明显的必要部分。

在一篇经验性文章中,这些不明显的东西可能是关于方法的细节、数据描述、主要资格或限制。在头脑里为它们列一个清单,作为需要在余下的时间里回答的问题。注意,一篇经验性文章的理论和主要结果应该出现在一个写得很好的摘要中。如果它们并不在那里,那么就要采用下面这些为那些写得不好的文章提供的技巧。(顺便说一句,作者有时候确实会写出糟糕的摘要,但文字编辑通常会在加工的时候修复它们。)

与经验性文章相比,在一篇理论性文章中,整个论点通常是在摘要之外,后者纯粹就是公式化的。你应该马上注意到这些,并立刻对文章进行扫视,找到其主要论点的基本总结,文中某个地方总会有一个的。把这个总结当作摘要来对待(阅读五六遍并掌握它)。这个总结经常位于倒数第二个部分的末尾,就在作者开始讨论"进一步方向"的前面。(忽略所有的进一步方向。它们是毫无意义的填充物。)这第二个阶段会花费5~8分钟。

最后,快读扫视文本寻找摘要(或总结或文中的等价段落)中所缺失的那些必要事物。然后(叙事性地)阅读足够的文本(通过这次扫视所找到的)来填补你找到的空洞。接着把文章放到一边。你已经完事了,应该能够处理一篇写得很好的文章,至少足以在大约20分钟之内找到它的要点。写一组简短注解作为概括,放在一个文本文件中,就像对图书所做的那样。

140 ### （五）部分掌握式阅读

研究中的很多时候，不需要完全掌握一本书或一篇文章。更确切地说，是需要提取并掌握其中一部分。这就是部分掌握式阅读——实际上，这是社会科学和人文领域中最常见的阅读模式。当我们阅读一本书或一篇文章时，通常只想知道其中一部分。我们不想知道“劳曼（Laumann）等人是怎么谈论性的”，而只想知道“劳曼等人是怎么谈论同性恋当中的性认同的”；不想知道“韦斯特（West）和齐默尔曼（Zimmerman）说过什么”，而只想知道“韦斯特和齐默尔曼的‘性别实践’概念与默顿的‘角色表现’有什么区别”。在每种情况下我们都想要非常具体的东西，我们只需要理解回答我们的特定问题所必需的东西。

因此，部分掌握式阅读的核心必备品是一个非常具体的问题。像以往一样，做一名优秀的图书馆研究者并不在于找到东西，而是要知道去找什么。不带着问题进行阅读往往会返回到叙事性阅读，而后者常常什么都做不了，除了用于第一遍阅读的小说（或有时候是阅读第一遍的历史。但实际上，叙事性阅读大多数时间甚至都不能用来阅读历史）。部分掌握式阅读就像掌握式阅读一样，是一份艰苦的工作。如果你不是每隔半个小时就不得不因为纯粹的阅读疲劳而停下来休息的话，那就是读得还不够刻苦。

在部分掌握式阅读中，你通过指定自己必须从文本中获得的东西起步：结果？理论？论证的步骤？数据？数据提取方法？统计程序？对这个或那个概念的态度？文本？学者？发行？通常只是这些事情当中的一件或两件。接着告诉你自己“这意味着我不需要知道……”并向自己列出你能够以及必须忽略的事情。（如果你是一个好的浏览者，放慢速度的诱惑总是很大。）接着快速阅读文本，并无情地反复问自己：“我所要找的东西在这页里吗？”如果不是，那么马上继续快速阅读文本。不要盯着一个精妙的段落或一个有趣的引用，只要继续。你应该能够在10分钟之内"部分掌握"任何文章。(顺便说一句,不是10秒钟;花时间去找到你真正需要的。)我再说一次,这将会是非常艰苦的工作,不要画线、选取和粘贴。那会耗费额外时间,并延迟对文本的掌握。更确切地说,第一时间就提取想要的,并在文本文档中写下自己的注释并带上引用。必须以思考文章的观点为目标,而不仅仅是找到它们。

你会注意到,我对掌握式阅读的推荐通常涉及两个阶段:(1)弄清楚你想要发现什么;(2)进行搜索,并且只搜索你想要发现的。在研究 141
型阅读(更普遍的是在学术性阅读中)中最常见的错误是应该进行掌握式阅读时,却采取了叙事性阅读方式。当你事先没有明确自己想要从一个文本中得到什么的时候,永远别去阅读。任何其他做法都会沦为叙事性阅读。把那份工作留给托尔斯泰去做吧。

如何处理写得不好的作品,技巧各异,因为难以卒读的资料有不同的类型,每种适用于不同的阅读策略。有的资料遵循的作文美学不同于现代英语陈述。在当前研究环境中,主要在两个地方会遇到这种资料:外文理论和部分人文领域。经过翻译的外文理论(福柯、布尔迪厄、哈贝马斯等人)主要是为了理论刺激(以沉思的模式)而读的。为了理论刺激目的的阅读是很好的。现代法国理论性文章最好是飞快地读,不用注意其逻辑和论点,因为它往往很少有。但它通常很优美,并且总是有启发性。德国理论文章的问题有些不同,它总是使用来自德国唯心主义传统中的专业术语,除非你已经对康德、黑格尔、海德格尔等有所了解,不然没什么意义。如果你的研究项目要求阅读德国理论,那要找个好译本。

至于人文写作,它在图书馆研究中也很适合沉思式的用途。偶尔情况下,它对部分掌握式阅读也有用处,尤其是那些经常高度聚焦并且构思缜密的老资料。但是,近年来,许多文学研究方面的文章影响了一种有意晦涩的作文。其目标经常是既成为艺术或文化,又去谈论艺术或文化。这种文章自觉地需要叙事性阅读。偶尔情况下它们是值得这么做的。

至于写得不好的社会科学文章则数量巨大,要想达到像在读那些写得好的资料那样的效率会有麻烦。(别让这个使你觉得它更重要。)由于文章或图书本身组织得不好,需要进行假设并完成必要的组织。要从给自己在读的东西确定最接近的模板开始。它是一个故事吗?(也许说得更好听一些:它试图成为一个故事吗?)它是一个案例研究?一个理论判定?一旦决定了它是其中哪一类,就想象一下好的模板所必不可少的成分。对文章或图书进行扫视,尽可能多地找到它们,然后
142 在头脑中建立其该文章或图书原本应该写就的版本。别让花费的时间超过用在一篇写得很好的作品上的时间:一本书花 1 个小时,一篇文章花 20 分钟。最可能的情况是,薄弱的写作是思考粗心的标志,并没有精彩之处可以寻找,不管你在该文本上花了多长时间。

在处理图书馆研究项目所遇到的各种二级资料时,多种阅读模式提供了多元化的场景。你将会把叙事性阅读用于背景资料,读这个是为了在一开始给自己确定方向。当研究者出现新的领域或子领域时,也会用到它。当你需要从外部角度来看待项目时——需要重新思考并可能重新设计的时候——要进行沉思式阅读。你在整个项目过程中都将会进行扫视式阅读,因为大多数二级资料都将只有一部分是有用的;需要从它们的论述中提取并继续前进。当你想要发现哪些一级资料对研究问题而言是最值得、最有成效的时候,还将对其进行扫视式阅读。

对处于项目中心的理论性和经验性作品来说,掌握式阅读是必不可少的。但即使在这里,也不需要去掌握每个句子、每个分论点,而是需要对主要论点、主要想法、主要的实证分析有非常牢固的把握。记住,项目的中心是你的作品,而不是其他人的。对于可能跟项目有关的数十项外围二级资料中的大部分来说,只对其中部分资料进行掌握式阅读就足够了。取得你想要的,然后马上继续前进。

但是,所有这些都主要是用于二级资料的阅读模式。也就是说,它们是阅读作品的途径,而该作品本身就自觉地处于研究自身的主题之外。至于一级资料,则需要非常不同的做法。

二、一级资料

(一) 做注解

首先,一级资料需要有序的注解活动。有时候,这也是完全有必要的:你可能会在一个档案库中阅读一级资料,不允许使用数码相机拍照或复印。但作为分析性阅读的一部分,你也要做注解。必须从一级资料中提炼出主题和论点,这样在开始分析时就可以随时用上它们。做注解既是一个分析性策略,偶尔也是必要的策略。

接下来谈谈做注解的一些规则。不要以连续文本来做一级资料的注解。把它们分成小块,这样以后就能被索引并可能放在不同地方。 143
这些小块应该相对较短。如果你的注解做成了30行长的段落,就可能得把给定段落的备份分配到四五个不同的分析文件夹中(实体的或虚拟的),然后你得给段落中跟那个文件夹相关的部分画线,不然就做标记,这时你就会有跟它们相关联的冗余的外围资料(没有画线的小块)。

最好把一级资料的注解做成较短的、可以编码的小单元。做注解的单位应该足够小到只有一两个分析性用途。通常会是2~10行文字。然后做一个分行标记(用直接的文字附注)或开启一个可加索引的新单元(如果你是在一个可编码的数据库中工作的话)。在数据库的这种做法中,这个层次的细节对我来说显得累赘,因为你会以带着几个标签的长单元告终,而不是把绝大部分单元放在独有的位置。(我对一级资料做注解的时候,采取的形式是以带空行换行的直接文字来标记新单元。)

无论选择的单元规模如何，它都必须带有完整的引用信息。在每个注解单元的开头，要养成打上某种标识符的习惯。我的档案注释中的一个例子是这样的："2.19, Ltr EOL to CEB, 24, 2, 72，是说他对总编辑有怀疑。"这个电报式的注释意味着内容来自19号文件夹的2号盒子。这是爱德华·O. 劳曼(Edward O. Laumann)写给查尔斯·E. 比德威尔(Charles E. Bidwell)的一封信，日期是1972年2月24日，劳曼在信中抱怨期刊总编辑，这封信就出现在该期刊的记录中[《美国社会学学刊》(*the American Journal of Sociology*)]。由于整个注解的字符串来自《美国社会学学刊》的档案文档中，我就不花工夫把那个信息包括在这里了。

这个电报式的引用形式解释了为什么必须在数据文件夹中建立一个详细的人物(或组织、主要分析单位)列表。它应含有名字(人名、研究所、组织等)缩写，包括在一级资料的这些简单识别标头中。

(二) 怀疑

阅读一级资料不像阅读二级资料，二级资料是学术文献的一部分，经过了审查、编辑和质疑。相比之下，一级资料孤单伫立。你可能是它们的唯一读者。所以你的责任就更大，必须不断对任何文本提出批判
144 性问题：是谁撰写或制作了它？他们(他，她)出于什么目的要写它？他们(他，她)是在什么情况下写它的？必须提出这样的问题，因为读者得相信你已经仔细、精细甚至是带着怀疑地阅读过了。当你在阅读一级资料的时候，你就是读者的代理，必须不能辜负那份信任。

因此，永远不要像读一部小说那样以叙事性模式来阅读一级资料。没有什么关于一级文件的东西是简单的。不要上当，以至于被动地让故事碾压你。如果你发现自己在这么做，那就休息一下。你花在阅读一级资料上的大部分时间都应该用来努力思考正在读的东西：为什么

是这个？为什么是现在？她觉得自己在做什么呢？观众是谁？为什么？尝试考虑一下替代性阅读，尤其是对主要的文件，以及需要什么类型的证据，在那些阅读模式中进行选择。

要在阅读的时候做这种质疑，而不是晚些时候才做。为什么？因为这种质疑的结果可能会改变你关于哪些要记录的事实是重要的，哪些要阅读的文本是重要的，哪些要追逐的线索是重要的那些看法。除非你是在对一级资料进行一次完全机械的、强力迷你型分析，否则你就必须一直对它们进行批判性思考。即使你只是对大量文件进行拍照以便用于以后阅读，你也得对它们加以足够注意，让它们来引导你以后的拍摄。

当然，后面在分析中也要问所有这些情境化问题。但在收集一级资料的时候，它们同样必须出现在意识的前面。确实，在整个图书馆研究项目过程中，收集所有资料的时候都必须对书目、一级和二级资料进行批判性评估。我已经详细讨论了对书目、工具和二级作品的批判性评估。但这里我们考虑的是对一个给定一级资料的批判性评估。这些怀疑的维度与所有形式的一级资料有关：政府记录、手稿、已出版作品、旧的数值数据等。

关于质疑，我遵从源自文学评论家肯尼斯·伯克（Kenneth Burke）作品的五步法。伯克用戏剧性的分析探讨了五个基本术语：活动、场景、行动、人物（执行者）、目的。当我们把这些应用于一级资料，我们就有了作者、出处、作品、机制和目标。对于任何文档来说，我们都必须问问这五个问题。

第一个问题是关于文件的作者。假设你在读一份国会报告。它实际上是由谁写的？关于那个人你知道些什么？除了文件中列出的资料来源以外，作者还使用了什么资料来源（如果有的话）？作者写了其他事情了吗——法律意见？受欢迎的文章？回忆录？——如果是这样， 145
当前的文件和其他作品有什么相关？作者是自己一个人，抑或他/她是作为别人的代理——议员？政党官员？政治性智库？这些问题都远远超越了通常“他是个共和党员，所以他觉得……”这类的分析。我们需要看到一位作者在一个地方，其处于动态的情况下，受到各方力量的影响。我们需要他/她是活生生的。

第二个问题涉及出处。从我课堂上最近的项目中找一个例子，假设你在读一本关于宫颈刮片检查重要性的小册子。当然，首先你会问第一个关于作者的问题：谁写的？证据是什么？其次我们也应该问它是哪里出品的：哪个国家？什么地方？由哪个社会阶层的个人或组织完成？出自何种实体环境？美国出品的这类小册子看起来会跟象牙海岸出品的不一样，要想知道这个小册子是好是坏、是有知识的还是愚蠢的、是意识形态方面的还是科学性的，通常需要知道其产地及其所取代的可比较文件的环境。一本宣传册可能对于一个资金充足的国际非政府组织（Non-governmental Organization，NGO）来说是件微不足道的小事，而对一个本地诊所来说就是个了不起的成就。这个例子表明，出处也指发行机构，很可能是它聘请了这个作者；这种小册子可能是由国家级政府、学校系统、卫生部门、癌症相关的非政府组织、单独的医院等发行。每个机构背后都有一段历史，所以这些必定会让我们知道如何阅读该文件。

出处的另一个部分是周围事件的语境。在该文件发行的环境和设定中，作者的生活、发行机构的历史中发生了其他什么事情？在很少女性做宫颈刮片检查的年代，一个关于此事的美国小册子意味着一件大事情，但当刮片检查成为标准的年度检查活动时，这样的小册子就是一件完全不同的事情了。就受众知识、平均发病率等来说，这个国家已经发生变化了。

第三个问题是要考虑一份文件的创作，通常来说是写作行为。以玛丽·沃特利·蒙塔古夫人（Lady Mary Wortley Montagu）的《土耳其使馆书简》（*Turkish Embassy Letters*）一书为例，它最初是由27岁的玛丽夫人在和丈夫的一次旅行中所写，那是18世纪初，她的丈夫去土耳其帝国宫廷任英国大使这一新职位。这些信不是很正式，寄给玛丽夫人在英国的朋友和亲戚。它们常常是在路上匆匆写就，充满详尽的细节。不过最终它们得以出版，很难想象玛丽夫人从一开始就没有设想要出 146
版。多年以后，她从自己的日记备份中仔细地对这些信件进行了编辑，并在她结束自我放逐返回英国的途中，将一份完整复本交给了鹿特丹的一名牧师，那时候她已经接近生命的终点。因此，它们是在写出来几十年之后才出版的，经过了多年的编辑才把一位年轻女士的原稿转变成一位出自70余岁的女士之手的成熟而风格鲜明的终稿。阅读这些文字的时候不能不一直回想这些创作情况。

第四个问题涉及将文本送到你手里的途径。玛丽夫人的信件从她女婿（当时的首相，对自己的岳母感到震惊）的有意破坏中幸存下来，因为玛丽夫人确实制作了一份秘密复本。在其他故事中，继承人违反明示命令而销毁了手稿材料。这个幸存下来并得到发行的故事极大影响了你所阅读内容的代表性。它可能是、也可能不是作者的一个良好代表，更不用说体现出作者的阶层、性别、种族或其他社会群体。幸存下来并得到出版发行的故事可能是非常有偏见的——往往是偏向精英们以及对他们来说听上去合适的事情，但有时候也会以其他的方式体现。此外，很多原稿恰恰是因为它们不同寻常而得以保存。如果你自己感兴趣的是日常生活，而不是不同寻常的东西，这就会让它们有问题了。

第五个问题，必须一直追问作者的意图。这个文件是为了达成什么而创作的吗？设计它是为了说服谁吗？如果是的话，要说服什么呢？例如，如果你正在阅读关于19世纪精神病医院照料情况的一系列数据，可以很确定统计数据被夸大了，因为医院需要获得更多的州政府资助。问题仅仅是统计数据被夸大了多少。或者假设你在读一卷某位旧日学者的纪念文集。显然，作者会强调自己与老师关系的重要性，并且很明显,那些与作者关系并不好的人会完全被这个文集所忽略。应该怎样让自己在阅读时看出这类偏颇呢?

如果你一直记得这些关于作者、出处、作品、机制和目标的问题,就能对一级资料有更全面的阅读。但偏见并不全在资料里,还必须不断提出关于自己的问题。仔细阅读一级资料的目标是为了一个旧的或不同的世界,就如它是为它自己而存在,而不是为你而存在。要决定玛丽
147 夫人是一位“真正的女性主义者”还是“危险的东方主义者”,就相当于把当代政治辩论的术语应用于一位已经去世达2个世纪的女性。如果你喜欢的话可以那么做。每一代都会重写历史,而每个社会群体都按照它自己的议程重写社会科学。

但你应该追求一些更好的东西,而不仅仅是过去或其他东西的政治用途。高尚的学术致力于以它自己的术语来理解另一个世界,并通过这样的理解来改善它自己的世界。著名英语历史学家 E. P. 汤普森(E. P. Thompson)在谈到历史研究时就作了很好的阐述:他说,我们必须“把(过去)从后世的傲慢中挽救出来”。的确,就关于我们当代以及过去的世界所进行的图书馆研究,你也可以说同样的话:我们必须把它们从精英主义、普遍主义、政治化或任何当前陋习造成的极大傲慢中拯救出来。我们应该把自己的研究主题视为其拟人的特别例子——好的或坏的、悦目的或难看的、政治正确的或极端邪恶的。

所以,在你自己和读者方面,你必须不时地问与关于资料的五个基本问题同样的问题。它们是一种仪式,当你在档案中开始一天的工作、当你要坐下来进行一个重要分析之前,都应该进行这种仪式。

第一,作为读者,你是谁?你在哪些方面和你所研究的人或群体相像,哪些方面又不同?——年龄?性别?政治?种族?宗教?脾气?作者会以你看待它们的方式看到这些相似和不同之处吗?你准备好仔细阅读了吗?还是只不过在懒散地、轻蔑地、责难性地阅读?

第二,出处。你是在严肃阅读吗?在你的生活的其他方面,有什么

直接影响了你如何阅读吗？我对自己已经出版的《美国社会学学刊》的后半部分资料的阅读明显受到以下影响：该期刊拒绝发表前半部分！

第三，创作、阅读活动是怎么样的？你是在安静的环境中阅读吗？你有足够时间用于你所采取的阅读模式吗？有什么困难？例如，我讨厌在电脑屏幕上阅读，并总是更不喜欢我不得不在屏幕上看到的东西，不管它是学生论文还是精彩的专著。当然，在微缩胶片上看东西的时候，你不得不看得很慢，经常要格外留意，这就很难对文本形成一个估量，可以比得上在另外一种介质上进行阅读所形成的估量。

第四，中介是什么情况？一级资料的阅读会受到其他人先前阅读的强烈影响吗？你是在用一个真正开放的头脑阅读，还是已经带有一个从别人那里——顾问、朋友、学者——得来的观点？你正在阅读的资料的确是从原来的基本条件改变而来的吗？比如说，被编辑或删节者 *148*
所改动的？

这里有一个关键的但没有得到解决的问题。没有阅读过一些背景资料就去读一级文件很愚蠢。你可能会犯低级错误，因为词语的意思已经改变，或因为你并不理解旧的或外来的体系等。但反过来说，对语境知道得越多——这实际上意味着知道更多其他人关于那个语境的解读——就越无法背道而驰，去看到新的可能性。这是一条难走的路线，你得一直知道路两边都有各自的错误。

最后，必须考虑自己阅读的目的。你真的准备好面对意外情况了吗？你只是在寻找已经决定它是真实东西的完美例证吗？你阅读的真正理由是什么？

所有这些问题都需要得到解答，虽然并不是一直需要，也不是每五分钟就需要，可能甚至不是每天都需要解答，但必须对自己诚实。那些阅读你最终写出来的作品的人将要依赖你的判断，你需要让你的判断有条不紊并为它辩护。

阅读一级文件既是一件让人高兴的事情，也是一项特权。你必须渴望去理解,去理解但不要做出判断。必须面对把别人的世界转化为你自己的这样一个难题,但要承认,最终并不可能有完美的转化。要始终记住,你正在读的文章的作者可能过着一种对你而言完全陌生的生活,而发现与作者的出身和偏见有关的一些东西,并没有给你权利让你带着得意、轻蔑或讽刺去阅读。如果你把这种态度带进阅读当中,那么读者也会以同样的方式来阅读你的作品,因为你的慷慨和宽容将在你所写的作品中一览无遗。以你希望自己被别人阅读的方式去阅读别人的作品,就不会错得太离谱。

第八章　中期阶段文件和组织

在中期阶段，你会不断创建注解、复本、参考文献、记录和其他资料。所以，必须精心制作本书第四章中所概述过的文件结构。这个平淡无奇的文件工作会产生两个关键结果。第一个结果是你自己的理论术语和必要问题的受控词汇表，第二个结果是将实际文件与一般性研究问题以及经验性和理论性谜团相连接的“横向通道”。这些组合在一起，就把多个迷你型分析与论点连接成一个紧密结合的文本。然而它们是从管理项目的日常任务中产生的，本章首先讨论文件的结构，然后转到更重要的问题：文件和项目两者的概念性组织，它们是在可控词汇表和“横向通道”中体现的。 149

一、文件

仔细归档的需求可能看起来让人费解。毕竟，信息时代建立在超链接及其创造的网络的基础之上。统一资源定位符（Uniform Resource Locater，URL）为事物提供了任意地址，但真正的位置是它的链接与其他事物的组合。没有比这更简单的事情了。

实际上，等级制度要简单得多。在一个链接网络中，每个事物都可能跟一切相关，就如美国的大多数人通过六七个私人关系，都可以与其他每个人相连在一起。就是这种连通性让谷歌生成了长长的无关资料列表。在列表最上头的同样事物的几十个不同版本就是紧密围绕着你的搜索的资料“小世界”，而下面不远处就开始出现的奇怪的垃圾资料来自单个链接，把那个小世界连接去往任何地方但一无所获。的确，有时候我们想要忽然有链接能引到什么地方。这是双臂摆荡的实质，但
150 它并不是在超链接之间随机地摆荡，而是严重依赖于此前的信息、优质的排名和相当有根据的推测而进行的。它利用了超链接，但并没有迷失在其中。

作为一名研究者，你需要更多的控制，超过网络导出的相关性列表所提供的内容，因为你的目标是创立一个严密的、最终线性的论点。此外，一旦开始进行分析，就需要能即时、轻易地回想起资料，这不仅需要对资料进行组织，而且还得迅速组织。层级体系牺牲了一些超链接，但它是最容易实现即时回想的组织体系，因为层级分类系统所需的脑力工作较少。

要理解这是为什么，让我们考虑一个抽象的例子：我们有 N 个某种东西，想要知道它们哪些之间彼此有联系。例如，这些东西可能是书目中的条目、高中学生或一个产业中的某个公司。联系可以分别是意义、友谊或投资方面的。要全面了解这 N 个东西之间的连接网络，需要 $N\times(N-1)/2$ 条信息——每个可能的配对都有一条；我们得知道，在每一个可能的配对之间是否会有联系，这个公式给出了可能配对的数量。但我们可以简化一些，把 N 个东西安排为一个层级体系，把“相近”的东西放在小组里，然后把这些小组和其他小组相连，组成较大的组，以此类推，直到将整套东西都组织在一起。（因此，我们可能会把参考书目的条目列入小型的子分类中，再把小型的子分类连接成较大的子分类，然后连接成大类，最终组成整个书目。对于友谊团体和公司也可以这样照做。）

现在，如果我们真的决定要用这样一个层级系统来呈现事物之间的联系，那么它所用的信息数量要少于它完全呈现整个网络所用的信

息量。有 L 层和 N 个东西,只要 $L \times N$ 条信息,每层每件一条。因此,要通过完整链接来详细说明 64 个东西之间的所有联系的话,要用 2016 ($= 64 \times 63/2$)条信息。但将 64 个东西放进层级体系中,每个标目下面有 2 个子条目,会有 6 层,这意味着每个条目有 6 条信息,总共是 384 条信息,大约是采取完全连接或网络方法下所需数量的 1/5。如果我们愿意在这样一个层级体系底层的每个小组中有 4 条信息,就可以扔掉 2 层,只需要 256 条信息,大约是另外那种做法所需信息总数的 1/10。

你实际上已经知道这个了。想想你们学校里的朋友团体。你可能想通过知道每名学生与其他学生之间的关系,来了解自己学校中的交 *151*
友情况。但你当然不会那么干,而是会想到这个小圈子和那个小圈子,以及小圈子 A 和 B 是喜欢怎么出去玩的,而小圈子 C、D、E 又是怎么一起玩的,同时小圈子 F、G、H 可能在你眼里看上去只是一个大群。你也知道,如果每个小圈子有四五个人而不只是两个人的话,要记住的信息就少得多了。

还要注意,链接网络模式实际上需要完整数据,因为如果两个群组之间有一个关键桥梁碰巧被删除的话(例如,假如把小圈子 A、B 和小圈子 F、G 连接在一起的那名学生离校了),网络结构会突然发生变化。由于我们事先并不知道哪个链接是关键桥梁,如果我们还没有层级松散的小圈子组群的话,就需要知道形成整个友谊网络的几乎所有链接。相比之下,在层级分级体系中,我们已经知道哪些链接在结构上不太重要,因为我们实际上在一开始就认出了它们并将其放在层级的底部。它们是小圈子内部的链接,我们已经知道小圈子里的细节可能不重要,重要的是连接这些小圈子的关键学生。层级体系让我们把注意力集中在那些学生身上。

简而言之,构建层次体系可以少花很多力气。当然,它是通过简化假设来实现这一点的(例如,假设小圈子 A 中的每个人都痛恨小圈子

G 中的每个人），所以实际上我们用交叉参考（也就是特别的超链接——实际上越过障碍进行交谈的那两个人）对它进行放大。这会导致认知负荷的微小增长。让我们继续前面那个例子，64 个条目分布在 4 个层级上，最低层级的每个小组含有 4 个条目，这需要 256 条信息。如果我们给每个条目增加 2 个交叉参考，我们仍然只是退回到需要 384 条信息，是完全链接所要求数量的 1/5。在本书中，我们已经看到这样一个带有交叉参考的层次合并，因为这就是国会图书馆分类体系的做法。主要的主题标目提供了索书号和实际位置，而额外的主题标目提供了一些非常重要的交叉参考。这是一个非常强大的中间体系，结合了两个区位策略的大多数好处，而其认知需求只是图书编目链接方法所需要的一小部分。

你在自己的归档工作中，如果需要的话可以使用交叉参考，但我的经验中极少需要它们。我的文件层次带有很多认知负载，我发现自己轻易就能在头脑中记住必要的交叉参考信息，因此总能飞快地找到一切东西。

152 因此，层级体系能让你轻松保持一个大型而且全面的文件系统。让我提供几个例子。我那篇 600 页的博士学位论文的文件在文件柜里占了 2.7 个抽屉——纵向大约有 8 英尺（1 英尺≈30.48 厘米）长的文件夹和纸。研究和数据文件夹就填满了其中两个抽屉，而第三个抽屉含有撰写文件夹（早期草稿等）。在较小的水平上，通常我的一篇研究性论文（带有脚注和表格，约 40~50 页原稿）的文件纵向排起来有 1 英尺长。用数字化术语来说，按照每英尺长的资料有 1500 页纸，每页纸按照典型的 ASCII 字符文本大约是 2K 字节大小的文档，那么通常一篇文章大约是 3M 字节，一篇博士学位论文是 24M 字节。（如果是 Word 或 PDF 文档的话，因为上面的格式，文档大小会是那个的几倍。）这些文件主要由我的手写以及打印的注解、填满数据的表格、定量分析的书页等组成。其中有一些其他学者的作品，但不多。不过，总体而言，有不少资料。当我把几篇文章所用的文件带到课堂上时,学生们总是惊叹不已。不过,我告诉他们——这是很简单的事实——正是这些文件让我的工作变得容易了。

一名专业学者当然需要这些精细准备的文件。你则不需要。不过,归档工作应该足够详细,使你可以在最多一分钟之内找到项目中的任何东西,不管是在线的还是纸质的。所以,如果你没有很多东西,就不需要太多文件。但与此同时,根本不同种类的东西应该归入不同的文件夹中,这样它们才能很快被找到。对待文件和对待书目一样,应该遵循六件事项规则;当一个类别中有超过六项东西时,应该把它拆开。当然,这并不是一个绝对的规则。如果有很长一组非常类似的东西,它们可以放在同一个文件夹或子文件夹里,只要你能把它们按照某种排列顺序保存。但基本上要遵守这个六件事项规则。

与此同时,不要做过头。文档是为了让你迅速找到东西,而不是它们本身很美妙。你的归档系统只应通过下级细分来增长。当你有了越来越多的资料时,要把低层级文档保持在一个不变的规模,在必要时对它们进行细分。在接下来的几页中,我会描述所有种类的详细文档,但大多数读者并不需要其中的大部分。对一篇学期论文来说,只需要最基本的文件夹:总共四五个不同的文件夹,只要略过本章的下一节即可。对一篇研讨论文或硕士学位论文,会生成多得多的资料,并且可能需要二三十个文件夹。对一篇博士学位论文或重大项目来说,可能会生成好几十个文件夹和子文件夹,那就需要我所讨论过的大多数文档结构。

在本书第四章里,我概述了任何文档系统的基本结构。所有项目
都需要一个主文件夹、一个设计文件夹、一个活动日志,还有独立存在 153
的文件夹。独立存在文件夹可以是不同类型:已出版资料、一级数据、分析、写作,还有最终文本。接下来,我会详述所有这些种类的文件夹。但要记住:需要足够的文件夹和组织机构来实现快速获取,但不要多过

这些文件夹和组织机构。

（一）主文件夹及其子类

通常这是指原始文件夹，其他一切都是从这里源起并逐渐“分道扬镳”。在早期，它含有最初的想法和书目，关于项目的对话注解，通信联络和任何业务记录，与项目有关人士的联络信息，一份待完成事情的清单。随着时间推移，这些子文件夹中有许多可能成为独立文件夹。书目和想法当然会分出来，而待做事项清单可能也会分出来。不过，在项目演进的同时，要一直把这些形式保持在一起。你需要一个单独的主文件夹来管理研究的业务端。

随着待做事项文件夹和想法文件夹变大，它们可以发起成为项目的子部分。但是，我在本书第六章中指出过，以我的经验，扩散书目文件夹并不是个好主意。把项目的书目都放在一个地方，不管是纸质的还是电子的，以避免重复。迷你型分析的书目是一个例外，我们后面将会看到。

下面是对主文件夹里的子文件夹的一些建议：

业务。保存所有业务记录、账单、旅行文件、正式的批准文档（除了特定档案收藏集的进入文件；把它们跟数据放在一起）。如果只有少量的相关通信，也把它放在这里。否则就建立一个单独的通信子文件夹。对大多数读者来说，所有通信都是电子格式的，所以你需要一个项目邮箱存放所有相关的电子邮件，定期对它进行备份。

联系人。在这里保存一份关于项目所交谈过的所有人的名单。它可能是档案馆馆员、图书馆馆员、共同研究者、会议分组主席、期刊编辑、同班同学或对你的作品做出过评论的人。保留一切需要的联络信息：姓名、电话、电子邮件。但是，如果你做过与项目相关的访谈，应该将联络信息和访谈一起放在数据文件夹里。如果存在保密问题，一定要仔细处理。

书目。这很快就会成为一个单独文件夹。一旦书目成为一个单独文件夹，就需要在它里面有一个待做事项的子文件夹。但是，在中期阶段，你开始逐个对迷你型分析做书目。把那些迷你型分析的书目放在迷你型分析自己的文件夹里的话，效率会更高。对我来说，当我深入迷 154
你型分析的细节中去时，主要的项目书目就从我的意识中消退了。当我开始撰写最终文稿时，得重新去发现它。注意，完成项目时还会有几十个书目问题尚未解决，这很正常。

待做事项。这应该是一个持续的列表。你可能觉得自己能记住需要去做的事情，实际上做不到。哪怕是一个中等规模的图书馆项目都会很快变得非常复杂。让记忆休息一下，把所有的行动事项都写在待做事项文件夹里。待做事项无所不在：来自对设计文件夹的后续阅读和再阅读、半夜摘记下来的零星想法、未完成的研究阶段。保持待做事项的更新，你会很享受从列表中把事情划掉。实际上，这是有这样一个列表的主要目的。

想法。这个文件夹里是关于项目的实质性想法。它们是你将要分析并撰写的内容的萌芽。“也许美国社会学学会成立的真正原因是有些成员对于美国经济学学会的怒火”以及这类的事情。最后，这个子文件夹可能需要被细分，但一旦开始了迷你型分析，你会发现自己的想法在其中堆积起来。在任何情况下，无论何时何地你有了想法，都要把它们写下来。你永远没法把它们全部记住。

等待归档的东西。任何东西都可以扔到这里面——想法、待做事项、数据、注解等。然后经常闯进去把每一样都放到它该归属的地方。经常这样闯进去不仅能维持结构，还会提醒你很多已经被最近的想法和发现所覆盖的重要事情。它让你将注意力保持在组织工作上。对事物进行归档能经常给你带来新的想法，这恰恰是因为你的归档分类总是似乎有点错误。正是对那个错误的思考和解决推动了你的理论发展。

致谢。一个真正全面的项目会向很多人请教很多事情。保持一个帮助你脱困之人的总名单,在项目末尾会记不全每一个人。所以,当你受惠于人时,现在就做个摘记。在最终文本中进行致谢既不需要成本又显得很有礼貌。

(二) 研究设计文件夹

在主文件夹及其子文件夹之后,最重要的是研究设计文件夹;它为
155 项目提供了指南——这个论证能确保你在做计划中的研究时,能回答自己的基本谜团和问题。

提议:在文件最上端保持设计文档(在本书第四章中定义过)的当前版本。在你成为一个成熟的专业人士之前,应该一直创立一个正式的设计文档,即便成了专业人士之后,这么做也不无裨益。最重要的是,必须一直有一个启发着研究的基本谜团和问题的列表。实际上,应该牢记这些谜团和问题的当前版本。

保留项目设计的旧版本。它们会显示有多少已经改变了。这在电子版本中很容易做到,不过必须记得要给每个新的版本一个编号。顺便说一句,由于你将与其他人分享这个文档,所以不要给它命名为"图书馆研究论文 . doc"或"博士学位论文计划 . doc"。你导师的硬盘里已经有几十个带有这些名称的文件,她并不知道哪个是谁的。在文件名中使用你的全名:这样朋友和导师才能认出它来。

研究计划(包括日程)。这应该是个简短的子文件夹,列出:(1) 针对一级资料需要做的任务列表;(2) 计划去做的顺序;(3) 它们应该要用多久的大概日程。一级资料任务的例子有"仔细检查泰国行政性文件来发现所有妓院方面的报告""在 W. I. 托马斯的论文里查资料"或"复制并分析《纽约时报》从 1951 年到 1983 年所有周日填字游戏"。也就是说,有的工作是根据资料来进行组织的,也可以把不根据工作(比如资料)而是根据设计文件里的子问题来组织的计划放在这里面。

当你思考设计文件里的每一个单独研究问题时,最好把它的一个简单研究计划也放在一起。因此,对一个机构研究来说,可能要对“该机构的成立”勾勒一个研究计划,具体说明需要什么信息来讨论那个题目。

我对资料的关注表明,你可能不是根据研究问题来做一级研究,而是根据资料(特定的数据库、图书馆或档案)和资料种类(图书、手稿、档案、政府文件等)。但两种方法兼备来组织研究计划,不失为明智之举。建立在问题基础上的计划会帮助你知道什么时候就算完成某些问题了。而基于资料的计划能让人有效工作。但你得知道这两种做法是如何关联的。因此,最好是组织一个矩阵计划——资料与问题互相交叉。我会在后面关于“横向通道”的部分对这种矩阵进行更详细的论述。

保持不断将新的迷你型分析——不管是一级数据收集还是分析——的提议放进这个规划子文件夹也大有帮助。例如,“衡量所有组织项目的持续时间并进行比较”或“做一个矩阵展示为这个组织工作的人的所有联合著作权”。 156

(三) 日志

图书馆研究项目是复杂的。此外,它只是你业已复杂的生活的一部分。你会很快忘记自己已做的和尚未做的事情。因此,应该保持一个持续的日志来记录已经完成了哪些研究工作。这并不是非要说明你在哪个数据库使用了什么具体的搜索字符串(尽管这在早期阶段是个明智的做法)。但至少要为每个研究片段保留一个简单日志,用相当明确的术语说明你做了什么:例如,浏览了哪个索引,查看了哪个查找帮助。在一个大项目当中——其中的每个迷你型分析可能要花费一周或更长时间,可能要在迷你型分析里保留日志。

对任何组织性的东西来说,应该在日志中保留必要的细节的程度,别无他求。其目的并不是要保存一份完美的记录,而是为了避免重复可能已经做过的搜索和分析，并在主要研究日程表中保持项目进展的记录。如果你发现自己正在思索是否已经做过某项工作，那这就需要更加仔细地保留记录。如果你能在头脑中记住整个事情，那没问题。根据经验，你可能会保留一篇学期论文的相当粗略的日志，但一篇研讨论文或硕士学位论文需要更多细节，因为研究要花费几周甚至几个月时间。一篇大型研究论文或博士学位论文要花费数月或数年时间来完成，因此需要认真做日志。

（四）已出版资料文件夹

要为两种已出版资料保留单独的文件夹：一级资料和二级资料。

一级资料。对于你所研究的组织、个人、事件或任何东西的实际出版物，把它们进行复制用于研究。即使这些是电子版的，也要在文件夹中保留一个实际文档的电子复本，这样你扫一眼就能看到——不用点击也不用四处查看——手头有什么资料。不要在文件夹里放一个超链
157 接，去找一个 PDF 文档或其他的实际复本。当你在写作阶段需要对一个东西快速扫一眼时，会马上就想得到它。不要被永久性地址的概念所误导，这通常是数字对象唯一标识符（Digital Object Identifier，DOI）。数字对象唯一标识符仅仅是一个永久性的别称，由第三方所提供。它让文件的拥有者可以改变其内部名称而不用维护一个从旧名称变为新名称的转化词典。但这个拥有者在改变内部地址的时候仍然有责任通知提供数字对象唯一标识符的公司。（也就是说，仍然有一个转化词典，但它是被集中保存的，并且文件的拥有者持续地更新他们在其中的记录。）如果它做不到这一点，那么数字对象唯一标识符就不会奏效。所以，在文档里放一份实际文件的复本，而不是数字对象唯一标识符或（甚至更糟糕的）当前地址。

二级资料。包括你所研究的组织、个人、事件或任何东西的出版物，这些包括文章、图书中的注释等。再说一次，要拿到真正的复本，而

不是一个地址。

已出版资料文件夹必然是动态的。需要不时对它们进行重新归档和细分,以便把文件夹保持在一个合理规模。不管是通过实体的还是电子的方式做,都是同样的工作。但是,在一定程度上,身体力行会获得更多智力上的回报,因为你得真的处理文章并对它们进行物理性的重新归档。你必然要阅读一些资料,这样的阅读可以给你新的想法,如果仅仅在电脑里把文件拉来拽去,就不会发生这样的事情。记住,变得有组织性的很大一部分原因在于组织工作促进了你的思维,恰如书目编制(而不是简单的拥有书目)促进了思维一样。

(五)一级数据文件夹

一级数据文件夹应该根据资料结构来保存。如果需要的话,晚些时候还可以把所有的内容都再复制一遍并在分析文件夹里重新组织。这些资料的出处很容易会被弄乱,尤其当你是在网上找到它们的。要确保获得电子文件的来源和位置,对实体文件同样如此。特别是如果一级资料数量巨大,那就要保存一整套原始资料,并根据来源进行组织。

实际上,你可能想为自己从一个资源里获得的每一种基本类型的信息都建立一个单独的一级数据文件夹。例如,如果使用了一个档案中的三个不同收藏,就应该把它们分开保存。如果从一份人口调查数据中收集了三个不同的人口调查数据组,也应该把它们分开保存。当然,要为每个一般性的数据来源(档案、数据库等)保留单独的文件,因 158
为这会让使用记录非常直接。脱离基于来源的数据文件的问题在于可能会失去关于出处的信息。当然,可以只保留地址,并在网络上重新找到资料。不过,你往往无法找到它,因为来源页面已经改变了。

为什么我对出处这么执着?因为学术要求可复制性。在学术文章和著作中,密集引用和强迫性的研究活动显而易见,这正是真正的学术优于网络上所谓的“知识”的原因。研究活动使得一个人的作品可以接受其他专家的公开监督。正是对精确性和公开监督的承诺,让学术知识——有时枯燥之极——坚实可信,其方式是一般众包型专门知识所能企及的。众包方式有许多优点,但生产真正优秀的知识并不位列其中,除非这类群众本身是由专家组成的。但在这种情况下,这类“群众”有一个名称,我们称其为学科,当然它们根本就不是群众,而是训练有素的同侪所组成的学科团体。

再回到一级数据文件夹来——数据文档中有一部分会是你自己的阅读注解,这一点我已经在本书第七章里讨论过。但要记住,即便是阅读注解也必须包括所有必要的引用信息:有足够的数据来准确识别出来源。

一定要将你在做注解时所采用的任何习惯用法写下来,记在某个地方。(例如,我总是用“ltr”来代表 letter。你需要一个此类缩写的列表。)你在注解中使用的其他便捷方法也是如此——人名的首字母、组织的首字母缩略词,诸如此类。你可能觉得自己能记住所有这些事情,但你做不到。甚至值得偶尔将自己的注解通读一遍,以确保你还能理解它们。与此同时,可以写下任何已经开始忘记的缩写。在电子资料的时代,这种贴标签的做法可能不如以往那么重要。但尤其是当你去一个档案馆或其他场所做研究旅行时,那里不让拍照,就需要努力确保能迅速工作,但同时还要做好自己以后能破译的注解。

在一个真正外延型的项目中,你可能想要有一个单独文件夹收纳与一级数据有关的所有私人对话。这些数据可能是一级数据本身(口述历史采访)、关于数据可用性的对话、诠释。我的经验是,最好将有
159 关这些对话的原始注解放在一个地方,而不是散落在各个一级数据文件夹中。一定要把人名与他们的观点或建议关联起来。学术的责任——也是乐趣——之一就是记下他人的功劳。一级数据文件夹里面可能的子文件夹有:

业务。由于一级数据文件夹是按照来源进行保存的,它们可能需要分别的业务子文件夹。在这里保留所有的存取信息和任何你得填写的表格复本,用于获取资料并(如果你这么做过的话)制作其复本。存取信息应该精确而且详细,任何特定的版权信息也应如此,因为版权可能很重要。

版权的一般规则很容易阐述。对美国而言(当然,版权根据国家各有不同),1923年之后产生的任何种类的几乎所有印刷品或手稿资料(美国政府资料除外)都自动享有版权保护。任何人都不需要提交任何表格:正如律师们所说的那样,版权是推定的。正因如此,在最终文本中,你必须遵守某些关于这类资料的规定,不管它是出版了的还是手稿。根据"合理使用"(fair use)条款,简短的引用(short quote)是没问题的(当然,它们也可能会受到特定档案馆或收藏集规定的管制),不过较长的引用或任何会造成潜在伤害的引用就需要来自版权所有者的正式同意,这个版权所有者往往并不是档案馆,而是作者的继承人。"简短的引用"是指一篇论文、评论或其他二级作品的论述所必需的几行(或可能是一段)。而版权的核心问题当然是伤害或损失——各种各样复杂的法律概念。如果你对自己是否有版权问题心存疑虑,去咨询你的导师。这个问题比你可能想象的还要重要,因为虽然一篇课程论文被认为是教育性的而不用受到出版所带来的任何版权限制,但将完成的论文放到一个网站或博客上面实际上就是出版,真的会引起版权问题。

复本。将你从档案馆、政府、组织或其他来源中复制来的资料放在这里。在大多数档案馆和组织中,正式文本申请表通常会指定资料所在的箱子、文件夹等,但应该在实际的注解中记录下自己获得了这个或那个文件的复本,以求额外的保障。有时候,要将你的手写注解和复本对应上可能都有困难。我发现最好是在复印件本身上写明出处。对正在迅速成为档案研究的标准工具的数码照片来说,情况只会更糟糕。

将图片的复本存在一个单独文件夹中,带有清晰的日期、档案名称(或
160 其他来源)和正式的引用信息等标识。当你对一个新的箱子或文件夹中的实体资料进行拍摄时,一定要做好记录,因为你要提供信息来指导读者前往你所拍摄资料的精确位置。

保存数字化收集来的数据的出处信息尤其困难。仅仅是拖放一些文件的 PDF 格式文档很容易,但如果你是在从事本科生以上层次的工作,就必须能够识别出任何文件来自何处。还没什么迹象表明严肃学术界将开始承认将网站作为明确的引用来源。那是因为网站上的信息可以并且的确会变化,如果你在"2009 年 1 月 3 日"进入过一个现在已经改变的网站,知道这一点对任何人都没什么用处,因为读者得去网络档案里核对参考文献或取回信息。

(六) 分析文件夹

分析文件夹是对一级资料的重新整理、裁剪和检查。理想情况下,你给每份一级资料制作一个复本,并把它们剪开,在你为一个特定的迷你型研究所建的分析文件夹里进行组装。对于计算机文档来说那很容易,其中最重要的是你的注解。只需要把它们重新打印出来,如果有必要就剪成小纸片(现在你知道为什么每个单独的注解上面都得有引用数据了吧,否则把纸张剪开后注解就失去它的标识了。)接着可以把小纸片放置到相关的电子或实体文件夹里。

因此,比如在我的关于《美国社会学学刊》历史的项目中,我的文件夹有着诸如"编辑的话""订阅""书评""作者"之类的名称。当我耕耘于历任编辑的论文时,随着我读遍一位编辑的原稿集的文件夹,我在每封信上敲入了连续编号的注解,在完成后,又打印出全部东西,然后简直就是把纸质复本剪开(每封信的注解都自成段落,有其出处信息)并把这些小纸片分配到各个分析文件夹里,我在那里把它们订在一张张的空白纸上。你也可以用复印的文件这么做。

在电子归档环境下，剪切和粘贴（你明白它为什么得到这个名称了吧）是同样的。如今我可以做与全面电子化之前同样的事情，只要将那些信件的注解粘贴进每个“文件夹”里的单独文档中。（再说一次，我会非常确定出处信息与资料在一起。）这有额外的好处，我可以把一封特定信件的复本放进不同的文件夹中。

但与此同时，多重复本是通往毁灭的快车道。对每个东西都看到四五个可能的兴趣点是很诱人的——因此就有四五个可能的归档。不过，把每个注解复制5份并分配到5个不同的文件夹里，会逐渐有悖建立文件夹的初衷。这会朝着仅仅是把所有东西都来上5份的方向发展，一切都成了一锅粥；就像给一个东西贴上太多标签，或一张国会图书馆卡片上有太多主题标目。坦白说，我几乎从来不会在超过一个以上的分析文件夹里有一级资料的复本。因为我在最终文本中不太可能两次使用一个特定的东西，我可能也会接受把最重要的分类作为唯一的分类，并就此了结。再说一遍，就像所有的层级分类一样，记住一些额外的交叉参考比把数据视为一个连续网络更为容易，在连续网络中，每张小纸片的数据在一定程度上都与每个题目有关。 161

分析文件夹的名称或类型将由研究对象来决定。你可能想要有文件夹是针对个人、组织、特定事件、办公室、工作表格、重要情节以及各种各样的事情。随着项目向前推进，你会想明白需要什么。

下面是一些特别种类的分析文件夹。

传记类。不是所有的传记信息都来自一级资料或网络。记住，传记来源为数众多。在名人录、各领域索引、手稿人口统计等当中，会找到几乎每个人的大量细节。《美国图书馆协会指南》中有很好的列表告诉你去哪里找。谷歌搜索也可能有用，不过网络信息可能不太可靠。世界传记信息系统（World Biographical Information System）如果收录了你要找的人，那是非常优秀的来源，并且应该成为首先要依赖的；它有超过600万人的已出版传记信息的PDF文档。在任何情况下，大部分传记信息会出自一般性来源，而不是手稿资料（除非你的题目基本是这个人自己）。如果有需要的话，在传记文件夹里建立子文件夹；照例，不要让任何单个的文件夹变得太凌乱。

组织类。对于国家级组织来说，在《协会百科全书》或类似的但更为专业的资源中有"传记般的"介绍。我先前指出过，这本百科全书的信息可能有错，特别是因为过去的信息向之后各版本的例行迁移。对于地方组织、国际组织和国家组织的细分部门来说，二级信息可能更为困难，尽管近年来《协会百科全书》已经进行了扩充，把它们也收录进来了。记住，还没有一个可以想象得到的商业计划在尽心尽力地让这
162 种信息做到精确方面超过世界图书馆联机目录的。所以不管你在《协会百科全书》里找到什么，都需要验证。如果必要的话，在涉及一个组织、相关会员列表、出版物、细分部门、工作、日常活动、事件等里面的主要人物时，要为其建立子文件夹。

数据库分析类。你的一些文件夹将是数据文档和/或特定的一级事实资料集的分析。这可能是案例统计数据、出勤记录、发表模式、网络数据、陪审团统计数据或其他什么。有时候这个数据直接来自一级资源，有时候则要经过计算或从中提取。对于这样自给自足式的迷你型分析，如果不是太多的话，就要将数据和分析资料放在一起。本书的第九章中会讲到，可能需要单独的子文件夹，用于诸如编码约定和决策、提取或构造数据的规则、关于分析类型的注解、数据库复本或（如果你写了任何代码去执行这项工作的）计算机程序（或你自己在分析数据时所遵循的分析性算法的记录）此类的东西，当然，还有结果。基本上，数据库分析文件夹看起来应该像是一般性定量项目的文件夹。任何复杂的分析性工作——相当于并包括正式的定量分析——的记录，必须和你的档案记录同样好。它们应该足以好到让你能够在几周或几个月之后回去还能够毫不犹豫地复制任何正式分析。

(七) 写作文件夹

写作文件夹是直截了当的。按小节或各章来保存它们。尽管我在电脑上写作,但即便写作进入第二稿或第三稿,也仍然保留着可以加工的纸质复本。电脑屏幕编辑在速度和深度上都无法与纸面编辑相提并论。(此外,屏幕编辑产生了啰唆的,而不是简洁的文本。)例如,这本书原稿的最后五次编辑审核就是在纸质复本上完成的。

在结束这一节之前,我要提醒你,进行组织工作是为了帮助你,而不是让你负担过重。维持一个足以帮你迅速找到任何东西并能为分析提供一个坚实基础的文档结构就可以了,但不要超过必要的范围。

不管你采用什么文档系统,最终都会失控。我是一名非常有组织性的研究者,但即便这样,我也几乎总在过了一阵子之后失控。在中期阶段的后期,我会逐渐放下所有事情,专心写作。我为自己最后的迷你型分析保持着必要的归档,但忽略了主要文档。其结果就是,我的所有 163
项目在结束时都还有未归档的资料、没有跟进的线索、臃肿而被忽视的待做事项文档等。归档不是目的,它是为了帮助你思考和写作而存在的。

二、组织

维护项目的组织意味着维护文档并密切关注自己正处于进度表中的哪个位置。但在做这些事情的过程中,你是通过发展受控词汇表和“横向通道”对项目进行重要的智力劳动的。

(一) 受控词汇表

一旦项目开始运转,一级资料和二级资料以及注解、参考文献等其他东西就会像洪水一般蜂拥而至,所以必须将这些资料都引导到文档之中。在发展自己的归档系统时,需要把你自己的个人关键词与放进文档中的每个事项关联起来。在纸上直接把它们写在页面顶端。如果是在虚拟环境中,可以把它们作为标签附上,或作为文本文档中的标头。例如,在《美国社会学学刊》历史那个项目中,我一开始将"编辑的话"作为一个文档和项目早期的关键词,因为最初的编辑在任何事情上面都亲力亲为。后来我得将它细分为"编辑政策""编辑工作"和"编辑关系",因为后来的编辑行事风格非常不同。再举一个例子,让我们回到厄瓜多尔的自然权利那个项目上面。在这样一个项目中,可能要从权利这类词汇的标目着手,但会逐渐意识到还需要讨论这些文件是否涉及保存、保护、共生或其他这类概念。也就是说,随着项目的演进,新的观点变得重要了。其结果就是,你可能得回过头去写下一些新的关于文件的关键词,甚至可能想要启动一些新的文档。通过不断阅读文档中的资料并思考它们说了什么、忽略了什么以及它们是如何阐述清楚的,就能创立一个可靠而且严谨的词汇表。

个人受控词汇表将会成为分析的基石。受控词汇表的概念在本书第三章提出过。但先前那个索引编制的讨论是从寻求参考文献和书目的用户的视角出发的。这里,我们从索引编制者的角度出发,因为作为一名分析者,你必须是自己资料的索引编制者。在某种程度上,这只是
164 认知上的便利,正如我们已经看到的:你无法记住每份资料的位置,并且在任何情况下,这么做都是在浪费宝贵的脑力。但实际上,你为自己设计的索引将不仅体现在你的文档组中,还会成为分析的基石。这个可靠而且严谨的词汇表由一组概念组成,它们准确地描绘了你所发现的所有资料的特性。这个词汇表来自对文档的思考、来自你对一级资料进行研究时产生的随机想法,来自千百个微小之处。毫不夸张地说,我自己的第一本书实际上就是把受控词汇表用语句写下来的产物,我在四年或更长时间中阅读了数十个职业方面的研究,在此过程中发展出了这个词汇表。

受控词汇表会在某种程度上超越你的观点文档。在项目开始时，这些观点文档只包含随机的想法:“红十字会的成立在巩固文明社会方面扮演了重要角色，是这样吗?”“创立一个组织更大程度上是与设立一个界限有关，而不是创建一个组织结构图。”“可能法农(Fanon)更多地被认为是一名精神病学家，其思想受到了他在阿尔及利亚的经历的冲击，这多过他作为一名纯粹的社会理论家。”当这些事情一整串地堆积起来之后，它们就能被划分进各个子类，而你会开始看到贯穿其中的重要词汇:理论家、界限、组织、成立。你可能最终会把“成立”重新定义为两个单独的关键词:发起和制度化。当你担心如何描绘数据的特性并对其进行分类时，就是在创立自己的理论了。

你的观点文档会稳步增长，所以需要不时对它们进行分类。你可以最终把一些特定的概念分开，让它们自己成为数据文档的主题。不过，更常见的是，那些被并入项目关键词的观点会成为抽象概念。你需要不时坐下来思考这些想法，尝试把它们置于一个更正式而且严谨的相互关系中。(可能到了做点思考式阅读的时候了?)

当然，这种新出现的并且还在变换中的词汇表应该在必要时用于对放入文档的文章和数据进行索引，这样它们就能被轻易地辨认出是同这个或那个抽象概念相关。记住，许多文档要根据其来源进行保存(“所有资料都来自 X 期刊”,“全部资料都是从财政部文件中搜集到的”等)。这样一来，对一页文章或一个文档中的关键词进行的(纸质的或电子的)快速摘记就会提醒你有一个特定的文档会对一个特定题目很重要。(那样有时候就能够避免创建我在本章前面部分讨论过的拥挤不堪的分析文件夹。)在项目向前推进时，通过进行这种索引编制和评论工作，迫使自己给资料分类;你会不断改进对项目的想法，并制 165
定如何指导下一步努力的策略。所有这些事情都在打造智力机制，让最终文本的写作变得非常直截了当。

如果你在进行一个以上项目的研究或在撰写由几个部分构成的博

士学位论文,你可能需要一本想法笔记本。如果没有的话,你应该准备一本。从个人角度来说,我会用纸质笔记本,记录我在进行几个项目时产生的想法,并带有主题索引,因为我像大多数工作中的学者一样,逐渐建立了一套自己的非常通用的受控词汇表。我在自己的笔记本上进行手写,因为我发现把一个想法实际书写下来的工作让我更加认真地对待它,使我能更多地对它进行思考,使其更加深入我的更深层次关联库中。不过,你当然也可以用虚拟形式保留一个笔记本类型的文档。

不管是采取数字的还是实体的形式,笔记本的关键是索引编制,而索引编制的关键是一边向前推进一边做。每一个新的页面或其他种类的思考单元都应该在其顶端有一些受控词汇表术语。如果新想法或观点并不属于活动页的某个受控词汇表术语之下,那就用适合这个新观点的新受控词汇术语开启新的一页。你会发现自己马上就有了好几个活动页。

当你有了一个新想法,就去翻看笔记本,找到处理你目前这个想法的主要受控词汇表术语的第一页,并且有足够空间来写下这个想法。(如果是电子格式的,空间当然不是问题;但即便是我最懂科技的学生似乎都保留着手写笔记本。)接着把想法写下来,与此同时,在页面顶端的列表中输入适合这个想法的任何新的受控词汇表术语。但最重要的是,还要将页码添加到书末仍在发展中的按字母排序的受控词汇表术语索引里。这使得笔记本持续不断地按主题编制索引,其中的想法根据受控词汇表术语进行分组,而不是绝对分离成独立的页面。在任何时候,如果想要看关于题目 X 的想法,你就可以去书末查找该题目所在的页码,然后去读这些经过索引的页面,那里不仅有这些经过索引的想法,还有一些相近的想法可供浏览。

如果在电脑上保留着一个笔记本,这个方便程序就很简单,只要把任何新的想法添加到对应的主要受控词汇表术语所统辖的“页面”(笔记本文件的部分)。它没有手写笔记本那样非常随机的浏览密度,但非常充足。关键事项是要在页面以及持续进行的书末那样的索引中坚持不变的、一直进行的索引编制活动。然后你就有了关于一个题目的 166
所有想法,任何时候都可以马上获得。它不是通过简单的词汇搜索,而是通过自己有意识的思考和索引编制实现的。

(二) 横向通道

组织工作的关键是受控词汇表,它出自你的想法和文档系统,文档系统是从资料本身发展而来的。不过,尽管你在某种程度上是通过文档系统的工作建立了受控词汇表,但这两种组织形式并不完全一样。大多数受控词汇表术语却是抽象概念,它们与你的理论性谜团以及一般性研究问题密切相关。(的确,它们可能会带来重要的方式,你借此可以对理论性谜团和一般性研究问题进行重新措辞并加以改进。)但它们不是数据文档(大多数根据来源类型进行组织)或分析性文档(根据分析类型进行组织,我们在本书第九章会看到)的组织原则。因此,这就产生它们之间的横向通道的问题。

横向通道是来自数据库管理中的术语。它指的是一组连接,能让一个数据库自动得到重新编码进入另一个数据库的类别中。当人口统计局在一项新的人口调查中改变了职业分类时,就得在新旧分类之间创建一个横向通道,使学者们能够对两个不同的人口统计进行比较:在旧分类当中的“会计师和簿记员”可能在新类别中会被分为“会计师”和“簿记员”,或被分为“公共会计师”“企业会计师”和“簿记员和办事人员”。所以,在一个人口调查中编码在一起的两个人可能在下一个人口调查中就要分别编码,反之亦然。

在一个图书馆研究项目中,你有两个基本“数据库”。其中一个是一组具体的研究问题,发自经验性谜团和理论性谜团以及它们所制造的一般性研究问题。另一个是你随着研究开展而找到(或通过分析所创造)的一组来源(以及后来的分析)。在项目开始时,你的横向通道仅仅是所有特定研究问题(作为行)穿过所有拟议的数据来源(作为列)所组成的一个阵列。显然,每一行都至少需要一个数据来源,多于一个则更好。相反,任何一列对于至少一行都是有用处的。(如果你觉得自己有这样一列的话,那么它表示你忘记把一个重要问题包括进来了,需要明确阐述它。)但在一个组织良好的项目中,大部分数据来源都跟一个以上的问题有关。

167 这个最初的横向通道是纯粹推测性的。它预测了哪个来源会回答哪个问题,但实际上它并不肯定知道。随着项目的开展,你会发现自己的数据——更重要的是用那些数据所进行的分析——逐渐地与你的问题想要影响的结构发生抵触。它们并不非常相符,没有回答你想要回答的问题,而是回答了下一个问题。它们表明这是个错误的问题,并可能会把你所分离的三个问题放在一起,然后转变了结果所呈现的方式。与此同时,新的受控词汇表将会表明对问题本身进行重新叙述和重新构建的方式。

换句话说,你会预见到自己的谜团与真实世界之间的一种关系,但在很大程度上还会发现另外一种关系。对横向通道的关注解决了这种不适合。你必须不断将自己的具体研究问题重新改动成更接近新的受控词汇表的术语,也可能需要重新打造具体研究问题本身,将有些具体问题捏合在一起,或者把其他问题分开后与新的一般性研究问题相关联。你还需要根据受控词汇表中的术语对它们进行重新阐述和重新构建。的确,通过分析可能会发现一些全新的具体研究问题,需要添加到设计中。因此,在想法-术语和资料之间发展一个更为复杂的横向通道,就意味着对设计文件中最初预计的逐渐聚焦、细化,并在很多情况下还要加以修正,而其特定研究问题如果得到回答的话,你就能解决提议中的谜团。

我在上面说过,在最初的纯粹猜测性的横向通道中,每一个问题都至少有一个列-来源会提供能回答这个行-问题的信息。大体上,这个矩阵中每一个被填上的单元格就是一个迷你型分析，是一个特定而有限的体量的数据收集和分析，根植于一个特定的来源中，与一个具体问题有关。在下一章，我们会具体谈到一些类型的迷你型分析，但我想在这里强调，通过发展这个由问题与来源相交的矩阵，就将大型研究项目拆分为较小的、更灵活的小块——迷你型分析。

进行这些迷你型分析逐渐会改变横向通道本身。如果你是一个在熟悉领域工作的经验丰富的研究者，就能忙里偷闲处理这些变化。你可能会有一个非常稳定的受控词汇表，并可能已经养成习惯，确定自己随时拥有（或可以获得）需要的证据。我倾向于在项目向前推进时生成自己的横向通道，而不是将力气花在一个建立在纯粹猜测基础上、我自己都知道将会被证明是错误的初始横向通道上面。但即使是那些在 168
写博士学位论文的学生，如果他们一开始对其问题的可能数据来源就没有一个清楚的详细说明的话，他们总是会迷失方向。

所以，你可能应该创建一个实际初始横向通道文件的最起码的概略版本，表明你打算用哪个来源去回答哪个问题的哪个部分。在纵贯整个项目过程中，随着你的思考重塑了各行——各种研究问题——甚至那些研究问题所呈现的观点术语，应该不时修订这个初始横向通道文件。

这种连接相当强烈地依赖于一个特定的行-问题和一个特定的列-来源。这些就是迷你型分析，它们构成了图书馆研究的分析性核心。

第九章　中期分析

169　分析意味着对收集来用于回答研究问题的资料所进行的组合、检查和解释。它在中期阶段较早时候开始，持续到项目结束。正如图书馆研究的其他活动一样，分析也是非线性的。

用专门术语来说，分析意味着对各种数据进行预加工，这样它们就能够被综合成书面文本，证明经验性谜团和理论性谜团。对资料的预加工越多，就越容易开始看到它们是如何彼此相关的。最终就会很清楚，这些相关的资料是如何能互相连贯在一起，成为对你所研究的情况的连贯解释。这种合成会在中期较晚时候逐渐发生。

这个逐渐的结合有三个来源。第一，它来自我们在本书第二章所看到的行动中的合成视觉的类型。这个视觉根植于艺术和启发式教学法，它是一种以新的方法观看旧事物的技能。对此我已经在其他地方详细描述过，就是在《发现的方法》（*Methods of Discovery*, New York: Norton, 2004）这本书里。所以我不打算在这里再讨论。

第二，资料的逐渐结合来自写作本身。写作有一个逻辑，会开始独自形成论点。的确，许多学生觉得他们只有通过写作才能发现论点。我们会在本书第十章中讨论写作过程。

最重要的是第三，将资料清楚地阐明为更大的解释和论点是在我一直称为迷你型分析的过程中发生的，这个预加工活动解答了具体研究问题或系统地准备好数据，这样它就能更容易地去思考更大的问题。

在本章中,我会详细讨论这些“垫脚石”。[“迷你型分析”这个词是我的学生戴安娜·金(Diana Kim)创造的。]

迷你型分析针对一个具体研究问题,以一组有限的研究行为在有限时间内完成。因此,在本书第二章中,我对20世纪美国学者所做的 170
人口统计是一个迷你型分析,我对研究型图书馆统计数据的组合也是。每个迷你型分析都是具体而有限的研究活动,针对一个非常简单而特别的问题,分别是:有多少名学者?他们从事研究的图书馆有多大?当你向前推进时,通过从事这种划定界限的活动,不仅把分析性问题分解成了可以执行的小块,还发现了项目其他部分的进一步线索。此外,一个完整的迷你型分析将会支持文本写作;在锤炼出设计文件之后,你所写下的第一段就会是迷你型分析的文字。

本章涵盖了四大类迷你型分析:时间表和传记、分类和概括、数值分析、内容分析。说得不那么正式一点,你可以将数据按照顺序放置,可以分小组放置,也可以定量分析数据,不管它是数值的还是文字的。我会举许多例子,因为不可能靠抽象叙述就能理解这类分析。这些例子可能会显得过于详细,但这是为了表明分析过程的复杂性。

一、时间表、传记、叙述

时间表和传记既简单又复杂,是迷你型分析的第一种基本类型。这种类型讲述的是一个系统性的故事:在时间表的情况下要精简,在传记的情况下则要更加详细些。时间表是故事的最简单形式,是一个根据日期排列的事物列表。对于任何一位在你的探究中特别重要的人,有一个此人生活或职业生涯的时间表总是很有用。在中期的早些时候,当你还没有进入真正的细节时,做时间表是一项很好的工作。

相比之下,一群人的时间表可能就要复杂得多。你可以在一页上面垂直堆积个人时间表,互相叠加,时间流向右边,每个人都按照他们时间表的开始日期排序。这给了你一个即时参考工具，显示了人物在任何时刻的相对年龄和经验。比如，曾经在某一个学术系所工作过的教授列表，就是一个例子。

表 9.1 提供的是我所在的系从 1966 年到 1976 年的人数统计，去除了名字（不相关，尽管它们的确会告诉你，其中只有 2 位女性）。等级以数字表示：1 指教授，2 指副教授，3 指助理教授，4 指辅导员。个人职业生涯横跨各行，因此，每一年系里的成员就在列中显示。本系的人数统计在表 9.1 中显示得十分清楚。这些横排的内容告诉你芝加哥大
173 学对待它的助理教授很苛刻；我们看到了对连任的否决（助理教授的三年或四年任期）和对终身教职的否决（助理教授的六年任期）。几位年轻资深教师的重要离职在相对后来的博士所担任的教授们缩短的任期中很显眼。（在较早获得博士学位后的教授们任期缩短意味着退休。）而在流入这一边，我们看到聘请优秀的外来学者担任全职教授的数量超过了助理教授。我们还看到招聘激增，本系喜欢招聘自己的毕业生。表 9.1 中显示的内容作为一个整体马上就使全部事实不证自明。

显然，你可以创建类似的密集的时间表，并将它们结合起来用于跟项目相关的重要组织：非营利机构、立法机关、教派、产业公司。的确，组织不像个人，它们可以合并和拆分。但这些是意外情况，你可以将合并或拆分的组织放在垂直数列中相邻的地方加以解决。

你还可以制作事件时间表，将它们细分为子事件和阶段，并且，可以将那些时间表跨越事件或其类型进行组合。因此，有一名对研究阿根廷社会政策动态感兴趣的学生，在一个时间流程图中把事件叠加排列在不同的政策领域（住房、出口、劳动力等），就像上述的单个社会学家的职业生涯那样。这既提供了在任何指定的政策领域中（从左到右）事件演变的可比较概览，又提供了在任何指定期间同时发生的事件集合（垂直地）。

表 9.1 美国部分大学系所人数统计(1966—1976)

拥有博士的学校	拥有博士年份	1966—1967	1967—1968	1968—1969	1969—1970	1970—1971	1971—1972	1972—1973	1973—1974	1974—1975	1975—1976
明尼苏达大学	1932	1	1	1	1	1	1	1			
芝加哥大学	1939	1	1	1	1	1	1	1	1	1	1
宾夕法尼亚大学	1940	1	1	1	1	1	1	1	1	1	1
芝加哥大学	1948	1	1	1	1	1	1	1	1	1	1
密歇根大学	1949	1	1	1	1	1	1	1	1	1	1
普林斯顿大学	1950	1	1	1	1	1	1	1	1	1	1
哈佛大学	1950	1	1	1	1	1	1				
哥伦比亚大学	1952	1	1	1	1	1					
芝加哥大学	1952	1	1	1	1						
哈佛大学	1950	2	2	1	1	1	1	1	1	1	1
芝加哥大学	1958	2	2	2	2	2	2	2	1	1	1

续表

拥有博士的学校	拥有博士年份	1966—1967	1967—1968	1968—1969	1969—1970	1970—1971	1971—1972	1972—1973	1973—1974	1974—1975	1975—1976
哥伦比亚大学	1956	2	2	2	2						
哈佛大学	1955	2	2	2	2			1	1	1	
芝加哥大学	1961	3	2	2	2	2					
密歇根大学	1962	3	2	2	2	2					
密歇根大学	1963	3	3	3	3						
哥伦比亚大学	1967	3	3	3	3	3	3	2	2	2	2
加州大学洛杉矶分校	1967	3	3	3							
普渡大学	1955	3	3	3	3						
芝加哥大学	1965	3	3	3	3						
芝加哥大学	1964	3	3								
哈佛大学	1969	3	3								

续表

拥有博士的学校	拥有博士年份	1966—1967	1967—1968	1968—1969	1969—1970	1970—1971	1971—1972	1972—1973	1973—1974	1974—1975	1975—1976
耶鲁大学	1957		2	2							
芝加哥大学	1966		3	3	3						
伊利诺伊大学香槟分校	1966		3	3	3	3					
约翰·霍普金斯大学	1970			3	3	3					
康奈尔大学	1970			3	3	3	3	3	3	3	3
芝加哥大学	1971			3	3	3					
哈佛大学	1976			4	4	4	4	4			
哈佛大学	1966				3	3	3	3	3	3	2
芝加哥大学	1952					1	1	1	1	1	1
宾夕法尼亚大学	1970					3	3	3	3	3	3
芝加哥大学	1981					4	4				

续表

拥有博士的学校	拥有博士年份	1966—1967	1967—1968	1968—1969	1969—1970	1970—1971	1971—1972	1972—1973	1973—1974	1974—1975	1975—1976
芝加哥大学	1953						1	1	1	1	
芝加哥大学	1956						1	1	1	1	1
芝加哥大学	1960						1	1	1	1	
芝加哥大学	1962						1	1	1	1	1
北卡罗来纳大学教堂山分校	1971						3	3	3	3	
密歇根大学	1971						4	3	3	3	3
华盛顿州立大学	1966							3	3	2	1
哈佛大学	1972							3	3	3	3
哈佛大学	1965								1	1	1
哥伦比亚大学	1955								1	1	1
加州大学伯克利分校	1960										1

注：本表基于由杰拉尔德·马韦尔（Gerald Marwell）根据艾琳·约克（Erin York）提供的数据所制成的表格整理而成。

在将许多信息组合成综合时间表时,有一些基本规则。第一,要设法让时间频率看上去有规律,它应该一直占用相等的空间。(大多数电子表格不会这么做,除非你强行让它这样;它们会占用包含文本所必需的空间,不管是多少。)第二,将主题区域分开。例如,在厄瓜多尔环境权利项目的时间表中,与石油相关的事件可能会划分为法律变动、与当地人权利相关的变动、与国际大环境有关的变化,它们在一组水平层叠的时间表上显示为三个条带。第三,在那些条带中,应该将多少有些即时性的东西与比较持久的东西分开。事件往往是转瞬即逝的,可以在单个的从左至右的时间表上标记。但一个组织会在成立之后持续,你可能想用一个持续的条带来表示它,而不是单一的日期。最难表示的是我们可能会称为“流行”的东西:没有实际日期的背景现实,却捕捉到了潮流或具有重要性的背景事实。假设你在写关于医学的文章,想要表示一种预防性医疗操作逐渐被另一种所取代。(之前提过的宫颈刮片 174
检查项目中需要的就是这个。)你可能会使用一个缩小中的条带来表示这个消失中的操作,而用一个扩大中的条带来表示新兴的操作。

正如图书馆项目的任何活动一样,你为自己的时间表选择的选项会为具体的谜团带来最大用处。你想把最相关的信息——而不仅仅是大部分信息——汇集在一个地方。在一个项目中,可能想要把组织而不是主题领域放在一起。在另一个项目中,你可能聚集的是一群个人。(有了电子表格程序,你可以用多种方式对显示的内容随意进行重新安排。)

对潜藏问题的回答很可能会通过一个精心设计的复合时间表而变得很明显。但时间表只是迷你型历史的梗概。当我们开始给它们添加内容,我们称其为传记。我们都熟悉个人传记的概念,对于项目中一个或多个特别重要人物的详细的短篇传记来说,明显可以选择用于早期的迷你型分析。但横跨多人进行这种传记的系统性比较则要强有力得多。它被称为群体传记学。群体的历史学家经常通过群体传记学,着手发展出许多单个人的简单传记性研究，然后将它们融合成单个的综合性分析。

我在博士学位论文里自己这么做了两章，研究了精神病学家在我设定的期间可以担任的四个专业职位：精神病医院院长、医院助理医师、疗养院主任、门诊精神科医生。每个职位的研究都由从许多个人的生活中提取的信息所支撑，这些信息是我用一页纸的表格从各种来源那里获得的，表格上有姓名、任期、医生的受教育程度、雇佣关系、出版物、特殊经历等。我花了几个月时间为大约 1 000 名医生创建了这种经过提取的人生履历，它们来自名人录、讣告等。在做这件事的时候，我记下了数十种职业意外情况，并给它们分类，这使我对最常见的工作变动和典型的职业生涯有了一种直觉。我还意识到自己需要（也可以很容易做得到）对那些在几个重要机构之间迁移的个人所形成的链接进行一个简单的人际网络分析（同一家雇佣单位会一再出现）。而实际上，这两章的写作——100 页——非常容易，提出了我通过对那些表格数据的解读而得出的几十个发现。通常，在图书馆工作中，收集和解读数据是进行分析的最好方式。的确，我本来还可以
175 做更多工作将整个数据组都量化，但那对解读指令增效甚少，而我仅仅通过记录下对几个传记资料来源进行强力作业所取得的数据，就已经获得了这种解释。

当然也可以为组织和组织群体做这种传记。就此而言，对社群也是可以的。我的博士学位论文的另一章中包含了对波士顿、纽约、费城和巴尔的摩的精神病学和神经病学专业社群的迷你型分析，每个这类社群"传记"由已出版的、档案馆的以及个人传记性的数据经过组合发展而来。将一个大项目拆开变成这种较小的任务，有助于你着手进行分析。

但是，要为一个实体领域或社会领域撰写迷你型分析更难。例如，你可以对堪萨斯市的劳工关系开展研究，并通过诸如建筑行业、制造

业、服务业、政府部门等各个单独领域的"传记"来进行。但什么是"建筑行业"？跨过这些界限的会员制或劳资谈判争论是怎样的呢？关于这些雇佣部门本身的机构，有多少信息是必要的？迷你型分析的一个优点就在于它是有界限的，而"领域传记"则有着特别没有界限的特性。这也许就是为什么我们有这么多了不起的著作是关注组织的；它们有鲜明的边线。（例如，在这个案例中，可以围绕特定的工会来组织研究，这比围绕着工作和雇佣领域来进行研究要容易得多。）

然而，虽然这种"领域传记"可能不容易，但如果能完成，它就会是特别强有力的。你可能会回想起在本书第二章中讨论过那篇论文的写作，根据美国图书馆协会的《工具书指南》各个连续版本中所列出的工具创建了"参考书领域"的"传记"。我为几百本参考书列出了出版日期（列在左边，以便分类），然后是一个空格，接着是一个短标题和作者（如果有必要的话）。图 9.1 是这个原始数据的一个例子，还没有经过编辑或拼写检查，所以你不要以为我的笔记是没有错误的。这些"领域"（在这个例子中标目是"百科全书""词典""学会"）来自原始文件，因此是出自图书馆馆员之手。但我后来将这些参考工具完全重新分类为连续书目、图书书目、博士学位论文、档案、政府文件等。我试图理解图书馆馆员的分类是如何逐渐转变的，从中引发了我所感兴趣的"领域"的全新定义。

从这个原始数据文档中，我制作了根据时间分类的数据版本以及根据新类别进行分类的版本。在这些经过处理的列表上，我给那些在论文里描述过的时期做上了（手工）标记。我在撰写参考书部分时所使用的最终文字文档有 21 页，单倍行距。它非常详细地包含了上溯到 178
20 世纪中叶的参考文献情况。各种形式的"分析"（分类、重新分类等）总共大约要花两周时间，一旦原始列表通过强力作业产生之后，再花几周时间兼职做就可以了。经过全面分析的数据产生了一整套参考工具的"领域传记"，支持着我对每个时期的研究经验的讨论。

ENCYCLOPEDIAS:

1818-	allgeneime encylopaedie der Wissenschaften und Kunste 170 vols
1866-90	Grand dicionnaire universel Larousse 1866-90 17 vols
1875-88	Britannica 9 24 vols
1874-99	universal cyclopedia 12 v. (seems gone in 1923)
1885-1902	Ia grande encyclopedie 30 vols later (1923) sold by larousse. Winchell still loves it.
1892-5	Brockhaus encycl 17 vosl. retited 1923 konversations lexikon this was the 14th edition. the first is 1796-1808
1903-4	first edition of americana(not mentioned till winchell)
1911	Encyclopedia Britannica 11th ed.
1914-1916	new international encyclopedia competitor with americana
1913-20	Encyclopedia Americana
1928-35	15th edition of Brockhaus. first since 1890s.
1929	Encyclopedia Britannica 14th (winchell recommends 9. 11. 14 ALL be kept.
1929-37	E. Italiana. fabulous for its illustrations 35 vols.
1949-50	Colliers-a junior college encyc. -note that winchell is starting to make these diffs.

note that english lan encyclopedia world changes greatly in 1923 period
larousse is differentiating into several different sizes.

note that winchell gives long edition histories of the major Encyc.
she also discussses annuals to encyclopedias-which continued or were in the "events of the year" "ideal chronicler" approach. I have put these under history.

DICTIONARIES (mostly English only. The basic Fr d is petit larousse.):

1854-1940	Grimm brothers. D. woreterbuch. 16 vols. still incomplete in mid 20th. like OED. but not as detailed on pronunciation. less systematic use of quotes and work on etymology.
1873-78	Littre. Emile. Dict de la langue Franc. 4 vols. some etymol
1888 ff	OED (up to K by 1902) (to TH by 1923) (finished in 1928. with suppl vols or dicts covering 1. middle English. 2. american. scots. 4. new words
1889-91	century dictionary and cyclopedia(put in 1902) 12 vols incl cycopedia of names and atlas winchell thinks this the best encyc form of dictionary latest ed as of winchell = 1911 in 12 vols
1891	Webster's latest (from 1828) (dictionary with biographies. gazetteer etc
1891	Worcester's dictionary newed. (gone by 1923)
1893	Funk and Wagnalls first ed (from winchell)
1909	Websters new international first ed.

1911	first ed of fowler
1913	Funk and Wagnalls standard dictionary- current, spelling reformed to some extent not revised by 1951, w says OK one vol work
1928	completion of the OED
1934	websters New int second ed, divided page, useful.

oldest and most useful of one vol dictionaries.

there is now (1923) a long section on foreigh language dictionaries. in winchell, this whole thing becomes a free-floating section on language dictionaries. note also that end of the 19th saw a lot of combination dictionary ency. of the larousse forms. The sharp separation comes later

It seems, after looking at Winchell, that the dictionary world is pretty stable by mid 20th. the OED has set the standard, the french have no equivalent, Grimm is not yet finished and is weaker.

SOCIETIES:

Directories:

1883	die Wissen. Vereine und Gesell. deutschalnds 1883-7 later editoin 1917 thus, two vols
1884 ff	yearbook of the scientific and learned societyes of GB and Ireland
1891 ff	Minerva (in german, yearbook of higher ed, museums, societies) finally ceases in 1938.
1899	cyclopedia of fraternities (stevens, albert clark)
1907	Griffin. APC. bib of am historical societies, 2d ed (1 = 1905) guide to soc AND index of contents of pubs. AHA
1908	Carnegie institution handbook of Ind socs and Insts. never revised,
1908-12	Union des assocs. Internat. Annuaire de la vie internationale 2 vols. never reissued to 1951
1919-39	index generalis (french) annual univs, societies, museums, etc
1947	world of learning, annual, london.continues Minerva, but without the personnel index.

Publications:

1867-1902	Royal Society catalogue of scientific papers, addenda to 1900
1888-1916	Lasteyrie du saillant, RC: bib. generale des travaux historiques.. 6 vols-All historical societys and pubs in france.

society pubs has disappeared as a heading in 1951. Even in kroeger, this is a thin section, The preference was to put major society stuff unde rhte special topics to whichit was relevant. It should be noted, then, that these general sections of the work gradually get overshadowed, through the century by the special subjects.

图 9.1 参考书数据笔记

作为迷你型分析而产生的各种时间表、传记和叙述本身并不一定会出现在最终文本中，虽然它们在刚才讨论的那个例子中的确出现了。有时候你可能会直接根据一个时间表或传记而写了一个短短的叙述段落。偶尔则可能会用像表 9.1 中那样的展示来说明对一个特定组织的人口统计学方面的看法。但大多数时候，你在写作的时候只是把时间表作为一个指南，它能从视觉上提示一整列重要而且相关的事实，将不同的事情汇集起来，表示新的关系。那就是我把迷你型分析说成是“预加工”所要表达的意思。它们在原始数据与文字分析之间提供了一个中间步骤。

二、分类和概括

正如上面这个例子所表示的，很多图书馆研究的分析工作都涉及分类。我在本书第八章中说过，通过对文档执行六件事项规则，会发展出新的类别和子类别用于分析。这里我们可以看到那是如何发生的，分类和重新分类实际上是分析的一部分。

想想我那个关于精神科医生的项目。在研究的最开始，我只有一个包含精神科医生个人数据的文档。很快这个文档就分成两个：一个文档用于具体的个人，一个文档用于职业意外情况。对于前者，我很快意识到自己会遇到大量信息，需要给每个人建一个表格，上面留出空间给姓名、出生地、受教育程度、工作经历、出版物、俱乐部以及各种社会阶层指标等。（在底部，有一个地方会指出这个信息的所有资料来源。）我说过，这个表格构成了前一部分所提到的群体传记数据组的基础。

但意外情况的文件夹很快也发生了分化。当我研究传记资料来源
179 时，得到了各种各样职业意外的信息：政治任免、工资变动、海外旅行、改变职业的婚姻、开疗养院、降职留职、搬到另一个州立系统、被病人家属起诉、被病人杀害等。每次我遇到不同寻常的事情，都会在一个小纸

片上写下这个意外情况以及受到影响的医生,并把它丢进意外文件夹。很快,这个文件夹就需要分成不同的子文件夹,有政治突发事件、薪水及其变动、职业管理、地理流动以及“其他”。

这个简单的例子展示了对图书馆资料进行分类研究的基本知识。我正在对传记类资料来源进行强力作业,从这项工作中不仅获得了那些精神科医生的生活摘要,还有几十个影响了他们人生的有趣小事件和可能性。我把关于这些的笔记都放进了一个独立文件夹,它最终需要被拆分成各个子文件夹。我还手工维护着可以在线自动完成的“关键”图表(这是它们在关系数据库理论中的叫法):所有精神科医生所工作过的疗养院列表(在我的数据中大约有 200 家疗养院),所有精神科医生曾服务过的医学院列表(接近 400 所学校),等等。也就是说,我手工制作了一个大型关系数据库里的所有子表。在这个过程中,我不仅注意到了所有事件、意外情况、趋势以及我刚提及的事项,还开始直接认识了疗养院职员和医学院成员,甚至了解了那些疗养院和学校的政策及历史。例如,我知道了疗养院的名字经常会任意改变,这种事情原本并不显眼。(疗养院新的所有者通常会改掉旧名字。)因此,从这个传记式强力作业中,分析的范畴不仅包括传记式数据而且包括组织、学校和疗养院。

在很多情况下,这些类别的出现只不过是因为积累了大量例子,接着要在实质性的基础上将它们分成小群组。这是个很简单的程序,但从这个持续的活动中,产生了精神科医生的种类(院长、助理医师、疗养院所有者、门诊医生)、医学教师的种类(在大学里的、实质上私营的、暂时私营的)、期刊的种类(神经学的、精神病学的、两者兼有的、全科的)。这些分类在事后看来似乎很明显。但在我进行数据工作进行之前并不是这样,而且,如果没做这项工作的话,每种类型的必要特性也不得而知。

这种分类是归纳性的。数据告诉你发生了什么,而不是反过来。
这就是为什么没法让一个数据库程序来为你做这件事情。例如,在我 180

的图书馆基础设施论文中,我一开始甚至并没有根据时期将文档分隔开。只有在深入项目之后,有一天我才决定得围绕各个时期对论文进行组织,因为不然就没法写了。接着我只好把所有数据文档都重新读过,选择了一组最佳的可能时期。正如这个例子所显示的,分类可以根据时间和地点,也可以根据实质性区别。有时候,一种分解数据的方法会比另一种好得多。图书馆研究的一个必要组成部分就是考虑哪种子类别更受青睐及其原因。这可能看着像是仅仅在决定怎样维护文档或如何组织文本。但实际上,它往往是一个重大的智力选择,应该在关注理论性谜团的情况下做出选择。

但你并不仅仅是在创建类别,也是在将分类信息组合成复合性画面:典型的精神病学职业、典型的图书馆研究实践、典型的环保组织种类等。种类并不是这种复合体的唯一可能形式。即使是对一个单独的个人或组织的分析型传记,最终也是一个复合体。这种将不同的部分变成一个复合体的组合被称为概括(colligation)。[这个术语来自英国哲学家威廉姆·胡威立(William Whewell)。]一个传统的人种志因此就是一种综合,对一个组织的研究也是一种综合,所以,对一名精英、专业人士或一个城市社区的研究也都是。

图书馆研究中的很多分析都采取了概括的形式:人们采用多个不同的部件来创造某个东西的综合性画面。因此,在本书第二章的项目里,我得从零散的有关学术生活各个方面的局部视图中创造出图书馆实践的画面,还得从中推断出我所寻求的学术世界的总体性质。这些部件中有一个是参考书列表,我刚讨论过它的发展,不过还有很多其他的部件。例如,下面是我在关于战后期间图书馆研究实践的文件夹里实际保存东西的一个列表。(这些资料放在各自的子文件夹里,这里给它们加上了序号)

(1) 哥伦比亚大学图书馆学院2篇硕士学位论文中相关部分的复本——1篇是1948年关于英语文学中的编目策略

及其与教师兴趣的关系,1 篇是 1961 年关于教师对国会图书馆分类系统的使用情况的图书馆调查。

(2) 我自己的笔记共有 19 页的文本文档,总共 36 个条目,其中 30 个是芝加哥大学图书馆学院的图书馆科学硕士学位或博士学位论文。这些文档——即我的基本“笔记”文档——还包括我对那些数据解释的思考,以及我从这些文本中复制过来或根据其中的数字信息编制而成的表格。这个文本文档中还有一些笔记,记下了我借出来的多本(其他学者所著的)图书馆方面书籍里与战后期间相关的文章或论文。 181

(3) 战后期间在社会科学索引编制和书目方面的 8 篇不同出处论文的复本。

(4) 一个称为“20 世纪 50 年代和 60 年代的图书馆使用”的子文件夹,其中含有:

① 关于这个主题的 1 篇人种志图书馆科学硕士学位论文的详细笔记;

② 科学网的 1 份参考书目打印件;

③ 20 世纪 50 年代中期美国图书馆协会目录使用研究中的表格复印件;

④ 约翰·霍普金斯大学 1962 年的目录使用研究中的表格(以及我为了选出一部分数据所编写的电脑程序算出的结果);

⑤ 来自 1 篇人种志的图书馆科学硕士学位论文中关于浏览的图表;

⑥ 来自穆罕默德·埃尔·舍尼提(Mahmoud El-Sheniti) 1960 年的博士学位论文中的所有表格,那篇论文含有芝加哥大学的教师们在 1956 年 5 月某天所借出的所有图书的数据,并根据系别用国会图书馆编号进行分类;

⑦ 教师们所借图书语种的当前数据(来自大学图书馆),

表明2009年教师们借出的非英语图书的比例和在1956年时完全一样(30%)。

(5) 20世纪50年代伊利诺伊大学图书馆学院一篇硕士学位论文的复本和笔记,论文是关于该校撰写博士学位论文的学生随机样本所借出的所有资料的日期和图书馆出处的。

(6) 上述伊利诺伊大学图书馆学院硕士学位论文中的数据表格,对所借出的书籍根据图书种类和所调查的个人进行分类(这样你就可以计算中位数,这个比实际出版的平均数更好——为了进行这次重新计算,我通过馆际借阅得到这篇论文)。

(7) 1篇关于科学家使用期刊情况的图书馆科学硕士学位论文的参考书目。

(8) 10篇关于战后人文和/或社会科学领域参考书目的文章复本。(例如,联合国教科文组织关于这个主题的油印报告——这一定来自我们大学的图书馆,因为我没有关于其出处的其他注解。我应该遵守自己的建议并保留更好的记录!)

(9) 一个名为"战后次要"的子文件夹——有一些战后以图书形式出版的目录数据、1篇关于几个索书号范围内的图书在入馆5年内流通情况的硕士学位论文的笔记、1个根据1943年版的《联合目录》中出现的市内图书馆数量排名的
182 城市列表(我自己从书里面手工清点的)、从学术过刊数据库中获得的关于若干年中在全文中带有"博士学位论文"字样的文章数量的数据(以显示博士学位论文作为主要学术文件的衰落),此外还有一些这个领域内参考书目的随机笔记。

(10) 1篇1946年关于哥伦比亚大学寄存目录用户的哥伦比亚大学图书馆科学硕士学位论文中的复印件和表格。

(11) 1个含有来自不同资料来源、关于多个学科中的期

刊数量的多种数据的文件夹。

(12)《全国联合目录》在1956年之前的目录(754卷中的第1卷)及其1942年的前身——《国会图书馆印刷卡片图书目录》——的引言复本。

你能看到,这些资料包含数字、调查以及我和他人所做的定量分析,还有一级资料以及当时是二级资料但现在成了准一级资料的东西。我的笔记和解释有时候是草草手写在数据表上的,有时候整洁地收集到文本文档里,还有时候写在单独的纸张上。(这些文档充斥着尚待跟进的线索、开放式的思考、没有用在最终论文中的数据和资料。)这些子文件夹中有些还含有它们自己的小迷你型分析:数据的重新计算、文本的解释或组合过的表格。

这一团乱麻中产生的是对那个时期的学术习惯或感觉的陈述,读起来天衣无缝。这种概括工作要求做到三件事情。第一,将所有这些资料都放到一起。第二,尽可能多地对其进行预加工:通过创建表格、进行定量比较、做笔记等。第三,将这些数据全部放进自己对"图书馆工作"的抽象描述所提供的框架中,即我在本书第四章的"设计"部分所讨论的"概念化"的版本。这三个准备活动创造了条件,让思考和见解能够产生我最终所书写出来的解释。

顺便说一句,这里所涉及的数据简化非常强烈。刚刚提到的12个子文件夹包含了264页已经出版或未出版的资料和笔记。它们支撑起的文本部分只是略微超过1 500个单词,占了大约4页的印刷版面。

概括过程就像是烹饪。菜谱是松散的,有一些事情必须精确完成,而其他一些事情不能而且也的确不应该做得严丝合缝。但一旦你成为 183
一名熟练的厨师,学会了怎么样选择合适范围的材料,并进行了适当形式的准备工作,你最终就会做出可口的饭菜。

三、迷你型定量分析

(一) 导语

大多数传统的图书馆研究都会避开正式的定量研究。当然,会有一些重要的例外情况。从 20 世纪 60 年代直到 80 年代,整整一代的"社会科学历史学家"将大量社会科学技术应用到各种旧有的数值数据上。他们首先是历史学家,谨慎对待其数值数据,同时存有大量疑问。最近,社会学家以及其他人等都去图书馆里搜罗陈旧的数值数据,然后以一种对任何历史学家来说都是天真得要命的方式进行分析。不幸的是,那些社会科学历史学家们是对的。图书馆研究者有充分的定量原因要对数字尤其加以警惕。

这并不是说我们并不经常在图书馆研究项目中进行数量评估。我们可能不会使用详细的推论统计,但会用索引或引用数据来研究一些词语、作品的传播或接受方面的趋势。我们用人口统计数据来评估某个地方或时间的人口特性,还会对组织会员、劳动力流动或农业区的人口减少等方面的数据进行汇编。

能够或需要进行定量分析的程度是你的项目和问题的一个功能。至少,几乎所有项目都面临着"现象 X 有多重要"的问题("现象 X"在这里是你的谜团或核心主题)。更普遍的是,有一些关于本书第四章中所讨论的概念化维度的数量问题:

- 主人公:有几个人?什么类型的?他们之间有几种关系?
- 常规活动:它们是什么?谁做什么?频率如何?有多少冲突?
- 历史和事件:有多少事件?什么类型的?在一定时期

内的频率如何？

- 环境:周围有几个参与者？什么类型的？它们变得重要的频率如何？
- 符号和形象:什么符号有多重要？平衡改变了吗？哪个参与者使用了什么符号,频率如何,使用了多少？ 184

实际上,我们经常会在自己所写的文本当中隐藏这些数量问题的答案。我们可能会写“对 1864 年南部各州的主导感觉是枯竭”。但谁说那种感觉是占主导的呢？这个说法无疑在几十种关于美国内战的历史中出现,那么它的定量证据是什么？实际上,任何基于图书馆研究的文本都充斥着定量判断,其中很多是未经证实的。

矛盾的是,如果一个人真的对这些事情提供了实际数据,心存疑虑的批评者们接着会把一切适用的标准应用于同时期的、目的集中的数值数据。然而,图书馆研究中“找来的数据”很少能达到这样高的标准;它经常有着糟糕的估量和可疑的取样。因为这些问题,许多图书馆研究者根本不为他们的数量判断辩护。但我相信,有一些辩护总比什么都没有要好。你应该进行定量分析,尽管只在它可以辩护的范围内。

有三种可能类型的迷你型定量分析。第一种是简单的计数和数字:人的、行为的、团体的、组织的、事件的。第二种是更加详细的定量程序:各种个人或群体品质的相对分配;人口统计事件的计数,如婚姻、流动和迁徙;空间格局及其变化。第三种是正式的统计技术:网络分析、序列分析、推论统计、数据挖掘等。

显然,这些各种各样的分析会自行统御整本书。所以我只能再次概述它们所带来的问题。但它们是图书馆研究的重要部分,应该做好准备,在需要它们的时候着手去做。

(二) 找来的量化数据的问题

先说一个与“找来的数据”的中心问题有关的词。当我们正式创建社会调查或人口统计类型的数据时，对于定量分析的已知障碍，我们会事先处理。分析的全集和单位都是具体的，取样是仔细的，问题是经过预先测试的，编码歧义也得到最小化。所有这些问题驾驭着已经达成学术共识的大型文献。但图书馆数据仅仅是分析师在实体图书馆或
185 网络上找到的。因为有一个复杂并有高度偏向性的生产、留存和获取程序，所以它会在那里被发现。这个偏向性来自过去对数据重要性的判断以及不同数据收集者可以获得的差异化资源，也来自他们带进任务中的各种偏见。与当时同时期的那些数据收集者不同的是，我们这些后来的分析者无法预见并控制这些先前的偏见。我们无法追溯去设计数据的整洁性，也无法追溯去发现它们作为其中真正样本之一的那个领域。

的确，图书馆有大量数据是在正式情况下收集的，如人口统计。但在发达国家以外，哪怕是人口统计也往往是有政治因素驱动的。此外，即使是正式存储的社会科学数据也可能被取样和编码的选择所统御，这种选择则带有对所调查情况的特别看法。例如，来自美国人口调查局的、众所周知的优秀数据集世界人口数据库(Integrated Public Use Microdata Series，IPUMS)采用了从 1880 年以来就一直保持不变的职业编码。但职业方面的任何历史社会学家都知道，职业会成长、消亡、合并以及分化，使得这种恒久不变的编码像是一个笑话。其结果就是，这些数据集只对职业计算的总数方面有用。虽然这些数据集既精彩又重要，但它们的编码带有不合常理的想法，即所有职业流动是由不同技能的个人在永恒不变的职业种类之间流动所造成的。

因此，即使是那些我们在实体图书馆或互联网上找到的最好的正式的数据也有其难处。大多数基于图书馆的量化数据并不像人口统计和存放的调查数据，其大部分是由研究者本人在进行迷你型分析的时候，在一级资料中对这个或那个事件进行计数所收集来的。典型例子包括某一年出版的期刊数量、协会会员在几十年间的数据系列、在某些

报纸上关于某些话题的文章数量、在较长时期内各州精神病医院的病人人数。出于诸多原因,这些计数和官方数字在取样特性上非常模糊:索引和目录在收录期刊时各不相同;协会有合并、分拆或解散,更别提故意高估它们的会员数;报纸不是根据一些通用的或理论性的标准来选择文章,而是根据其新闻价值或政治用途;各州可能在统计精神病人的数量时会按照入院期(这会造成单个病人会有两条甚至三条记录)或特定一天的住院人数(这根据季节和像监狱、救济院、疗养院等其他类型机构的可供性与政策而各有不同)。

结果就是我们往往对取样基础、有时候甚至对找到的量化数据的潜在含义所知甚少,也不知道它是否跨越了时间和空间持续得到收集,或它在被记录之前所得到的各种预处理是什么。它看起来非常迷人,但实际上它所承担的最详尽的定量分析往往是一个简单的纵横列表。 186

由数字工具自动获取的历史数据并没避免这些问题。例如,过期报纸在线索引的出现产生了对报纸数据的大量定量工作,虽然压倒性的问题是对报纸上的什么进行编码,以及由光学字符识别过程中的异常所造成的小问题。机器通过关键词进行搜索,这并没有改变一个事实,即单单在取样基础上,这种数据也没有达到它们通常所应用的统计技术所要求的严格假设条件。你也无法通过自己对数据进行编码来避免这些问题。对从图书馆资料获得的数据进行编码,只会给已经讨论过的问题增添进一步的问题,这是由你在数据解读和编码上的决定所导致的。

综上所述,这些问题意味着获取来自图书馆资料来源的详细量化数据并对其进行编码往往事倍功半。在撰写或提交结果时,取样和选择的问题会让注重定量的读者感到不安,而编码简化则会让定量领域的专家感到不安。如果试图走中间道路,会两边都不讨好。因此,应该在对找来的数据进行正式定量分析之前深思熟虑,在对找来的尚未明确量化的数据进行编码和量化时,更要小心谨慎。

要决定一个给定案例中的量化分析是否值得进行,需要对找到的数据进行明确评估。必须提出和在第七章中所问过的同样的疑问,但要把它们改造为关于明确数值数据的问题,而不是关于一般性资料来源的问题。(我将在这里使用“数字”这个词来指你找来打算编码然后进行定量分析的数字以及任何找来的数据;同样的问题对二者都适用。)

- **作者**
  - 谁制造了这些数字?
  - 制造者所用的资料来源是什么?
  - 187 这些统计数据是代表谁制造出来的?
- **详细的出处**
  - 这些数字是在哪里产生的?
  - 社会和历史环境如何?
  - 样本是什么? 它是如何定义和定位的?
- **制造**
  - 这些统计数据是代表谁制造出来的?
  - 在数字收集方面有哪种控制?
  - 缺失的信息是怎么回事?
  - 这个过程实际用了多久?
  - 它是如何被带到“市场”? 针对什么读者的?
  - 它在哪里印制? 如何印制?
- **机制**
  - 这些数字存活下来的机制是什么?
  - 它们是任意的还是选择性的?
  - 除了作者或收集者之外,有其他人参与保持或制作吗? 如何进行? 出于什么原因?
- **目的**
  - 为什么收集这些数字?

- 用它们来干什么?(例如,警察喜欢高犯罪率,因为它们会为警察带来新的资源。)
- 作者觉得他面向的是谁?为什么?

回答这些问题会让你明白这些数字是否值得花力气去理清并进行可能的重新编码。总的来说,对它们的结论要非常小心。

至于那些找来的数字的更为详细的统计特征,有一些关于数据自身的非常特别的问题要问。第一,分析单位是什么?如果采用另外一个单位的话,数据看起来会不同吗?一个经典例子就是犯罪率。在一间房子里发生的 3 场打斗是算作 3 次打斗呢还是算作 1 起“家庭暴力”?也就是说,分析单位是打斗,还是更长的时段,还是个人(打架者/施暴者)?第二,为数据选择的编码是什么?为什么?再说一遍,这些要包含各种假设:例如,存在。仅仅因为某个东西是被计数的类别,并不意味着它计入的任何事情都有意义。美国人口普查局多年来收集了不同程度人种混合的非裔美国人的非常详细的数据,但实际的编码规则显然是不可复制的。所以该“数据”根本没有意义。还有,许多历史数据系列有着很大的剩余范畴或无法计算的共同性质,其中的 188
每一个都意味着该数据无法用于任何统计分析。第三,一定要考虑提取数字的领域边缘是如何定义的。你能说出关于取样的任何事情吗?即使最简单的计数数据也往往是一个样品;“医学院的建立”仅仅是“企图成立医学院”的一个样品。不管怎样,医学院是什么样的呢?一群医生会把他们自己称为一个医学院还是一个具有人际连续性的大型组织?根据前一个定义,美国历史上有过 500 家以上的医学院。(在各个时期的各种医学目录里,出现过 500 个这类名字。)但由于这些“医学院”中有很多仅仅是两三个医生的联合,他们凑到一起工作两三年并给自己一个共用的名字,那个数字如果用作统计任何机构意义上的医学院,实际上就很荒唐了。

（三）用找来的数据进行的适当定量分析

因此，使用基于图书馆资料的量化数据会有许多困难。但尽管存在这些疑虑，我们仍然得捍卫自己的数量判断。所以，这里有一些迷你型定量分析的基本法则。

隐含式量化的最简单例子就是直接给各种类型的事情计数。这种数据能完全支持适度的结论。给你自己一个很简单的编码计划和几个交互分类表，但别做得比这更多。在以上提供的三种迷你型定量分析中，坚持对前面两个进行分析：计数、交互分类、分配、简单人口统计模式等。这种数据不会支持推理式的统计数据。

对于明确的数量信息可以更加冒险一点，其在资料来源中已经正式地提供定量格式的信息。这种信息大量存在。可以找出任何款式手枪的生产总量、1922 年美国所有报纸的发行量、新泽西州晚上 6 点以后还营业的杂货店数量、从 15 世纪到 19 世纪期间在维也纳的哈布斯堡宫廷乐队工作过的每个音乐家的薪水。甚至对诸如态度这样的东西，历年来各地数据的数量都多到出人意料。的确，在刚开始的时候可以假设有人可能已经收集了你感兴趣的几乎所有事情的数据。

这类数字的第一个难题是找到较长时期内真正连贯的数据系列。
189 一个连贯的数据系列可能并不显眼，因为有诸多改变：(1) 其所在的系列或出版物名称；(2) 出版商的名称；(3) 出版商或收集者的身份。如果是期刊中的系列，那么可以通过常见的书目手段追查到。如果在一本参考书里，可以通过《美国图书馆学协指南》的各个版本追查其历史。但要把长期运行的系列从不同的资料来源中进行汇编，就是一个需要非常仔细才能完成的任务。对于美国政府的统计数据，你可以从《美国历史统计千禧年版》(*Millennial Edition of the Historical Statistics*) 精彩的导言章节中得到指引。对于任何想要创建关于美国的历史数据系列的人来说，这些都是必读的，因为它们对涉及的事项有深入的细节。在大多数其他领域，就只有自力更生了。得非常仔细地察看资料来源，进行权衡和评估，然后小心地将它们结合起来。就像你会在《美国历史统计》里看到的那样，当出处或编码因为莫名其妙的原因而改变时，这种情况下出现断裂或重复的数据系列是再常见不过的了。不过，如果你只有部分数据，也别失望，可以用它来估计更大范畴的事情。这种估计将包括假设，不过努力进行一个严肃的定量判断，至少可以知道那些假设是什么。

例 1. 用找来的数据进行仔细的描述。即使你找到了明确预先收集到的量化数据，也需要小心使用推论性统计数据来寻找因果关系。而使用这种数据来进行仔细的描述性分析则要保险得多。作为这种仔细的描述性分析的一个例子，让我讨论一个已经多次提到过的演算：我想要估计 20 世纪期间美国人文和社会科学领域的学者人数。这是第二章中的第一个主要迷你型分析，通过两种途径寻找数字：从博士学位的数量中，还有从学术团体会员的数量中。这个迷你型分析展示了这里所讨论的许多问题。

学者数量并不容易被发现。一段时间内根据领域划分的持续而连续的博士数据在美国根本就不存在。博士总人数的历史数据应该是有的（在《美国历史统计》里），但结果却是其定义变了（早期的博士有时候只需要读一年！），所以即使是那些列表也并不是在时间上真正前后一致的。此外，这些数字又被集中在诸如“文学”“外语”“其他社会科学”等单元里。（部分原因是对于领域和学科的定义随着时间而稳步改变。）对学者进行计数的替代性做法——通过各个学术团体中的会员数字——更成问题，尤其是在 1960 年以后，因为在主要参考书里似 190
乎很可靠的数字往往仅仅是重复了之前版本中的数字。在 1960 年之前，美国学术团体协会（American Council of Learned Societies，ACLS）年鉴中的数字似乎是非常准确的，因为它们每次都有变化，并且没有大概的数字。（相比之下，关于协会方面的标准，已出版资料来源称美国人类学会在1970年、1980年、1990年和2000年都是恰好1万名会员。这个数字不可能是确切的，很可能仅仅是把1970年数据简单地向后迁移。）

这些混乱的一个结果就是我那个关于博士和学会成员的子文件夹里面有着好几个不同类型的数据。第一个是从1926年到1970年不同时段内某些学科的博士的精确数字，来自《美国大学和学院》（*American Universities and Colleges*，美国教育委员会的一份出版物）的各个版本。第二个是1970年之后这些数字在可能情况下的延续，来自《美国教育统计摘要》（*Digest of Education Statistics*）中大致类似的数据。（这些表格从各个版本的《摘要》中拼接而成，放在一起产生了各领域详细的趋势性数据，可以用来分析具体的波动。）第三个是从《美国历史统计》（上述提供的集中类别中）下载的博士数据，但那只是从1920年才开始（我得把其中的各个子栏目汇总相加，因为我只想统计人文学科和社会科学学者的数量。）第四个是计算机程序，用来做某些类型的估计。我想要能够谈论在某个时间点上的博士数量以及直到那个时间点的学位数量，所以我得估计出在1890年（系统的随机起点）和开始有实际数据的1920年期间曾授予的博士学位的数量。我用一个线性插值来做这个，从1890年的0人到1920年的140人。我还得假设固定的职业长度和1890年时受过德国教育的学者的起始人数（最初美国的研究生导师是在海外接受教育的），还有一个假设的年龄分布。由于去世会让博士的人数减少，我还得把死亡率考虑进来。这些数据来自美国社会安全局官网上的各时期死亡率表格，但需要做一些调整以接近学术界的人种和性别构成。

我的计算机程序制作了文件夹里的第五项是人文和社会科学领域从1890年到现在每年在世的以及能够做学问的博士的总人数估计。下一个子文件夹是对学术团体数据的分析集，产生了一份表格，含有1908年、1920年到1975年这期间每5年的协会数字，然后还有1984

年、1991年和2001年的数字。它是基于比博士数据还要复杂的数据 191
而产生的,但至少并不是依靠计算机估计。[它杂合了教育办公室、美国学术团体协会和《学问世界》(*World of Learning*)的数据。]简而言之,这里的"迷你型分析"意味着发现数据、将它重新复制、注明其出处、质疑并担心其稳定性、将它和其他数据进行核对、使用其数字、将它组织起来用于报告,这当中的一切事情。

我在本书第二章中说过,得到这个迷你型分析的最重要结果的原因在于对"有多少名学者"这个问题的两种不同做法产生了大相径庭的结果。它们显然清点的是不同的事物,所以我当然计算了这两个方法的系数。(并不需要把那个称为一次迷你型分析;只要花5分钟就会认识到应该那么做,然后就去做了。)结果证明那个系数随着时间推移逐渐下降,表明没有博士学位的人在学术界保持强有力地位的时间要远远超出任何人所认为的。这是一个完全出乎意料但又极度重要的结果,并且,虽然我不保证任何具体数字的准确性,这个趋势却很清楚,完全能验证这个结论。这就是仔细的描述性分析为什么经常比基于可疑假设的推论性统计数据更好的原因。甚至当我把自己做出的大多数假设都彻底改变时,我发现的这个趋势也依旧没有改变。还要注意,唯一能够验证这个结论的其他研究策略是对协会成员各个时期的头衔和地址的直接分析,这是一项非常具体的工作,这样的数据实际上并不存在。

因此,你可以有一整个定量项目嵌入一个大得多的图书馆项目中,作为其中的一小部分(的确,大项目中的小型子项目!)。整个工作——协会和博士数量——在最终论文中压缩成不到四页,但那三页内容和从中产生的三个表格为这个时期内学术界动态提供了独特的认识。这是一个关键性的结论,让这个不那么迷你型的分析值得付出其所需要的所有这几周的全职工作。

例2. 使用找来的数据进行验证。找来的量化数据的另一个合理用途就是对一个在其他类型的证据基础上得出的观点进行验证。我从自己那篇关于美国精神科医生的作品中拿一个例子来进行讨论。我找到了一个1916年的资料,是关于美国所有精神病医院的,它提供了其中大约一半医院里曾工作过的医生列表,往往带有任职的日期。从这些列表中可以清楚发现,这些医院里的医生的流动率高得惊人。很多
192 医生只在一家医院待一年。我想知道这是否意味着许多美国城镇都会有医生曾经一度在精神病机构工作过:这种人可能是一线门诊精神科医生。毋庸置疑,并没有跨行业数据组按照城镇来划分医生并含有足够的相关简历数据来让我评估这个预感,但我可以通过假设并使用已有的数据来估计这种情况。

我使用自己的部分数据来估计那些在1890年和1920年离开精神病医院的医生的精确数量。(也就是说,对那两年,我统计了我所拥有的一半医院的离职率,并假设其余那一半有同样的离职率。)接着,我用了一点微积分来修改那两个年份之间各年的离职率,然后将这些修改过的离职率和已知的死亡率(来自寿命表格)进行结合,来估计那些已经在1890年之后某个时间离开了精神病医院但在1920年仍旧在世并假设还在执业的前精神科医生的数量。这个结果(我使用替代性修改方法进行了核对)包括大约3 000名医生,大约占1920年美国医疗职业界的2%。假设这些医生或多或少地根据各县随机分布,那么,在1920年,美国有78%的县医疗团体里会有1名以上这种“前任医院医生”。

所以,这些人可能是将病人转诊去精神病机构的前线人士,即门诊病人环境中的“一线从业人员”。我的确有一些坊间手稿数据显示了他们的重要性。但如果无法估计他们的人数和分布的话,实在没太多东西可以依赖。通过做出一些假设,我可以获得一个大概的估计,用以支持我的例证数据。

这些假设中有些是不太可能的:认为医生是随机分布在各县医疗团体中(对于了解定量方式的读者来说,叫泊松分布)的假设几乎肯定

是错误的。所以我不能相信"78%"这个数字中的第二个有效数字 8，可能甚至连第一个数字 7 也不能相信。这个数字介于 66%到 90%之间的概率可能有 90%，但没有真正的基础来对那个哪怕是 90%的置信区间形成一个真实估计。不过，不管精确的数字是多少，几乎肯定不会低于 50%，所以该数字确实说明超过一半以上的美国各县医疗团体很可能有至少一位医生"曾在一家州立医院工作过"并因此"了解精神病患者的一切事务"。但与此同时，尽管我可以保险地在论文里说可能 193
存在这种一线职业人士——鉴于例证和定量证据，这个计算本身仅应该在使用这些数据的已发表文章里有一个简单的脚注。它没有可靠到足以支持任何更多的内容。然而，它值得花费几天时间去做，即使我们并不相信 78%这个数字有多精确。

这个例子表明，一个严肃的迷你型定量分析就确证而言可以做什么。它能强调或延伸一个仅仅得到原稿数据部分支持的观点，能提示或测试新的可能性，可以检验一个预感。这些也都是重要的事情，即使你最后并没有实现显著水平和 t 检验。

(四) 高级技能

在一些非常特殊的情况下，图书馆研究者可能会想采用高级统计技能来分析找来的数据。我这里所说的高级技能指的是多次回归和其他一些方法：存续时间法、网络分析、序列分析、因子分子、缩放/分类归并、时间序列等。在有些情况下，可以用上这些技能。但一般来说，技能越强大，对于数据的假设就越严格。以网络分析为例，网络层组和结构（比如中心性和生成树）的计算高度依赖于样本的完整性。网络分析比大多数方法更容易受到缺失数据的损害。因为，我之前曾提过，在精神科医生项目中，我确实做了一些简单的网络展示，表明主要精神病机构之间的链接数量，这是由那些在职业生涯中曾经在两个地方都工作过的精神科医生所提供的。但我并不敢计算中心性数字之类。数据的取样范围支持不了那个。大体上,该网络展示仅仅证实了通过群体传记学分析已经很清楚的事实。

在将它应用于找来的数据之前,应该在老师里找一位高级统计技能的专家咨询一下。对假设条件进行一次现实一些的讨论,并保持保守。

虽然你可能不应该采用高级统计方法,但那并不意味着不应该给数据编码。相反,我们已经在精神科医生传记的例子中看到,有系统地手工梳理一大堆数据实际上本身就是一个很好的分析技能。恰恰是收集数据——甚至是对数据进行编码的尝试——给你带来了分类和概括
194 方面的大多数想法。要将这种数据收集工作承包出去给别人——就像许多定性分析学者可能做的那样,那就像去参加一流晚宴却让别人替你就餐。你不仅失去了直接的分类和概括性信息,还失去了那种洞察力,后者来自你头脑中的吸引因子和编码数据中各种事实之间的浏览性的联系。

因此,在图书馆研究中对数据进行非常仔细的处理是很有悖论性的用处的,就仿佛你将要量化它,即便当时并不打算这么做。这样你就迫使自己通过编码本身进行了一种强力分析。在某一个时刻,你可能会发现自己忍不住做了一些过度的假设,编码的仔细程度足以支持定量工作。发生这种事情时,就该停下来了。如果你一直睁大眼睛并做了大量笔记,到那个时候应该已经学会所有能从编码工作中学到的东西。过度的假设意味着没有意义的结果。

四、内容分析

对文本材料来说,定量分析就相当于内容分析。在一个迷你型内容分析中,我们应该比在概括过程中更加正规一些。这并不是要让内容分析更加严格,而只是让它有所不同。我们不是进行解释,而是去计数;不是强调我们解释的连贯性,而是强调定量判断的牢固性。很多与

定量分析相同的事物出现在定量分析中，最好是通过考虑迷你型内容分析的最普通形式来呈现它们：一次使用大众媒体来研究过去看法的分析。

（一）文本数据作为样本

任何对看法的研究都必须首先考虑人们的看法在过去的大众媒体中引起我们关注的机制。

首先，人们有看法、立场、情绪。这是千真万确的。要说这些看法是彼此分开的事情，就好像是问卷中的回答那样，可能更加可疑。人们的看法往往是个大杂烩，认为人们的看法能够根据范式、世界观等进行重新组织的想法也是让人担心的。实际上，看法是流动的事情，人们可能会觉得自己是开明派，哪怕他们有着许多非常保守的特别看法。

其次，那些看法中的某个部分进入了大众媒体。当然，内容分析的假设条件是进入大众媒体的那个部分要么是有代表性的，要么是有特殊倾向的。但这是一个非常根本的假设。大众媒体就是找来的数据。 195
我们不能事先通过设计对它们进行“提纯”，而只能在事件发生之后才带着谨慎怀疑和批判精神来提纯它们，如果我们对此没有倾向，就会有麻烦。所以我们进行假设。第一，假定越重要的看法越可能成为印刷品；第二，假定印刷出来的东西是重要看法的合理样本，即使有些群体比其他人有着更多的媒体方面的资源——金融的、教育的甚至语言的，而这些优势使这些群体（以及他们的世界观）在大众媒体中得到过度表达；第三，我们假定媒体本身不带有兴趣偏好，即便运营媒体者会在利润、可见度、胜过对手方面有兴趣点。简而言之，并没有“简单找来的”消息，而都是由新闻制造者（被讨论的对象）和新闻爆料者（记者）之间的复杂而又带有倾向性的合作所产生的。

超越了数据起源处的这些倾向性之外，一个受欢迎的报告必须能够存留到被我们发现。然而，有许多原因造成这种存留和获取并不是平均分布的。尤其是一开始就更可能得到注意的群体，会更有可能让其在媒体的呈现中保存下来。生存是极其任意的，尤其是对新闻报纸、小杂志、小册子等而言。最容易找到和获得的大众资料来源往往是那些受到新闻爆料者的利益强劲推动的媒体。

结果，从大众媒体通常能观察到的话语、概念或观点的意义上来说，将“看法”作为其样本的那个东西确切是什么，还很不清楚。你可以想象，这意味着不值得用精心策划的方式对过去的报纸“看法”进行编码，并进行定量分析。只有当你对刚刚提出的问题有明确的答案而且回报很高时，你才能做到这一点。

（二）简单的内容分析

但还是有许多问题可以通过迷你型内容分析得到合理解决。其中有些是定性问题，有些则是定量问题，在定性这方面，通过迷你型内容分析可以解决以下这些问题：

(1) 当前媒体中的大致观点类型是什么？

① 每个类型的主要部分是什么？

② 哪些部分在这个或那个观点中是紧密结合的？

③ 哪类人看似持有哪种观点？

④ 他们是怎么样把这些观点结合起来的？

196 (2) 随着时间的推移，这些看法派别和看法体系是什么样的？

① 看法体系会随着时间而变化吗？

② 那些体系会在不同的时间以不同的方式组合吗？

第一组问题都是“实在”问题：它们不关注持有特定观点的数量，而是关注其内容、内部多样性和社会根源。你可以用这样的分析来发展一套“态度特征”。第二组问题涉及创建一个谱系，表明不同观点随着时间推移彼此之间的关系。你可以从群体传承线、普通作者、某些看法和观点的共同呈现中推断出这个。

你还能做出一些定量判断。

(1) 一组观点中的哪一个可能是更普通的?

(2) 哪些种类的看法和观点是完全缺失的?

(3) 哪些观点支配了其所出现的特定媒体(支配程度如何)?

对大多数图书馆研究项目来说,这些简单的定量测量就足够了。这些项目的结论是基于一大组迷你型分析,这些迷你型分析结合成为一个总体的阐释。定量文本论点本身并不支持结论,但巩固了具有其他支撑的论点。

(三) 正式内容分析

在这些相对简单的问题之外,有一大片无主之地,直到你开始进行真正正式的定量文本分析。本质上有两种策略:关键词和编码。关键词很容易,可以复制,也很笨。编码比较难,很特殊,智力性强。在我看来,鉴于大多数文本合集(而不仅仅是大众媒体)背后的取样问题,它们都不可能提供特别可靠的结果。

如果你想要将自己的迷你型分析纯粹建立在关键词的基础之上,就没有编码工作可做,除非是到了需要纠正图形化(而非数字化)数据中的光学字符识别错误的程度。但是,必须对词语与概念之间的联系做出强有力的假设,这个联系在本书第三章讨论过。鉴于那些假设,你可以提出像这样的问题:某些词语在一个文本单元中出现的频率如何?还有,哪些词语通常会在文本单元中集合在一起?后者可以引向词语之间的"距离"以及群集分析和缩放,这两者都能提供文本空间的有用体现。尽管在群集和缩放方面富有经验的用户中,一般判断是这 197

两种技能都有其主要用途,作为其他手段所发现事物的确认和延伸。你也可以写一个程序,将所有包含你感兴趣词汇的句子或段落都列出来。仅仅通读这样的列表就能带来重要的新观点。随着时间推移,词语计数能让你做出趋势判断,如果你对取样进行标准化的话(至少只要资料来源不会改变你的做法。)

如果选择将一个定量内容分析建立在编码而不是关键词的基础之上,那么,你又一次有了两个选择。真正正式的路线意味着要达到通常的标准:一段时间内的编码稳定性、编码者可信度、概念的外观和结构效度等。这些是此类分析的惯例,必须解决它们。因为它们几乎是不可克服的,正式内容分析几乎永远不值得用在找来的数据上面。

那个不太正式的选择仅仅是由你自己对一些数据进行编码。但即使那样,也必须做以下事情:

(1) 使用一个可复制的方法来选择文本样本。这可以是多种多样策略中的一个,但需要产生一个你所能制作出来的最大代表性的样本(甚至都不容易概念化的东西,更别说做了)。它还需要可以被其他人重复,他们要么用同样的材料(比如,如果你决定了"每四篇关于家庭的文章"),要么是有一个概率相近的样本。

(2) 定义一组互相排斥的类别用于编码。其中的大问题是让它们变得广泛(容易编码,但对边界很难决定,并且不能产生精细的结果)还是狭窄(很难编码,有许多含糊之处,可能要比值得做的数据质量花更多工夫)。

(3) 在样本上测试编码,也就是你如何发现它需要多长时间、什么是不会奏效的等。

(4) 评估可靠性。即使你是一个人对资料进行编码,也要做两遍,看看多大程度上能重复自己的结果。你可能会大吃一惊。

(5) 在必要的时候修改编码或提取规则。

你能看出来,我对于将较正式版本的内容分析作为图书馆研究的迷你型分析是持非常怀疑的态度的。在我看来,该数据不可能满足传统定性或定量种类的迷你型分析的必要假设。但简单的内容分析方法 198
表明上述做法可以在迷你型分析中产生重要的结果。如果你需要更正式的东西,那么对文本的系统性样本进行详细阐释会是一种更有用的策略。例如,在我的博士学位论文中,我对两份非常杰出的神经和精神病教科书的所有版本(每份大约有 10 个版本)进行了调查,我使用了特别的疾病样本来具体查看教科书是如何随着时间而改变的。这个想法是为了对除时间之外的所有东西都进行标准化,因此可以确切看到至少有两位医生/作者是如何改变他们对四种至关重要的疾病的描述、诊断、病理学和治疗方法的。所以,要把文本的系统性样本与对文本的阐释学阅读结合起来。这个迷你型分析产生了好几页重要的文本。这种系统性的阐释对研究更有用处,远远超过了一个精心描述但不确定的正式内容分析,后者建立在实际上被永久改变词义的词语基础之上。

五、结束语

进行迷你型分析的顺序是由几件事情所控制的。第一,可用性。只有当你有必要的数据时,才可以进行一项特定的迷你型研究。第二,也是最重要的,项目剩余部分的回报。因为这个原因,在第一批迷你型分析中,需要有一个分析能确定经验性谜团确实存在,需要被解释的事情就在那里等着被解释。用定量术语来说,如果不改变因变量,就有麻烦了。(完成这个特别的迷你型分析就是你进入中期阶段Ⅱ的标志。)

例如,你可能会回想到本书第四章中,我的博士学位论文的经验性谜团是"即使精神病学是作为 19 世纪 80 年代精神病医院主管的职业而起步的，到20世纪中叶前，还几乎没有精神科医生在精神病医院工作。为什么？”这时候，当我启动这个项目的时候，知道那是确实的，但仅仅是不太严谨地说出来。我是从自己在一家精神病医院的工作经历、几个背景作品等知道这一点。但我并不真正了解它，无法细化在1880年年初或1930年的时候（这是我的博士学位论文所包含的任意的开始和结束点），这个职业在精神病医院中的比例，对两个年份之间的那些时间点所知更少。在某种程度上，我并不知道这个。因为当我开始项目的时候，并不清楚哪些人是真的处于这个职业之中，而哪些人不是。甚至直到我完成了许多迷你型分析和大量概念重建之后，才得
199 以表达其区别并因此知道要清点哪些人。只有那时候——经过了至少一年的研究之后——我才确实知道自己的学位论文的经验性谜团是“真正真实的”。

在大多数项目中，经验性谜团比较容易确立。但一个真正好的谜团在初期阶段并不是能够全面具体地说明的，几乎都是这样。所以，它显然是在中期阶段要确立的首批事情之一。

一旦确认自己有一些东西需要解释，考虑到可行性，迷你型分析就应该按照一种使它们最不太可能被后面的迷你型分析所改变的顺序来进行。这可能是按照时间顺序，或是逻辑性的，或是结构性的。但会有某种顺序，需要发现它并用它来主导研究时间表。的确，应该努力安排其可行性，这样它就能跟随这个顺序。你希望上游的迷你型分析能有巨大的回报，能让下游的迷你型分析得以进行并且正当化。

但实际上，原始资料的可用性经常会推动迷你型分析。一旦进入中期阶段，就会想尽快开始进行迷你型分析。它们将是写作的核心。所以只要有可用资料，你就凭借手边的任何东西随时开始。

中期阶段迷你型分析的一些小的原则也很不错，如果你能认识到它们的话。第一，如果一个早期的迷你型分析产生了某些令人满意的有把握的东西，就有帮助。拥有一个令人满意的时刻能激励你熬过漫

长的枯燥的工作。第二,如果一个迷你型研究可以作为一个独立部分写出来,也有帮助。如果是这样,一旦完成分析之后就要马上把它写出来,那种感觉很不错。

注意不要掉进迷你型分析当中去。它们是迷你型的,是有限的。迷你型分析的整个想法就是要避免在项目后期面对海量的未经分析的资料。所有项目都可以拆分为小块。要确保它们是小块的,而不是大团的。即使在一个大型项目中,没有哪个迷你型分析应该占用一整周以上时间,除非它对项目来说非常核心。

因此,对一个项目来说,书目是一个着手开始分析的好途径,但并不需要很多。对时间表和其他此类描述性活动来说也是如此,这些是一个项目开始的良好途径,但需要继续前进。项目到了大约 1/3,就需
要一个完成项目所必需的所有迷你型分析的非常完整的列表,还需要 200
在这时候已经深入这个列表中。还要一直记住事前对可行性做出判断。不要朝着那种实际上肯定会要求完美而又完备的数据的分析道路走下去,你不太可能找到那种数据。

第十章　中期阶段写作

201 学生们觉得,为了弄清楚自己得说什么,就必须开始写作,这个信念捕捉到了让项目完成所需要的写作活动的一些重要方面。严肃的写作会让你不再对项目进行漫无边际的思考。它提出许多可以谈论的事情,并将其减少为你确实要谈论的一件事情。放弃所有其他替代选项是件吓人的事情,这种半途而废的恐惧是作者在中期阶段经常会遇到的障碍之一。但作者的障碍主要来自更简单的逻辑:自我挫败。动笔写作之前的等待时间越长,需要进行阐释和分析的资料就堆积得越多。最终,你就陷入了惊慌失措之中。

因此,最好让自己随着项目的进程而稳步放松地进入写作。及早开始写作,零敲碎打地写作。即使研究尚不完整也不要紧。研究总是不完整的,因为社会现实的真相永无止境。在项目没有完成之前,哪怕到了世界末日,你也要笔耕不辍。此外,早期的段落都很短小,不一定会成为大段文字,也并不见得会用在最终文本中。因此,它们可以让你延迟主要的写作决定。

但是,在最终转到结束阶段之后,就必须做出写作决定。在写作中,我们选择并强调了我们觉得特别重要的社会环境方面的事情,还让这些事情变得比我们实际认为的还要重要。我们头脑中所知道的仍然是一个非常不同于书面文本的偶然的动态框架。它就像一个幻想,可以没有损失或遗憾就被改变,而文本则不能是口头的。因此,写作就是一个逐渐决策的结果,是为了抑制思维的动态可能性并谈论一些特别的东西。它是一个任意的——甚至是审美的——决定,通过这个决定,我们最终让一个研究过程线性化,在此之前,它一直处于无拘无束的非线性状态。

一、项目中的写作流程 202

写作开始于中期阶段的初期,在中期阶段的晚期开始主导项目。在结束阶段,它就成了主要活动。的确,当形成中的文本开始为研究的剩余部分提供指引时,就开始朝着结束阶段过渡了。在结束阶段,你不再执行预定的设计,而只做你正在写作的文本需要做的事情。与之相比,之前的写作都是小碎片式的:一个数据的段落、方法的注解、简短的书目、事件的梗概。当这类事情的相关细节在头脑中还栩栩如生的时候,更容易写下来。

确切的写作流程是根据项目规模而变化的函数。研究论文是一个单独、统一的产品。一个较大的项目——学士学位论文、硕士学位论文、博士学位论文或一本书——要有完整的子产品(章、节),这些子产品必须连接成更大的结构。这就产生了一些具体问题,会改变总体的写作流程。

(一) 一篇论文或一个章节中的写作流程

在一篇单独、统一的短作品中——课程论文、硕士论文、研讨论文、文章或书中的一章,当你开始最终写作时,并没有写好任何完整的子单元。你有一些不同形态和规模的迷你型分析,可能已经写了其中的一些正文,但在某个时间点上,你必须有意识地转向写作。通常,这会是在你在项目上投入的时间进行到大约 3/4 的时候。

这个决定意味着要最终确定理论细节,彻底决定项目到底是怎么回事。我们会看到,它还往往意味着决定最终论文的修辞形式和结构。的确,这个决定开始推动着向项目结束阶段过渡,它自动让文本接管了你的研究工作。

具体来说,一个小规模项目中的写作顺序如下所示:

(1) 只要经验性问题稳定下来就开始(中期阶段Ⅰ/Ⅱ过渡)

① 撰写基本描述(这是本书第四章“设计”中“概念化”的部分)。

② 撰写理论初稿。

③ 撰写一般性资料来源的概述。

(2) 当它们变得可用时(中期阶段Ⅱ和Ⅲ)

① 撰写对特定资源的论述。

② 撰写迷你型分析。

203 (3) 当有足够的迷你型分析时(中期阶段Ⅲ)

① 修改并确定理论。

② 将设计文档转换为论文引言。

③ 选择论文的总体修辞结构。

(4) 在撰写文章主体时(结束阶段)

① 将迷你型分析结合在一起。

② 进行必要的后续研究来填补漏洞。

③ 对不一致的各分部进行协调。

④ 移除重复内容。

⑤ 汇集最终参考书目。(一定要在撰写各个小章节时将参考书目放进它们中,然后再将其汇集成最终参考书目。剪切会将一些事项从文本中去除,所以要对最终的参考文献列表进行检查,以免遗漏。)

(5) 编辑,编辑,编辑。

在撰写正文主体的时候,将会把一些以前写好的资料放进脚注里,以便让论述流畅、文本简洁。任何之前已经存在的文本在使用时都至少要缩减 1/3,因为它们都充斥着重复之处。

如果作品是为了发表——不管是哪个层次的,就需要在中期阶段考虑一下投稿目标(期刊、编著卷册、会议)。就其主旨(文件记录的层次和细节、偏爱的理论文献)和形式而言,不同的投稿目标会亟须不同的作品。因此,到了中期阶段Ⅱ,就必须知道这个作品的目标是哪里,因为这些要求从一开始就影响正文写作。这可能看起来像是过分职业化的建议,但我们最终确实是用写作和他人进行交流,而不仅仅是自言自语。所以,你可能也要面对现实,并让计划中的投稿对象来稍微塑造一下作品。当你成名之后,你可以写任何你喜欢的内容。

(二) 大型项目中的写作流程(仅限学士学位论文、硕学位论文和博士学位论文作者)

较长的学士学位论文或博士学位论文之类大型项目,流程略有不同。(我会通篇用“博士学位论文”,但这个论述包含了任何含有鲜明又完整的子部分的文本:超过一定篇幅的学士学位论文和硕士学位论文、博士学位论文、图书。)在这里,首先要写的实质性内容是经验性核心章节,它们应该作为“小论文”来写,因为它们通常会针对博士学位论 204
文的几个经验性谜团中的特定一个。虽然它们的引言和结论部分最终需要修改,以便融入整个文本的更大流程中。(在那个语境下,它们会显得非常重复。)但将各章节作为独立论文来考虑,可以更容易入手。(有的研究生所在院系会让他们在最终论文中也保持那种方式,我们系则不允许。)因此,一个大型项目的写作流程最常见的是这样的:

(1) 总体结构性章节(没有特别顺序)。

① 文献章节(如果是独立章节),但如果是和理论章节合并在一起,就不会有。

② 资料来源章节(如果使用了专业方法,还可能有一个关于方法的章节)。

(2) 实质性章节(没有特别顺序)。在研究生层次,这些通常由用于会议和临时出版物的小论文的创作需求所推动,那些对就业市场来说是必需的。

(3) 理论章节(通常包括之前的文献,但有时候也不包括)。

(4) 引言。

(5) 结论。

在基于图书馆研究的论文中,要写的第一章可能是该领域内过往作品的综述或对资料来源的讨论。在大多数论文中,后者最终会作为附录,而前者可能会和理论性论述相结合。这些转换可能会用上几乎所有的现成文本,不用进行什么改动,所以没有理由推迟撰写这些一般结构性的章节。

你的资料来源论述可能有助于在处理次要资源之后再处理主要的主导资源。但它基本会是个简单的列表,没有任何强有力的内部组织结构。只有过渡文本(段落开始和结束)以及列表顺序会在后来改变。所以,资料来源的讨论可以很容易地由项目进展过程中写下的片段组合而成。

文献讨论的演进方式有所不同。因为理论可能会在项目过程中改变,所以应该将此前资料来源的讨论安排到现存类别中,而不是等你的理论稳定之后再来提供新的组织性类别。(用那个方法的话,可以在项目早期就开始写那一章。)人们习惯使用文献本身的分类(你的新理
205 论会在结论中对其加以修订)。不要为这个部分的过渡资料感到痛苦,因为后面可能需要对它们进行大量重新组织。

接下来要写实质性章节,我们可以称之为"中型分析",因为它们本身就充斥着各种各样的迷你型分析。但是,在基于图书馆研究的论文中,单独的经验性章节实际上是过于壮大的迷你型分析:一个以具体

细节叙述和分析的单独事件、从目录中重新构建并作为一个正式模式得到分析的社会网络、用一组系统化的编码进行分析的字母组成的主体。即使是这样，它们也需要内部组织——通过实质性的主题或特定的因子、不同的环境等。除非是对之前文献的论述，否则一章长篇文本不可能只是简单列表。

在论文中，当你明确决定这篇论文真正是关于什么的，就到了最终写作阶段。这意味着撰写或重写理论章节。（通常，学生们会给理论那一章写个早期草稿，作为用于发表的独立作品。他们会提出一个理论性观点，表明“我们需要做 X”，然后，当然就自己去做了 X 作为博士学位论文了。）接着，随着实质性章节和理论部分的完成，这可以撰写引言和结论部分，适合于实际上已经写出来的论文。现在还必须重写与实质性章节中有大量重复的引言以及结论部分，因为引言会一劳永逸地提出论文所针对的基本谜团和你所研究的经验性情况。

所以，在博士学位论文或其他大型项目中，可能会有几章是作为中期阶段后期写作的部分完成的，就跟你可能在中期阶段的早期——那时候主要活动还仍旧是研究——写作完成了方法和数据章节（可能还有文献那章）一样。在这样一个项目中，结束阶段的写作澄清了理论，并撰写了引言和结论。然后需要对整个作品进行编辑，删除重复内容，让过渡部分显得自然一些，将原稿变成一个连贯的作品。导师往往并不坚持进行全面的编辑，因为当你将论文变成图书出版时，图书必须更短、较少技术性，并会进行更严格的修改。（图书也会涉及一个新的写作风格。）在一些案例中，导师会让你用图书格式写作博士学位论文。这对于人种志是有意义的，因为其写作和理论的融合不同于图书馆研究。相比之下，在图书馆研究中，导师至少要有一次看到你对所有细节都把握无误，然后他们才会愿意冒险接受你以图书的形式写作博士学 206
位论文版本。

二、碎片化写作

在大多数时间，我们的写作并不是嵌入一个大结构中的，而即使写作嵌入了大结构中，那些大结构中的组成部分也是先用简短形式写成的。所以，在本章剩余部分里，我会假定你是在进行较小规模的写作：论文、章节或文章。

在项目中尽早开始写作。如果知道自己的论文已经有一些文字的话，会让你熬过中期阶段的强力作业停滞期。当有了激动人心的发现时，就要迅速将它们变成（简短的）文字。让激动之情推动着你越过难关，付诸文字。你可能最终只用上了中期阶段开始时所写内容的 1/4，但这会让你之后的工作容易得多。

除了直接让你一挥而就的写作之外，还有其他一些零碎片段也能够并且应该尽早写下来。首当其冲的是关于经验性谜团的内容。一旦你有了一些迷你型分析能表明经验性谜团真实存在，并有一份能让你找到合适数据去解决它的参考书目之后，就应该写出两个版本的经验性谜团：一个简洁清晰的版本作为开篇，还有一个较长的、论证更有力的版本用于引言的主体。在一篇 40 页的论文中，其开篇版本将会是一段，而较长版本则可能是两三页。前一个只是描述了论文所讨论问题的概要，后一个则包含了本书第四章中所讨论的基本概念化：涉及谁，他们是做什么的，怎么做，在哪里，什么时间，最重要的是它引起的谜团是什么。实际上，后一个用更多细节再次阐述了经验性谜团。

如果你运气足够好，有一个清晰的理论性谜团的话，就应该在项目早期给它写一个草稿。实际上，大多数图书馆项目的理论框架会随着时间推移而发生巨大变化，但尽早写出一稿理论部分总是好的，因为写作本身会暴露出你在理论性思考方面的问题。如果没有一个清晰的理论性谜团，那就在尝试动笔之前弄清楚它。如果你只是写它如何让人感到困惑,那是无法阐明它的。应该(再一次)问自己“我的研究回答了什么样的一般性问题”或“通过解答这个经验性谜团,我将帮助解决某个更大的问题。那个更大的问题是什么?”大多数图书馆研究论文会对天生就有意思的事情进行调研,所以很容易在理论端有所懈怠。别这样做。你的论文就是对某个更大问题或争论的回答,要始终在头 207
脑里想着这个争论。

图书馆研究论文通常没有用较大篇幅回顾以往的文献。我们并不觉得你在给一个累计性的大厦添砖加瓦,而是你发现了一个令人不解的经验性情况,解决它能帮助我们理解一些理论性(有时候是历史性)的问题。其他人的研究可能会作为语境、背景和缘起进入你的文章。而此前主要作者的论述可以被用来建立你的替代性理论。不过,文献综述本身通常出现在图书馆研究论文的脚注中,在那里对以往的研究者进行带有敬意和谦恭的讨论再合适不过。但在主要文字中,只有当你觉得自己的经验性分析会解决一个非常具体的持续性争论时,才需要包含关于以往文献的部分。否则,文献就保留在脚注里,而把引言的主要文字都用于理论性问题,即提出你的论文打算解决的问题及其替代性理论。在最终的论文里,理论部分会很简短:可能只占 40 页正文的 3~5 页。

许多项目需要有一个部分来论述资料来源的出处和可用性。这也可以尽早写。这个部分会讨论需要什么资料来源,什么是可以获得的,过去曾使用过什么,哪些无法找到等。当新的资料来源出现时,它可以被扩展和修订。一旦数据搜索完成,资料来源部分就可以定下来。这个部分最终会有一两页正文或可能作为数据附录。在历史性项目中,它往往成为实质性论述开始时的一个巨大脚注(也就是说,在引言及其结论性标志之后。)

你还应该在获得每一个大型数据资料来源的时候为其写一个简短描述。不管它是档案里的信件、国会文件、人口统计数据或一次旧日调查——你可以对它进行描述，给出使用它的理由，讨论取样问题，标注出任何特别之处等。这个文本很可能最终会变成一个脚注，出现在正文中首次使用原文的时候。但手里有它的话还是会让人放心一些——只要单独短短一段，却可以在后面少写很多。

如果你使用了任何专业方法，也可以及早将它们写好，无论是群集分析、古文书学还是系统性关键词搜索，最终都需要一些相关段落。这些也可能成为脚注，但要再说一遍，它们是手头的文字，在项目早期所写的每一个小片段都是你在后来不会再做的。更重要的是，你现在会
208 记住所有的细节，不然，还得在以后再去回忆或——更糟的是——回头去把它们找出来。强迫自己去写这些小片段也许很难，因为对你来说，它们似乎是显而易见的，因此并不值得记录下来。但要利用它的显而易见性，现在就描述一点，不要等到后面再去做。

只要做完这些，就可以开始撰写任何即将直接进入最终文档的迷你型分析了。因此，你不要去写例如时间表那样的东西，它主要是在资料来源里提供指南、在写作的时候提供参考等。但你可以撰写对一个特别文件的详细解读（否则你会忘掉它的）、一个知名事件的故事或一个组织的传记之类的东西。这些文本会很好用。

所有这些中期阶段的早期时候的文本都是简短的，它们介于一个段落到半页或 2 页之间。但它们是最稳妥的文本。它们会超过必要的长度，因为要将整个项目压缩到 40~50 页是有些困难的。但这也是好事儿：你有了比够用还多的内容，不需要再返回资料来源中去找更多细节。

在写作早期片段时，不要太担心正文的过渡部分。例如，写一个迷你型分析中的几个简短段落时，不要担心第一段开始的主题句。你还不知道这个迷你型分析会放在最终文本的哪个位置。所以只要用一些一般性的引导句子（“X 的一个重要例子是 G”之类）。别担心，这些过渡句会在后面修改的。

当你在一个同行那里检验你的想法时,这个早期写作就会有用。撰写一个迷你型分析之前,给自己一个任务,将它快速解释给朋友或同事听。“今天下午我在看 X 和 Y,发现几乎总会发生 S。我查找了替代的 T 和 U,但它们似乎只在某种情况下才出现。可能是因为这种数据带有偏颇,但我不这么认为。”让迷你型分析的结果达到这样的清晰程度,然后坐下来记录下你所说的,将你已经做的全部包括进来——以迅速、清晰、有趣的方式。通常,学生们在谈论项目的时候,都在关注自己的迷惑和困难之处,而忘记了他们实际上知道很多事情。在你进入中期阶段的时候,已经知道很多自己最终要写的东西,应该开始进行归纳讲给其他人听。

提一些一般性建议:不要担心可写的东西太少,实际上会有太多东西可写。主题 X 不会只有一个完美的引用,而是会有五个完美引用,而你只能用一个。你论述的内容不会超过收集到的实际资料的 1/4,研究另外那 3/4 是为了自信地带有权威性来写这 1/4,而读者也会因 209
为那 3/4 对你产生信心。

此外,用数据说话。读者并不了解数据,但他们可能也知道理论性或解释性文献,或许比你还更加了解。反过来说,不要只列举数据,需要有理论性地进行组织,就像我们会在下面将要看到的那样。

三、写作类型

在某个时刻,你已经撰写好了谜团的描述、理论和文献的最初梗概、资料来源的概述,还有一些迷你型分析的总结。现在可能已经进行到为项目所预留时间的一半或 2/3 了。在这个时刻,你需要决定打算怎样对最终文本进行组织。

这个决定在中期阶段到来。更确切地说,这个决定主导了中期阶段Ⅲ。到现在你将已经意识到,利用图书馆从事研究既简单又有意思。世界充满了有意思的事实等待发现,而你的事实和分析会远远供过于求。真正的问题是要写哪几个方面的内容及其目的。如果避开了这个问题,你会像个没头苍蝇一样,做了越来越多的研究,却感到越来越迷茫。

大约在中期阶段的中段,就要开始考虑最终作品的设计和论证。这种盘点(见本书下一章)应该指导着你在后面对迷你型分析的选择。如果你一直在不断回访设计文档并让它保持聚焦和一致,哪怕它逐渐改变,事情都会更容易一些。如果你做得仔细,就能较早撰写理论部分,继而会有助于对论证及其论据的安排。

研究过程的许多小片段都有助于对文本的组织结构进行思考。有受控词汇表中的关键术语,有具体和一般性研究问题的内容,有横向通道矩阵的各行各列。实际上你一直在思考这个组织问题:在归档时,在书目中,在将研究问题/资料来源组合转化成特定的迷你型分析时。这些因素已经在你的头脑中。决定怎样把它们汇编起来是项目的关键决策。

210 这个问题虽然很难,但是非常直接。在项目过程中非线性地工作到这个程度,现在必须建立一个线性论证。从书目到迷你型分析,再到重新设计、质疑、扫视等,这个疯狂的跳跃必须停止,现在必须将这些工作的结果全都压缩到一个线性的形式里,从经验性谜团和理论性谜团开始,介绍一个情况及其数据,然后带领读者穿过一个经过逻辑组织的分析步骤序列,其顶点是一个合乎逻辑的结论,是对经验性情况和随后的理论性探究含义的适当解释。也就是说,你现在必须逆转本书开始时的认识。在开始的时候,我说基于图书馆研究的文章中的线性组织结构只是个表象,实际上研究是非线性的。现在,你已经完成了大部分研究,是创建那个线性表象的时候了。

幸运的是,在图书馆项目的写作方面有许多标准的修辞结构。其中有的比其他的更常见一些,但它们在不同时间都能派上用场。

（一）研究编年史

我先从罕见的修辞形式谈起。很少有学者会按照他们做研究的顺序来撰写论证。通常来说，这是作为通俗化的一部分来做的。埃马纽埃尔·勒华拉杜里（Emmanuel Le Roy Ladurie）的杰出作品《蒙塔尤》（*Montaillou*）在某种程度上就是以这个方式完成的，图书馆研究的杰作——修·特维罗伯（Hugh Trevor-Roper）的《北京隐士》（*Hermit of Peking*）也是如此，这类作品将学术著作写成了神秘故事。他们无疑在某种程度上将研究进行了小说化（至少对那之前所实际发生的而言），目的是为了让这种神秘有至高无上的吸引力。特维罗伯的作品就是这个类型的杰作。把它找来读一下，你就会明白我的意思。

本书第二章里对图书馆研究的人种志论述本来也可以用这种方式来撰写。的确，它的第一个口头版本确实是用经典的侦探方式来讲这个故事的："起初我觉得数字工具杀死了旧的参考文献体系，但接着我意识到旧的参考文献体系实际上早就被杀死了，被一个不同的躯干取而代之……"诸如此类。也就是说，在神秘版本中，故事的顺序由连续的揭秘——而不是围绕在资料来源周围的实际顺序——所提供。

你不太可能用这种格式来写一篇严肃论文，但如果有这样的机会，就去做吧。喜欢口头表达的听众青睐这样的论文，它是莎乐美和她的七重面纱的学术等价物。但是，就如那个比较所暗示的，这样一篇论文完全依赖于你最后所揭示事物的悬念和美丽的程度。最终结果必须超越所有介于中间的错误可能，而你作为舞者，必须非常谨慎 211
地选择揭去面纱的时间。

（二）象征

我将另一个罕见的修辞格式称为象征。这也是个杂耍把戏，不过这里的把戏并不是七重面纱之舞，而是帽中变兔子。这种格式最著名的例子是克利弗德·纪尔兹(Clifford Geertz)关于巴厘岛斗鸡的著名文章。那些读过的人都记得,纪尔兹讲述了一个身处非法斗鸡活动的故事,他感受到其中的兴奋,最终当官方赶来的时候,他跟其他人一起逃跑了。在讲述这个故事的过程中,他从魔术师的帽子里拽出了一些主题,以他的方式捕捉到了巴厘岛文化的实质,斗鸡成了巴厘岛的象征。

没有什么能比这种格式更带有人工痕迹的了。纪尔兹在这篇斗鸡文章之前已经写了五本关于印度尼西亚社会的书。[这篇文章是为一个半大众型的知识分子期刊《代达罗斯》(*Daedalus*)而写的,这是美国艺术和科学学会的季刊]。但这篇论文在他的作品集《文化的解释》(*The Interpretation of Cultures*)中再版,变得影响巨大。有成百上千的学生都模仿它,尝试同样的修辞把戏:让他们对一个一般性题目的全部见解都来自一个具体事件的深度分析。不用说,其中大部分人都没在那些主题上写过五本书,所以他们的见解缺乏支撑起纪尔兹这篇杰作的连贯性和深度。

如今一名学生可能会在博士学位论文中写一个类似斗鸡那样的章节。那么,这章的阐释要由该作品其余部分的学术力量所支持。不过,尝试对一个独立的短篇论文采用这种象征格式并不是个好主意。它看起来很迷人,但除非你是一名成熟的学者,在写作一个自己完全有把握的题目,不然就不会奏效。但是,这也可能是一个规律性的选择,而我只不过在这里显示了自己作为一名社会学家的色彩。象征形式在人文领域中要常见得多。

(三) 叙事

如果你是一名历史学家,就可以用一种直接叙事的组织方式来写作。但即使在历史中,直接叙事在如今也并不常见。更普遍的是一种总体上属于编年体的框架,有各个子部分涵盖主题区域。

当中心问题是"什么时候发生了什么事、为什么"的形式时,可以选择叙事型组织结构。如果你的所有例子和题目都是由它们所处的更大社会现实中的持续影响所塑造,也可以选择使用它。例如:一篇比较多个欧洲国家对朝鲜战争和越南战争的反应的论文可以采用一种叙事形式。在每个国家,先分析对朝鲜战争的反应,然后是越南战争。对第二个时期(越南战争)反应的语境可以通过第一个(朝鲜战争)反应的语境来设定,但并不是反之亦然。不过,对于非历史学家来说,真实的反应可能要根据一个时间段内各国之见的差别。(这样的分析并不是真正的叙事组织结构,而是一个"阶段性"的。)所以,非历史学家可能会将这篇关于朝鲜/越南的论文主要作为在两次战争期间的一个跨国比较来进行组织,而不是根据国家来组织的编年体叙事,后者会强调一个指定国家在两次战争期间的连续性。 212

如果对资料的解释强调的是意外情况,也可以选择叙事方式。如果是强调历史的偶然事件或几种力量的结合,或者如果很确信事情结果可能会非常不同,要选择将分析作为叙事来呈现。此外,如果你是与不可避免性、独立趋势和迄今的多个路径(或结果)相连在一起,可能就不会选择叙事方式,尽管你可以选择一种"多途径"的做法,在每个案例中或为每个偶然因素描述一个独立叙事。

叙事有一个巨大的危险。任何项目如果是与一段时间内发生的事情有关的,就会出现那种诱惑,让人忍不住要写一个非理论的但非常有消遣性的叙事历史,如果你是一个不错的讲故事的人,则尤其如此。一旦你对某件事情知道很多,就总是忍不住要将它仅仅作为一个故事来讲:一件事情接着一件事情。千万别这么做。回过头去参考一下你的设计文件夹,重新审视一下为什么开始这个项目。谜团是什么?哪种大纲能最有效地引发这种谜团?你可能仍然会使用大量叙事,但那些叙事需要铺陈在一个框架内,这个框架取决于你作为开端的谜团。在叙事组织方面的真正窍门是,在讲故事的同时提出分析,这绝不像听起来那么简单的。

(四) 案例研究

如果你是在看单个的分析单位,就是选择了案例研究的写作方式:一个事件、一个组织、一个网络、一个领域的竞争。在案例研究中,经常
213 很难准确描述因果关系。更常见的是,你并不是用案例研究在关于一个特别事件、地点或组织的不同理论之间进行判决,而是展示这些不同理论、机制或社会现实的各方面是如何在一个特殊案例中相互关联的。对貌似有理而非判决的强调意味着一个案例研究论文的理论部分将围绕对案例对比鲜明的阐释进行组织,而非围绕着不同理论机制或模式进行。

但是,作为替代性选择,也可以用案例研究来提供某种一般性阐释或因果论证的反例。你用这种形式来强调案例是怎样适合某个标准论证的逻辑前提,但结果却并不像论证所预测的那样。

案例研究的内部组织有几种形式,其中之一就是叙事。但也可以围绕社会现实的不同方面组织一个案例研究。因此,此前曾提过的关于厄瓜多尔自然权利的论文可以根据自然的不同方面来组织——水、空气、海水等,或者根据不同的活动者——农夫、郊区居民、国家。但是,如果你采用了这些列表中的任何一个,就会想为列表上的各个条目找到一个潜在的修辞顺序,哪怕你所选择的顺序实际上甚至并没有真正的分析理由。从简单条目到复杂条目,或从较早的数据到较晚的数据,诸如此类。

因此,在这个例子中,从简单到复杂的顺序最有可能描述为(1) 农夫;(2) 郊区居民;(3) 国家。但如果你根据自然的各个方面来进行组织,可能就会想从空气(简单而普遍的)开始,然后探讨海水(它们至少停留在一个地方),最后是淡水(涉及运输和重新定位)。还有第三个替代方案,如果你用直接污染问题的总规模或成本来管理顺序的话,结果可能的顺序是(1) 海水;(2) 空气;(3) 淡水。也就是说,在写作时你应该施加线性和方向性,哪怕它们在数据中并不真的存在。这么做是为了让读

者按照你所创造的顺序阅读文本,这个顺序在修辞上应该文雅而且有效。

由于我在本书第七章中说过,作为一个研究者,你实际上很少直接通读学术作品,因此,任意的线性化可能显得很奇怪。但现在情况不一样,你是一个作者,而非读者。在文本中巧妙植入线性和方向性,读者就更难向前跳跃。即便他们这么做,你还是保持了对他们的控制。有时候,甚至可以通过将两个方面同时线性化,让这个方向更有强迫性。因此,再接着说同一个例子,你可以研究农夫的用水权利、都市人的空气、国家的海水。也就是说,你是在写跨越三种污染的三个群体所形成 214
的九种可能组合中的三种。不过,你当然要继续提醒读者,这两个列表(人和问题)实际上并不是互相依赖的,可能要粗略地探索剩余的六种组合,在每个主要部分的末端各有两个。

(五) 比较

一旦你将案例研究分解为具体的各个方面,就创建了一个隐含的比较。的确,比较可能是最常见的组织形式。你可以进行案例比较,以及一个案例中的不同方面、机制或叙事上的比较,对单一案例的各个资料来源的不同说法进行比较,等等。的确,具有理论性谜团的观点里面就隐含着比较:两个交替性的观点暗示着对你所研究的经验性情况的不同阐释。那些交替性观点需要不同的证据组以及它们之间的比较。或者,要表明一个特定理论是可行的,需要正面和反面的案例,这是比较的另一个原因。

通常,在任何图书馆研究项目中,有几个可能的比较维度。组织结构的主要问题总是在于如何安放这些维度。理论、案例、证据种类、年代表、各个方面:你该将哪个作为外部结构使用,将哪个作为内部结构?我要再次提醒,你手头已经拥有做出这个决定的所有必要因素:主要术语的受控词汇表、带有迷你型分析细节的横向通道矩阵、研究问题,你的问题只是在于如何把它们产生的结果安排进一个令人满意的线性结构。

考虑一下之前提到的关于泰国和缅甸的性和毒品监管的项目。有两个国家、两种社会问题,还有大约 50 年的时间跨度。首要的组织方式会是国家内的社会问题年代表。

- **泰国**
    - 毒品
        - 年代表
    - 卖淫
        - 年代表
- 215 **缅甸**
    - 毒品
        - 年代表
    - 卖淫
        - 年代表

这种组织形式产生了一个强烈的国家比较。它假定一个国家管理体制的连贯性大于某个社会问题所要求的管理体制的连贯性。如果我们认为后者更有力,就会像下面这样进行组织:

- **毒品**
    - 泰国
        - 年代表
    - 缅甸
        - 年代表
- **卖淫**
    - 泰国
        - 年代表
    - 缅甸
        - 年代表

但这两种组织方式都假定随着时间而发生的变化并没有特别显著。相比之下，我们可以假设一个“监管的历史时期”的组织方式，就像下面这样：

- **早期**
  - 毒品
    - 泰国
    - 缅甸
  - 卖淫
    - 泰国
    - 缅甸
- **晚期**
  - 毒品
    - 泰国
    - 缅甸
  - 卖淫
    - 泰国
    - 缅甸

诸如此类。有六个可能的组织结构，每个组织结构将三种区别（国家、问题、时期）按照重要性、可发现性和兴趣的特定顺序进行排列。所有这些组织结构对于项目写作来说都是可能的，但每一个都比其他的项目更注重某种区别的大小。决定使用哪个组织结构将塑造最终分析的明确形态。因此，应该始终尽可能采取以理论为基础的方式来选择组织结构。 216

回过头去看本书第二章，现在可以明白，为什么我觉得谈论对那篇图书馆使用论文形态所作写作决定的影响是如此重要。我很早就意识到，直接的叙事会告诉读者一些已经知道的事情：参考工具越来越多。

所以我只好创建一些时期,哪怕是任意的,来让那些实际上是非常平缓的变动显得戏剧化一些。这让我有了一个“连续阶段”的叙事。

但大量的材料,哪怕是在一个时期之内,也意味着我得通过描绘每个时期的不同方面的特征来加以区别,在这个案例中,是“图书馆状况”的各个方面。我选择了三件事情:学者人口统计、核心参考文献基本工具以及学术习惯。但我有四个时期,而每个时期内有三个方面,这就自动有了十二个子区块。这继而确定了一个新的归档结构(所有东西都被动过了)。它还产生了三个临时间断,每一个都可以是我的“学者和图书馆馆员之间蜜月期的终结”的位置。也就是说,在许多方面,写作决定最终在很大程度上决定了论文的最后知识结构,并且也多少由以一种有效线性的方式讲述众多事件的问题所决定。在一个更世俗的层面上,写作选择也意味着:鉴于有 60 页的总体限制以及 10 页的引言和结论,那十二个子区块每个可以有 4 页。

四、写作和中期阶段的结束

总体组织结构的最终选择是一个决定性的时刻,它给中期阶段的最后部分收尾。正如我刚讨论过的,这个选择让写作能够对项目进行控制。从这时开始,线性又恢复了。你仍然可以做迷你型分析,但仅仅是那些填补如今得以固定的结构所必需的迷你型分析。这些是“刚好及时”的迷你型分析,是写作的进展所要求的。

217 最重要的是,正是在这个时候——在小型项目中——要采用设计文档的最新形式并将它扩展为最终论文的引言。这个组织结构方面的决定仅仅是同一变化的另一个部分。这是你最后一次确保项目保持现行的设计。

将设计文档扩展为论文的引言会用到许多可能已经写过的东西。开头是已经完成的一段长的经验性谜团:挂钩。接着是一段对解决这个经验性谜团的理论成果的总结(那将是个新事物,是理论性挂钩)。接着可以开始撰写对已经存在的概念化论述的引言:你正在研究的实际情况的正式描述。接着可以转到理论综述("那些已经写过 X 的人思考过关于它的 R、S 和 T"),这来自现行的设计文档,经过最近思考之后进行了修改,理所当然会让你的研究成为解决剩余理论问题的大救星。接着是你自己的理论——"我们首先需要定义一些重要的术语……"这些术语是你的受控词汇表,将它们陈列出来能让你开始澄清文献综述中的一些问题,因为文献综述中对它们的使用非常混乱。接着是路线图:"为了调查这些问题,我们需要做如下的事情。"路线图让读者知道你建立理论性论证的顺序,对你的谜团展示论证的经验性力量。路线图将基于你所选择的组织结构,将会像我们刚看到的那样,根植于横向通道中,根植于你做出的什么是最重要的组织规模的决定,等等。在路线图之后,可以是一个关于资料来源的简短段落,如果它需要出现在正文中而不是脚注中。

然后就是为论文的主体做好准备了。将迷你型分析的写作、资料来源描述和其他一些文本进行组合,这实际上是结束阶段的任务。但在这里你并不需要任何建议。一旦已经对如何线性化做出主要决定,就可以求助于诸多提供写作建议的杰作。(这就是为什么我的结束阶段章节很短。)布思(Wayne C. Booth)、科洛姆(Gregory G. Colomb)和威廉姆斯(Joseph M. Williams)的著作《研究技巧》(*The Craft of Research*)恰好是我在课堂上使用的书,因为它专注于如何撰写具有说服力的文章,并对这项工作有清晰的理论基础。的确,我对写作有自己的强烈看法(现在你知道了,我对大多数事情都有强烈看法),不过写作——创作 218
出线性的文本——实际上并不是本书的重点。本书是为了确保你能在非线性研究环境中表现得足够好,以便获得在最终写作线性文本时所需要的东西。我已经一再强调,那意味着在线性设计和结构形成之前很久,你就要开始撰写小段的文字。

第十一章　中期阶段设计

219 我在本书第四章里已经说过，设计包括四件事情：谜团、概念化、一般性和具体研究问题、行动清单。在任何时候，这四件事情都会在设计文档中体现出来，设计文档是项目的当前计划。在初期阶段，这个文档每周都会有剧烈变化。到后来，则会在较长的时段内保持不变。

中期阶段的设计意味着两件事情：一件很简单，另一件则很复杂。简单的部分是追踪已经完成的和待完成的任务，并留意具体研究问题、受控词汇表或项目其他核心部分的微小变化。这些随着项目的推进很容易处理，你可以从行动清单中将各个事项划掉，并记录下微小的变化。

但你应该不时地从研究中抽身出来，对总体的项目设计进行回顾，以确保自己在执行项目方面仍然保持一致性，而没有迷失进入一个新的离题的研究边线（或者恰恰相反，新的研究边线实际上可能比你原来计划的更加可行、更加一致）。还需要评估在通过各个研究问题时是否足够迅速，以便给自己留下足够的时间进行写作。

进行回顾的理由很明显。潜在的题目并没有边界和限制。当你在书目中跟随新的线索时，会出现漂移。迷你型分析可能会分割走最初的经验性谜团的一些小块，新的理论性阅读可能会启发新的方向。你最终必须对这些较大的漂移和转移做出反应，将项目重新安排成一个前后一致、均衡整齐的结构，从设计一直运行到书目、来源、资料、分析以及最终的写作。记住,它是一个非线性项目,各部分都在平行发展中互相调整,逐渐变得线性。所以,在任何一个重新设计中,需要让它再次成为一个(可能是新的)前后一致的结构。

多久盘点一次存货视项目规模而定。如果是半职工作(每周 20 小时)的话,一篇研究生研讨课的论文、硕士学位论文或一篇 40 页到 60 220
页的文章在初期阶段将耗时大约 3 周到 5 周,在中期阶段大约 10 周到 15 周,在结束阶段是 3 周到 5 周。一篇认真的本科生论文或在大四学年撰写的学士学位论文用时接近这个范围的上限:分别是5 周、15 周、5 周。一篇内容充实的基于图书馆研究的博士学位论文要花 2 年或更长时间。因此,一个好的经验就是较短篇幅的文章每 2 周到 3 周就需要盘点一次,而长文章每一两个月才需要盘点一次。

我一直都在说,重新设计的具体时刻界定了各阶段之间的过渡。“过渡到中期阶段”只是一种简称,这表示设计方案不再每周都发生剧烈变化,或者可以根据方案设计一些真实的迷你型分析,其中一个将会确立你的经验性谜团真正存在,并真的是一个谜团。“进入中期阶段Ⅱ”是一个类似简称,表示“确立迷你型分析”有了一个正面结论的时刻;经验性谜团已经表明是一个实际的经验性事实,仍是令人不解的,其所有复杂性都可以详细说明。现在你能进入中期阶段Ⅱ了,这属丁项目里漫长而非线性的中段部分。现在你可以创建第一个横向通道,并考虑各个必要的迷你型分析的最佳顺序。

中期阶段Ⅲ的触发点是迷你型分析开始明显地自我聚合为更大的连贯结构,表明一个线性论点的可能的组织结构。与此同时,当你逐渐详细描述了自己的受控词汇表和横向通道之后,设计文档开始与这个结构对接。你开始将设计文档扩展为正文的引言,将迷你型分析安排成一个得到充分组织的论述流程。当这个组织结构成为一个稳固的线性大纲时,就到了结束阶段。写作本身现在成了项目中的统御力量。正因如此,某些研究问题就显得孤立了,其答案在你所选择的修辞形式的线性设计中无处安放。

我将按照两个维度来讨论中期阶段的设计：第一，各阶段的临时性维度；第二，设计的各个方面的实质性维度。这会出现一些重复，但不无用处。设计作为图书馆研究的一个方面，控制着其他各方面。因此掌握它至关重要。当然，掌握并不意味着可以仅仅依靠设计就能完成一篇完美的论文，那恰恰就是非线性所说的你不能做的事情。但它的
221 确意味着如果不持续关注设计的话，你就会像个无头苍蝇一样乱撞。

一、各个阶段

（一）初期阶段

初期阶段将你从一个模糊的兴趣带往适度详细的方案。我一直在说，这表示建立经验性谜团和理论性谜团、概念化、一般性和具体研究问题，以及一个行动清单。根据项目规模的不同，你将在大约4周到12周时间内建立起这些。通常从经验性和理论性谜团开始：奇怪的事情，以及为什么这种奇怪现象重要的理论原因。在尝试想象出一般性研究问题之前，你要跟一些同侪和导师一起对这些谜团的多个版本进行讨论，因为如果你下一周就会改变谜团，那么对其所引发的问题进行想象就毫无意义。将想法提交给其他人进行评论是绝对必要的：我们都对自己以及自己的想法太宽容了。

虽然在形成谜团的时候，你已经在阅读背景作品并且找到了关键的参考书目（那可能会因为谜团的变化而忽然变得不重要或因为你偶然遇到的东西似乎变得更有意义）。你可能还在寻找相关的一级资料，因为它们的可用性会决定对任何谜团进行研究的可行性。所有这四件事情（谜团、问题、背景书目和具体书目、一级资料研究）都同时运转。

正如这个概要所表示的，作为可能性而简述出来的临时设计有一些简单的标准：有趣、明确、一致、可行。

第一，谜团需要有意思。当然，从事一个你自己都知道并不真正重要的研究项目毫无意义，但更重要的是，有意思的谜团会在项目陷入迷惑期时给你带来激励。

第二，谜团需要明确性，因为只有明确的谜团才能产生清楚的一般性和具体研究问题，又进而告诉你需要做什么。这很像“电话”游戏：如果每一步都不是非常清楚的话——从经验性谜团到理论性谜团，再到一般性和具体研究问题，开头和结尾能连接起来的可能性就很小。明确性意味着清楚地知道你在做什么。

第三个标准，一致性，这意味着你正在做的事情是言之有理的。每 222
个步骤之间不仅有着清晰的链接，实际上还要有一个连续的逻辑，将从经验性谜团到具体研究问题在内的所有东西都连接起来。这意味着在任何特定时刻，设计文档都是线性、严格而且有逻辑性的。持续中的研究常常会以一种良好的方式不断破坏这种线性关系。不过，由于这种破坏，就必须不断重新施加线性关系和严格性。这种重新施加可以意味着改变逻辑序列的任何部分——哪怕是经验性谜团中最开始的地方，只要结果能在设计文档中重新建立起线性的一致（当然，可能在一个新的基础上）。

第四，尽管可行性是个很普通的标准，却往往是最重要的。如果一个项目要花太长时间或涉及无法读懂的语言、找不到的文件、欠缺的统计专业知识等，就无法完成这个项目。（在我的课堂上，每年都有两三名硕士生是从完全不可行的项目起步的。）尤其对本科生和硕士生来说，导师是可行性方面的关键裁判，因为你可能并不知道要完成一个特定调查的话，哪些事情是必要的。要尽早确定可行性，如果做不到这一点，那么，即使一个非常有意思的项目也是毫无希望的。

这四个标准会引导你的决定。当设计文档开始有点稳定下来，能以清晰的步骤提出一项有意思的研究并为一个可行项目提供连贯的设计时，初期阶段就结束了。

(二) 中期阶段 I

第一个设计让你扎进一级资料来源当中，开始中期阶段 I。背景阅读消退了，而参考书目还在继续，但会从迷你型分析而不是一般性题目中破茧而出。在一级资料来源、书目工具以及与迷你型分析有关的资料中进行的浏览给项目带来更多随机性，而双臂摆荡利用了这种随机性。总而言之，你在非线性面前屈服了。

但这个阶段的最典型特征是第一组迷你型分析，尤其是“确立性迷你型分析”。我已经多次指出，通常不可能在初期阶段就知道经验性谜团是否真正可靠。因此，第一组迷你型分析中必须有一个能够更加肯定地确立起经验性的问题。我在本书第九章中曾指出，在我的博士学位论文中，直到对精神病学作为一种职业的定义和人口统计进行了一年的研究之后，确立性迷你型分析才得以实现。

223 人们并不总是这么有好运气的。我曾想要研究一个经验性谜团：为什么每种美国职业似乎在获得伦理规范之前都要取得限制性许可？（我有个理论，觉得各种职业总是以专卖权开始，只有到了后来才担心道德问题。）但经过认真调查之后发现，原来在 19 世纪晚期，许可在许多职业中都是一个长时间存在的活动，而在一个关于第一次世界大战后扶轮社的项目中，大多数职业都取得了用来传播的伦理规范——你猜到了——那就是商业伦理规范。（就连碳酸饮料装瓶协会都有伦理规范！）这个从许可到伦理的顺序完全不是职业层面的，而是一个更普遍的现象，是一个与特殊社会活动相关的现象。我的经验性谜团仅仅是一个明显现实，而不是一个实际的谜团。

发生这种情况时，你就得改换谜团。在上述例子中，我放弃了原来的经验性谜团，实际上放弃了在全国层面的调查。我转到地方层面和单个职业(医学),我知道自己拥有关于这个谜团的数据(可行性!)。新的谜团是"地方职业团体(医生)建立知识体系(学刊和讨论群组)之前,开始专卖权活动(公布固定价格清单)了吗？如果是这样,原因是什么?"这样我就保留了职业专卖权理论对于职业纯粹理论的替代理论,不过我根据知识重点(这可以设想并在地方上进行测量)而非伦理操守(无法设想和测量)对纯粹职业主义进行了重新定义。

总的来说,密切的调查可能会揭示出原来的谜团是错误的、被误解的或者是考虑不周的。它也可能揭示出谜团太大,以至于并不可行。这些都要求你迅速改换谜团。在这个例子中,两个问题我都遇到了:全国层面和地方层面有着不连贯的混合,而当我转到纯粹地方层面时,可行性方面有太多职业。这种谜团的改换几乎肯定会把你打回到初期阶段。

但如果确立性迷你型分析看上去是积极的,就应该进行一次设计回顾。这意味着对设计文档进行清晰度和一致性的检查,并根据新出现的任何移动和变换做出调整。尤其是,理论性谜团在这时候会变得模糊,因为你已经在其他事情上花费了大量时间,其中大部分事情是经验性和实质性的,所以应该收紧理论性谜团。确实,这时候开始对设计文档中的理论性部分进行扩展和细化并不明智,这个任务要得到受控词汇表的帮助,而受控词汇表到这时候应该还在成长中。

在进行设计回顾时,如果你还没有做的话,就应该创建一个关于问 224
题/资料来源的横向通道矩阵。这个矩阵横跨一般性和具体问题来安排你的各个一级资料来源,会告诉你是否每个问题都由某个资料来源——因此也就是由某个迷你型分析——来解决。加入任何你觉得是刚刚变得重要的东西,核查那些已经完成的,并考虑一个最佳顺序来做剩余的事情,还要确保资料来源是真正可用的。

(三)中期阶段Ⅱ

一旦经验性谜团建立之后,你就已经通过一次重大回顾重置了项目,可以进入项目的全面非线性部分——中期阶段了。得益于设计文档,你可以告诉导师或同侪自己正在做什么及其原因,但实际上要按照资源的可用性和便利性、迷你型分析当中的逻辑依赖性、双臂摆荡的偶然性以及——告诉你一个秘密——兴奋点和兴趣所决定的顺序来进行研究。既然你已经有了一个全面的控制文件,那么你可以浏览一下周边资料。

在中期阶段Ⅱ当中,将会有大量针对一级资料的强力作业,你需要浏览、双臂摆荡以及随机性的兴奋点让自己克服强力作业的枯燥和乏味。迷你型分析将成长为中型分析,花费一周甚至两周全日制工作时间。与此同时,随着迷你型分析的累积,将进行初次写作:这里一个传记,那里一个资料来源注解,即在第十章中所讨论的所有那些小片段。

225 中期阶段Ⅱ还将产生许多恰逢其时的研究。在你与一页写作内容之间可能有一个小细节,所以你研究这个细节并完成写作。一个待定的书目工作可能忽然就变得绝对必要,所以要马上完成。将一组迷你型分析一起来做可能会有意义,即使它们会拦腰切断项目的逻辑或资源可用性的现状。去做就是了。

在中期阶段Ⅱ期间,应该寻找这种互相支持的迷你型分析的群组。可能它们都具有同样的“形状”、传记,或组织性历史,或可比较案例等,可能它们由一个特定因子或群组相连接,也可能涉及类似形式的定量或内容分析。这些是最终正文的线性片段的初始可能性。正如我们在本书第十章中所见,往往有许多这样的可能的安排,但你应该开始将它们视为可能。

中期阶段Ⅱ还可能是沉思式阅读的好时间。在令人兴奋的细节流中,也许你已经忘记了项目中大多数的一般性理论问题。你的头脑中已经被项目、术语、人物和含义所充斥,现在可能是从强力资源作业中脱身几天,以缓慢速度阅读一些相关理论文章的时候了。如今你已经具有能够审视理论的经验性知识,会因这个理论看起来有多么丰富而感到惊讶。你将会看到许多新的问题，并有可能想重置自己的理论性谜团或修订受控词汇表。

中期阶段Ⅱ的另一个有用的业余活动是审查文件。只要通读迄今所有的实质性数据就可以了。可能需要新的分类，也可能整个实质性领域都需要重新安排。重新阅读最近的作品并思考你所能连接的新关系，从中浮现出来的新想法会让你感到意外。

根据项目规模的不同，在中期阶段Ⅱ中，应该每隔两周（小型论文）到八周（博士学位论文）就回顾一下设计文档。原因很常见：考虑各种变换和移动，重新排列设计文档中的各个部分，检查横向通道矩阵中的迷你型分析。的确，当你在中期阶段Ⅱ进行研究时，那个矩阵越来越变得不像跨越特定资源的特定问题的矩阵，而更像是一个受控词汇表和跨越经验性内容的理论问题的矩阵。也就是说，它逐渐将自己从非线性研究的实践性管理中释放出来，变得更加理论化。这个变化会使你看到可以从研究内容中成形的线性结构。（还可以保持两个不同的矩阵，如果那样更容易的话。但这两个矩阵无论如何都是非常紧密相关的。）

（四）中期阶段Ⅲ

最终，中期阶段Ⅱ的回顾会揭示项目中较大的子部分已经开始聚合成为各个单元。现在，可以认真考虑一些可能的替代性方案，将各种资料都调整为一个线性论证，并使用设计文档来引入这个论证。在项目中，中期阶段Ⅲ是考虑这种调整的各种可能性的时候。一旦做出选择，设计文档就转变为书面的引言，而形成中的文本获得了控制权，告诉你必须完成哪些分析来填补正文设计，哪些书目的条目要当作参考文献使用等。转向文本控制的行动也将使你停止项目中许多方面的工 226
作，因为它们已经不再与项目相关了。

对我而言，中期阶段Ⅲ常常很短暂。有时候，我是受到会议和出版截稿日期这样的现实条件的局限。但更多时候,我仅仅是爱上了论文的特定组织结构。你可能会有所不同。但情况仍然会是这样,中期阶段Ⅲ基本是过渡性的。设计文档正在放弃对多种可能的写作结构的控制。当发生这种情况时,你就到最后阶段了——回到线性世界,文本的天地。

(五)结束阶段

结束阶段仅仅就是线性设计的执行期。在这个阶段,除了写作,研究中的所有方面都进入一个恰好够用的地步。你只有在需要的时候才去搜寻书目,只有为了寻找一个缺失的细节而进行扫视和浏览,只进行设计方案所要求的迷你型分析,而不会去读那些并不迫切需要的东西。你只使用那些需要的文档,甚至偶尔要对它们进行重新安排,以满足写作的必要性需求。

如果你已经在项目推进过程中写了一些关于资料来源、人物、组织、方法和迷你型分析的片段,这些文字中有很多可以简单结合起来。不过论证有其自身的逻辑,你会发现研究的小片段即使到了这时候也还是必要的,仅仅因为段落X并不是直接引向段落Z,而是要经过段落Y:有一个详细的写作逻辑,它与一般性和具体研究问题的组织结构所采用的抽象逻辑并不完全相同。因此,在结束阶段仍然要做研究,但那都是特殊情况,感觉并不像主导了中期阶段Ⅱ的流畅的双臂摆荡或严格的强力作业。

最终会有一个完整的文本。完成之后,你应该把它尽可能久地将其搁置一边:学士学位论文可以放几天,博士学位论文则搁置一个月以上。接着你可以像个局外人一样进行编辑,就像一个对它并不熟悉的人。结束阶段的相当一部分时间应该采用这种疏离。为了确保有足够的时间用在这方面,可以在真正的截稿日期之前尽早设置一个假的最后期限。最终文本会有很多方面需要进行编辑和完善。

二、项目的各个方面:适当的设计

历经这几个阶段的工作流程有很多。现在我们转到设计的各方面所发生的特别事务——不是按年代顺序而是根据实质性领域来看待设计。这里有两大事务谱系:涉及设计文档自身的事务,以及涉及图书馆 227
研究中各个具体活动的事务。我们先来看看设计文档方面的事务。

在我的经验里,完善设计文档的最佳途径就是去阅读同侪的设计文档。(出于这个目的,我在自己课堂上将学生拆分成互相评论的小组,每组 4 人。)同侪的设计文档会同时提供好的和差的例子,甚至是在同一个文档中。你可能会发现,他们的经验性谜团含糊不清,甚至都不是经验性的;也可能会发现他们的理论性谜团仅仅是非常一般化的经验性谜团,或者其一般性和具体研究问题与他们的谜团并不相关;还可能会看到他们想当然地认为作为读者的你会知道那些实际上你并不知道的事情。当然,你会做出许多客气的批评,不过,你会立即意识到自己也犯了一些同样的错误,并马上就想弥补它们,不管其他人是否注意到。你还会看到别人做得很不错的事情,并会弄清楚如何将这些经验教训应用在自己的文档中。

(一) 经验性谜团

我应该从好的经验性谜团的显性规则说起,接着我们就可以担心其中的变化。

经验性谜团的形式几乎总是“为什么说 X 是真实的?”(或是为什么发生或没有发生 X,诸如此类。)也就是说,好的经验性谜团几乎总是一个关于为什么的问题。许多学生一开始并不是把为什么的问题作为他们的经验性谜团;他们最常见的情况是从描述性谜团着手——那些关于“是什么”或“如何”的问题。但我们会看到,这些问题中的大多数可以很容易转变成“为什么”的问题。

纯粹描述性的问题并不是真正的经验性谜团。也就是说,诸如“美国南方人对堕胎的态度有什么趋势”并不是真正的经验性谜团。它们是纯粹的经验性问题,假定存在着固定答案,只需找到它们即可。但它们几乎总是隐含着一个“为什么”的问题,因为没有人会问“美国南方人对堕胎的态度有什么趋势”,却不想知道这种趋势为什么会有一个特定形态。因此,设计一篇论文的更好途径是在暂定经验性证据的基础上提出“美国南方人对堕胎的态度为什么会在 20 世纪 70 年代变得不那么开明了”这样的谜团,接着在一个早期迷你型分析中对这个谜团进行核实并让它变得复杂化。这可以让你提出多种理论机制来解释为什么
228 态度会发生变化。因此,第一种可能性会是南方人的态度改变是因为美国人对堕胎的态度改变了,在这种情况下,我们的分析单元错了。第二种可能性是移民给南方带来了新的人口种类,他们有了新的态度。第三种可能性是福音派基督教在南方的特殊兴起。所有这些都可以进行描述性分析,但更重要的是,它们要求我们不仅要描述,还要进行解释。

非真正谜团的纯粹经验性谜团有一种变体,就是关于“如何”的问题。它有两个版本,取决于词汇“how”的两个意思。它们在接下来的经验性谜团中得到了很好的阐述,在我的课堂上实际上提出了这个问题:“我对如今的女孩们是如何变得都在穿高跟鞋感兴趣”。词汇 how 在这里仅仅意味着“令人困惑的事实是……”将“谜团”简化为一个纯粹描述性的问题,即女孩们在穿高跟鞋这个现象实际上是否真实。(这个问题带有好几个子部分:所有女孩还是一些女孩?全部时间还是部分时间?)how 的另一个意思是“通过……途径”,在这种情况下,琐碎的答案显然是:“穿在她们脚上”(这是我的第一反应)。但实际上对“如何”这个问题有许多严肃的延伸问题:是不是穿袜子或其他衣着?只适用于某些种类的场合吗?也就是说,在 how 的第二种意思之下,我们开始看到更多真实的经验性谜团:女孩们为什么会在一些场合

穿高跟鞋,而在另外场合不穿?这些场合变化了吗(以及为什么)?但总的来说,原来的“如何”问题并不是一个好的经验性谜团。

另一组并不是真正谜团的经验性谜团是分类和插图。一名学生提议做一个关于由大学正式发起的性主题派对的研究,其经验性谜团是“它们是在社会上受到制裁但开拓了一片阈限空间的仪式吗?”这个“谜团”仅仅是询问了这种派对是否符合某类社会分析。更糟糕的是,这种类别并不是一个一般性类别,而是来自一名特定的理论家。[人类学家维克多·特纳(Victor Tumer)研究过20世纪70年代的阈限(变迁)情况。]在这里,更受欢迎的经验性谜团的版本是“大学为什么会正式发起性主题派对”,而这名学生正是用这个版本的谜团接着完成了一个优秀的研究项目。

更普遍的情况是,一个经验性谜团永远不应该采取“现象X阐述了Y的关于Z的理论吗?”这种形式。因此,如果一名学生打算用“这些事件如何阐释了巴赫金的狂欢理论”的谜团来分析某个社会运动,正确的谜团应该是“为什么这些事件更像是一次狂欢,而非实际的社会运动”,巴赫金的狂欢理论提供了支持第一种解释的机制,而各种社会运动理论则为第二种解释提供了支持机制。注意,在这项研究中,不 229
能用巴赫金的理论来决定这些事件是否真的像狂欢,因为那只会把整个项目简化为最初的巴赫金例证公式。

经验性谜团应该清楚地聚焦。最近有名学生提议写“美国金融化的总体社会影响是什么”。这不是一个用于短篇经验性论文的蓝图,而是需要用一辈子研究的课题。它过于含糊和宏大,无法支持一个实际的项目。测试经验性谜团的另一个途径是同座测试。你是否能以某种方式把经验性谜团用两句话讲述给飞机(或巴士、电影院)邻座的随便一个人,以便那个人能将它复述给你,并且觉得它有意思?最近有一个不错的例子,虽然很有野心(实际上,它已经成了一篇博士学位论文的经验性谜团):“19世纪的中国有几十次起义;为什么其中的一次能够迅速而有力地壮大,而其他的却都没能做到?”注意,这是一个不错的经验性谜团,因为即使有书籍中含有大量关于著名的太平天国起义的内容,但并没有图书含有其他那些失败起义的丰富资料。

还要注意,有时候一个经验性谜团可能会涉及欠缺性。我有一名学生将重点放在阿联酋报纸中关于妇女角色的题目上面,但接着发现原来真正的谜团与其说是为什么有这么多关于女性的题目,还不如说——鉴于那里潜在的安全问题——为什么只有这么少的题目是关于安全的。结果证明,关于女性的报道有意识地被设计成对安全问题的干扰物。

(二) 理论性谜团

确定合适的理论性谜团是设计中最为艰巨的部分。对高年级学生来说,这是因为理论性框架是轻而易举的事情。研究生可以轻易地在半个小时内为一个给定的经验性谜团提出四个理论上的阐释。他们的问题在于如何选出最切合实际的那一个。

对较低年级的学生来说,情况有所不同。他们往往还不知道足够的文献知识来提出具有恰当理论性的问题,所以,他们的理论性问题经常仅仅是其经验性谜团的一般化版本:在经验层面上的问题“为什么
230 美国移民在洛杉矶会被同化,而在纽约则不会被同化”,在理论层面上就变成了“为什么说有些移民群体会被同化,而其他的则不会被同化”。在这里,恰当的理论性谜团将是“有些人辩称,同化依赖于移民流是否会从流出国得以继续,而另一些人则认为它取决于流入城市中其他移民社区的现有模式”。那么,结果可能是两个美国移民社区例子的对比支持了这种或那种理论。

恰当的理论性谜团是事情为什么会发生的替代性理论阐释,而不仅仅是所发生事情的更大类别。当然,有时候结果证明两种阐释都是对的,并且研究要么显示它们是如何彼此关联的,要么显示每种阐释为

什么会在不同情况下占据主导,要么显示两者都是一个潜在的并且迄今未被怀疑过的理论的表层表达。实际上,这名学生通过只考虑洛杉矶并检查那里同化过程中的内部和时间的变化,确定了美国移民的谜团,写出了一篇优秀的论文。

注意,理论性谜团有时候可能形成对一种情况的替代性概括,而非提供不同的解释。因此,上述那个中国起义的谜团有两个理论性替代品:关于第一个论点,起义成功(或失败)是基于其内在的特性;关于第二个论点,起义成功(或失败)是由于它们周围其他起义的状况(当没有竞争时,起义队伍就更容易壮大)。在第二个例子中,新的理论观点认为单独的起义是分析中的错误单元;我们实际上应该查看整个起义体系。

大致说来,如果理论性谜团涉及关于因果关系的观点时,经验性谜团就必须涉及变化。所以,如果你想在两个解释为什么会发生某件事情的理论当中做出裁决,就需要不同的例子,或同一个例子中的不同时期,或一个例子中的不同子群组。历史性叙述是例外情况,它对一组给定事件有替代性的"因果解释"——实际上是替代性叙述——被认为是合理的。(因此,在反复出现的厄瓜多尔例子中,我们可能会辩称:"自然在厄瓜多尔宪法中拥有权利是因为精英们所做的事情,而不是原住民所做的事情。"这样的论证会产生一个案例中的替代性群体。)一个单独例子的另一种理论用途是为了显示:尽管此前的理论提供了令人满意的解释,但一种新的解释也同样看似有理。(鉴于先前学术界的力量,这可能是一场艰苦的战斗。)但最常见的是,你通过聚焦自己研究目标内的子群组或次级时期来强化理论谜团,即便项目看起来就像一个单独案例研究的时候。

由于理论性谜团是最初设计文档中最不足信的部分,需要经常对 231
它们重新进行考虑。但是,这几乎是应该在中期阶段自动发生的。当你对材料进行多次分类时,将建立自己的受控词汇表,并且应该不断尝试用新获得的清晰术语来重新叙述经验性谜团。毕竟,受控词汇表是你自己的概念机制，是关于数据的“理论”的原材料。随着情况的明朗化，应该重新审视理论性谜团，你可能会发现，如今的理论性谜团听着像是老生常谈，需要重新措辞或重新提出。

例如，一名学生从如下理论性谜团开始：“优生学运动的历史是由‘资源动员’问题所决定，还是由‘政治机遇结构’或‘框架’问题所决定？”（这三个单引号中的短语是社会运动理论的三个主要版本。）理论性谜团实际上只不过是在声明“我想弄清楚哪种理论能让我最好地讲述优生学运动的故事”。它是一种我之前摒弃的谜团类别。改进后的说法是：“检查优生学运动的细节将告诉我们，框架和政治机遇在什么情况下改变了资源限制对社会运动的影响。”也就是说，作者并没有仅仅将优生学运动硬塞进合适的解释性框架，而是可以用这个运动来告诉我们如何能重新搭建整个框架。这个例子强调了一个事实，即你应该一直让经验性谜团和理论性谜团保持密切相关。对于高年级学生来说，这尤其重要，因为他们非常了解理论文献，很容易迷失在微观理论那些几乎无差别的特性当中。

注意，你可能得引入一些东西到理论性装备中。这是来自那名从事厄瓜多尔研究的学生的一个注解：

> 土著政治对给予自然权利的想法所产生的影响一直显而易见，但我最初对宪法起草前后所发生事情进行了研究，得知厄瓜多尔的主要原住民组织并没有提出“自然权利”的语言后，考虑并打消了这个念头。但他们在此前几十年的进步政治中的表现明显影响了这个权利想法的概念化以及提出它的确凿事实。

再说最后两句关于理论性谜团在中期阶段的变动情况。第一，如果你的确改换了理论性谜团，要记住这有时候会影响一般性和具体研
232 究问题，也许需要研究新的事情。不过，大多数情况并非如此，因为理

论性变化往往来自偶尔会对你未曾提出的问题进行解答的迷你型分析。一个新的理论框架通常意味着一些现存的一般性和具体研究问题如今不相关了,而新的问题则已经被提出和回答了。

第二,如果你是一个更高年级的学生,会知道自己可以在一个特定项目中研究一个以上的理论性问题,你可能需要下决心选择想做其中哪些。通常这是一个"我想要处理什么文献"的问题,而它会跟你未来的职业计划相连接。记住,要有意识地做出这个决定,而不仅仅是随波逐流进入一个特别的理论方法。

(三) 概念化

在一级资料里面四处搜寻可能已经改变了你的概念化工作。可能会有新的主人公。老的主人公可能在你的研究期间中途改变了合作伙伴。所以,研究保姆职业不能仅仅看十几岁的女孩,还得看祖母辈以及其他从事保姆工作的人。

迄今在概念化当中最普遍的改变是分析单位或行动环境在设想上有错误。例如,在那个从分析泰国和缅甸的性产业和鸦片入手的项目中,最初计划将两个国家政府作为分析单位,打算比较两种不同政策的执行情况。结果证明,诸如卖淫和毒品这样的社会问题很容易跨越国境线流动,尤其是在湄公河上游地区,泰国、缅甸、老挝和中国在此接壤,远离任何国家的中央政府。因此,执法行为就完全依赖于相邻国家的政策。(一个国家的严厉执法无非是把鸦片转移几英里,跑到另一个国家去。)这个金三角以及其中的鸦片流动,成了新的基本分析单元,而国家则作为次级因素以各种方式对它进行塑造。

对于另外一个例子,宫颈刮片检查的论文建立在一个有关性别化的理论谜团的基础之上。但性别化当然不能仅仅用一种性别来研究,所以该论文还得扩大到包括前列腺癌筛检。一个项目对内布拉斯加州和堪萨斯州进行比较,结果变成了一篇关于两州平原地区和美国东部/

233 流域进行比较的论文。所有这些例子都涉及分析单元和环境的变化，以维持学生所提出的经验性和理论性问题。

很有可能还会出现这种情况：概念化的一个主要部分并不真正存在。有名学生打算做一个关于自闭症的神经影像以及神经影像如何改变人们对疾病反应的项目。但结果证明疾病本身的概念就如此不确定，而且它的诊断标准也如此捉摸不定，甚至在向神经影像的变换中，连疾病到底是什么的确切定义都纠缠不清，所以该论文只得彻底重新进行概念化，聚焦于那些定义的变化上，而不管“发现”自闭症“现实”的科学说法。在我的经验中，这种问题的最特殊情况是有名学生提出的关于昌迪加尔这个城市的规划和诞生的论文，该市是印度旁遮普省在 1947 年分离出来之后重新建造的首府。结果证明，直到规划过程中很晚的时候，这个城市还是连名字都没有。它仅仅以“一个留待以后命名的城市”为人所知。所以，没有关键词可以用来搜索文档。用“昌迪加尔”搜索只能找到来自规划过程晚期最终选好了城市名称后的文档。所以，进行该项研究几乎是不可能的。

不过，概念化的任何部分当然都能够转变——人物、事件、地点、时间、怎么做。所有这些事情都必须在每一次重大的设计回顾中进行检查，既为了防止遗漏重要事情，也为了留存不再重要的事情。

(四) 一般性和具体研究问题

一般性研究问题也需要定期回顾。随着项目的推进，有些问题得到解答并能够从列表中划掉。有时候它们不再是真正的问题，要么因为你发现它们有着众所周知的答案，要么因为它们不再与重新设置的经验性和理论性问题相关，必须被废弃。有时候，你发现它们是错误提出的，需要重新改写。当然，如果你重新提出或改动经验性谜团，它们就全得一起改动。不过，一般性问题最常见的轨迹是随着项目的进行，发生了转移、重新聚焦、细化和加强。

对于任何一般性问题清单来说,可行性永远是个问题。如果一般性研究问题太多太大,就需要对经验性谜团进行一点聚焦。结果往往证明需要将谜团砍掉一部分:从研究整个政府变为研究一个具体的部委,从研究一个长久时期变为研究一个发生了关键事件的较短期间。有时候,这会涉及潜在设计的变化;之前提到过的那篇“性主题派对”论文从两个案例——其中一个缺乏数据——变为一个有着大量数据的具体案例的详细“替代性解释”研究。的确,比较更受青睐,但数据的可用性使得这样的决定是必然的。 234

具体研究问题的变化直接来自一般性问题的变化。大多数学生都不觉得具体研究问题会不确定。它们仅仅涉及展开一般性问题的细节:让后者变得正确无误才是困难所在。不过,在你回答了这些问题之后,将它们从列表中划掉当然也是一件乐事。而在任何指定的时间,都需要确保它们不仅经过了研究,还得到一些有计划的迷你型分析的处理。

总之,设计回顾保证了当前的设计文档能反映来自研究自身的想法和信息所需要的任何调整。通过设计回顾证实设计文档是最新的,项目设计是当前存在的样子,而不是最初所规划的那样。它确保当前的设计能满足有趣、清晰、一致和可行的标准,并大致表明还剩下哪些事情需要做,还可能告诉你进行这些工作的最佳顺序。

三、项目的各个方面:任务领域

定期回顾还意味着应该核对项目的各项任务。

参考书目。确保主要参考书目在规模上有限制,并保证书目分类恰当,没有大的分类。将废弃的和无关的材料转移到废弃书目文件夹里,这样更容易专注于重要的事情。如果存在任何重大漏洞,要制订计划来弥补。

迷你型分析和横向通道。任何定期回顾都意味着确保在受控词汇表以及实质性问题之间的问题/资料来源矩阵和增长中的横向通道矩阵。一方面,需要肯定你是在矩阵所要求的迷你型分析中行进,解决这个或那个具体研究问题。另一方面,当你开始看到某些迷你型分析是
235 如何抓住受控词汇表的理论部分之间的主要实质性关系时,实质性问题将会作为迷你型分析的集合出现:"在比较谱系相对于作为爱好的木工活的研究中,这三个迷你型分析使我得以表明性别和年龄是如何关联的",以及诸如此类的事情。也就是说,一方面,需要保持完成现有计划的常规任务,另一方面,需要对随着研究的进行而不可避免会开始出现的线性、实质性论证保持开放的态度。你必须保持控制,但也要对出现的解决方案保持开放。

受控词汇表。维持你自己的受控词汇表是非常重要的。受控词汇表在对数据(你写在文档中或作为标签使用的关键词)进行编码时至关重要,但在对理论有一个清晰简洁的理解方面,它也起着核心作用。你真正想通过合法化、同生群或精神病学家来表示什么?这些都是具有灵活性的词语,如果要让理论性谜团具有清晰度,就需要对它们有精确的感觉。因此,掌控好受控词汇表是保持项目一致性的重要部分,即确保理论性谜团的词汇表和分析所使用的工作词汇表相同(你在两个地方表示同样的意思!)。所以,定期回顾很重要。你并不想等到最后才发现自己提出的是一种谜团,而研究的是另外一种。然而,如果对项目的核心语言和概念不多加留意的话,就很可能发生这样的情况。

扫视、浏览、阅读。在中期阶段的回顾中,并不需要特别留意扫视、浏览和阅读。整个中期阶段都会一直做这些事情。我之前已经说过,中期阶段可以是进行一些思考性阅读的时候。从强力突破资源作业的压力和双臂摆荡的兴奋中休息一下,这能提供一个机会,以完全放松的方式来思考一下项目。将这种反思作为设计回顾的一部分是个好主意,但要保证去读一些稍微不同寻常的东西。如果你在这个时候还去

读一些在你的领域内处于核心位置的已完成作品,只会感到沮丧。在中期阶段Ⅱ,很容易在将材料转化为一个仔细论证的文本之前就对它的混乱感到绝望。这时,阅读他人已经完全组织好的最终成果也并不是一个好主意。所以,读点具有反思性的、一般化的并有点脱离主题的东西吧。

写作。反过来说,任何中期阶段的回顾都应该包含一个对你所写东西的快速普查——哪些小片段已经转变成文字,还应该识别出那些可以写出来的东西——迷你型分析、资料来源注解以及其他小片段。显然,这是你作为作者而对经过组合的迷你型分析及其文字水平的感觉,这种感觉会告诉你是否要开始认真考虑最终文本的设计,并开始朝 236
着中期阶段Ⅲ前进。

文档和清理。任何中期阶段回顾都应该涉及一次彻底的清理。上面所讨论的在经验性谜团和理论性谜团、受控词汇表和横向通道中的任何变动都对你当前的归档工作有着影响,这可能是对文档进行联合、分隔或把它们完全废弃的时候了。可能需要进行新的区分或整合不必要的差别。当然,所有这些都是对项目进行重新思考的一部分,也是对受控词汇表和支撑它的理论进行重新思考的一部分。无论怎么做这件事,重新检查文档——以及其中的数据——是任何设计回顾的核心部分。照例,归档过程中一个关键事项就是单位的大小。最近有名学生给我发来一条注解:

> 在我必须发展的两项技能中,第二项是使用会发生改变的电子文件结构来工作。用一种横穿文件本身的方式来整理信息似乎很笨。从物理上来说,它更简单一点,因为基本单位是纸张,它们可以撕开、粘在一起等。所以,回头来看,我原本应该用更多实体文件来完成这个项目——它们更容易改动。

行动清单和待定事项。你可能在等待一些资料,但在忙着其他事情的过程中忘记了。它们可能是计划中的迷你型分析，因为某个原因而被搁置了。在你可以做到的范围内，在设计回顾时对这些事情进行核对不无裨益。我之前指出过，尽管我自己对项目很入迷，但最终会失控（通常只是及时转入写作阶段！），我觉得，我的失误在于想去维护任何引发这个结果的核心待做事项或行动列表。最终，在中期阶段Ⅱ，我只是迷上了那种兴奋感和行动，并开始让项目自己运行。照例，需要进行必要的组织工作，但不用画蛇添足。虽然我没有坚持自己的清理工作就得以完成项目，但正因为此，我常常遇到这样的经历：在我已经发出项目的最终文稿之后，才收到一个重要的馆际互借书刊。或是当我忘记把一组重要分析放进项目的最终文稿以后，我才注意到。这就是人生啊。

最后，设计回顾的基本规则就是利用项目中那些牢固而且完善的方面去支持你进一步开发其他一些不那么确定的领域。如果理论看上
237 去是最薄弱的环节，那么就采用经验性谜团、概念化以及迷你型分析的结果，努力去使它聚焦。如果一个一般性研究问题似乎无法奏效，那就用其他的来决定它适合哪里、是否可以驳回它等。通过遵循这个原则，你就总能将自己的工作建立在项目中最强有力的通用部分，并将力气花在能产生最大回报的项目领域。你会发现，固定一个领域将揭示出其他领域的薄弱之处，这会让你转到其他那些任务上去，直到有了一个彻底的修整。

还要记住，这整个“中期阶段设计”事务是一个有帮助的检查表，而不是一个严格的计划。需要足够的设计工作来防止迷失，但其自身并不是必不可少的。它的唯一目的是保证你抵达中期阶段Ⅲ——线性化的时刻，并确保当你到达那个阶段的时候，拥有写出一篇优秀文稿所需要的一切东西。你所需要的设计量就是完成那个目标所需要的。

第十二章　结束阶段

我已经强调过，设计文档和中期阶段的各项纪律会让你撑过图书馆 238
研究的非线性时期。当线性归来时，就到了结束阶段。写作接管了项目的方向，而指明灯成了有结构的阐释和线性文字所组成的真经。在一本专注于非线性的书籍中，似乎没什么地方用于详细讨论写作。我已经让读者去参考布思等人为这样的讨论而写的《研究技巧》那本书。

还有一个原因可能会让写作建议徒劳无功，在我指导了几百篇课程论文、学士学位论文、硕士学位论文和博士学位论文之后，我对这个原因知道得很清楚。虽然导师并不会明确要求打草稿，但论文通常都是顶多在截止日期之前的几天——有时甚至只有几个小时——写好的。发生这种情况的部分原因在于非线性研究复杂得让人望而生畏。不过，还有部分原因是陷入研究的学生低估了从材料中生成文稿所需要的时间和功夫。

如果你遵循了本书迄今为止所说的方法，这第二个问题肯定会不那么严重。你将会在研究推进的过程中已经写好了大部分引言，将会已经写好许多关于资料来源、人物、次要题目等的小片段草稿，将会在中期阶段就已经开始通过组合迷你型分析来组织线性部分的内容，手头还将拥有经过组织的文件、一组清晰的谜团、可靠的工作词汇表、从谜团引向分析的清晰逻辑。所有这些都意味着你不会面临大量缺乏组织的材料，没办法将它们转变成文本。

同样,这里所描绘的研究方法确实也包括了写作方法。做得好的研究理应有一个优秀的写作,所以我要说几句关于写作风格的话。我不会谈论太多文本的总体组织和结构。这些会从我们在本书第十章和第十一章里所讨论的决定中自然而然地生长出来。但我要说一些关于清晰性、逻辑和文雅方面的事情。你可能已经从本书第七章关于阅读
239 的讨论中推测出其中的一些:我认为最好的写作风格就是最适合掌握式阅读的风格。

一、风格

最终,你是用文章来赢得读者。你可以完成可能的最佳图书馆研究,也可能从非线性研究华丽地回到线性论证,但如果没能写出读者想要读的语句和段落,你的信息就会不为人知。

现代文章的根本问题对每个人都一样——不管是教授还是学生。我们大部分人都打字很快,以至于我们的书面文本仅仅是记录下来的谈话。如果你尝试写一段普通文字,就会马上理解这个事实。在你写下正常语句的第一稿之前,就会已经考虑过用两三种更好的方式去写,这就是真正的写作给人的感觉——跟说话大相径庭。

不过,虽然文字处理软件已经让当今的写作变得更加接近说话,但我们阅读的方式还跟从前一样。从一个写好的文本中提取意思仍然跟从演讲中提取意思有着根本不同。在口语环境中,我们有手势、表情、声调、韵律、加强语气以及其他的副语言线索来辅助我们的意思。我们可以说一个单词“Right!”并由声音的语调来决定读者听到的是“我同意”还是“只有笨蛋才会同意”。在阅读中就没有这样的副语言技能,情感符号还没有进入学术文章里。文本自身必须向读者传达我们的全部意思。因此,必须很仔细地选择词语,语法必须精确,只有在有明确意图的时候才使用含糊说法。正式说来,写作意味着将演讲(谈话加

上副语言线索)的自然交流变成定型化的文本,能在作者缺席的情况下向读者传达清楚而且复杂的信息。

但在当前环境下,我们全都在电脑上写作,这么做产生了自然的口语化文字,其句子意思含糊,像发电报一样,较大的结构显得曲折又啰嗦。我们指望读者(我们将其想象为听众)自己来提供逻辑,因为我们假定对读者那边的任何错误假设将会在接下来的交流中轻易得到纠正,却忘了在书面当中并没有后续交流。想想在电子邮件和短信中是多么容易造成误解,就会明白为什么这个论点正确无误。

因此,真实的写作必须非常精确,逻辑必须清晰,必须预见到含糊 240
之处并提前进行处理。此外,所有这些都必须在一个线性文本中完成,其中对含糊之处的预先处理不能被误解为是论证的主线。这就是为什么作品中满是指导性的构造:“有人可能会觉得 X,但……”或“一个论点可能是 X,但我要说 Y”。

所有这些都足够清楚,但还是难以执行。你在项目较早时候撰写的大多数文本——迷你型分析、资料来源注解和其他的小片段——都是用口语风格撰写的。所有这些小片段现在都必须转换成真正的文章。幸运的是,到你抵达结束阶段的时候,设计文档将已经写得非常好了。如果你已经和他人对它进行过广泛讨论,他们将迫使你让自己的假设和逻辑在新版本中变清晰。

不过,还有一个更大的问题。大多数学生在正式写作上的实践很少。他们对已完稿文章的印象往往是呆板的:长句子、宏大的术语、精心的建构。这是一种沉重和模糊同时兼备的风格。此外,截稿日期的压力让学生不习惯进行编辑,他们很少在完成文本之后还有多余时间用来进行认真编辑。然而,编辑应该是一个重大事务。例如,本书的最初草稿在篇幅上是这个出版稿件的两倍。这就是编辑的意义。

这里是关于文章写作的四个简短说明,用于应对从项目最初的“口语化”版本中创作出有效线性文本的难题。

（一）阅读

写出好文章的第一步是阅读好文章。所写即所读。既然你需要从图书馆研究当中抽身休息，那就把时间用来阅读好文章吧。

你不会在网上找到它。正如任何优秀的网站设计者都会告诉你的那样，一般用途的网页都被优化在大约六年级的阅读水平。的确，网络文章放大了报纸文章的缺点：简化的论证、含糊的泛泛而谈、有限的词汇表、对图片的依赖。它的模式实际上是演讲而非写作，而其最具特色的形式——博客，用书面形式再造了19世纪缺乏活力的演讲术。悲哀的是，学术文章往往好不了多少。人文写作经常充斥着宏大的用词、扭捏作态的双关语、含糊的推理。而在事情的另一面，无趣的科学至上主义又把定量社会科学变成了相当于梅尔巴薄脆面包那样的文章，聒噪而无味。

241 那么，最好就是阅读经典文献。让我们提出一些名字。阅读那些伟大的小说家，比如菲茨杰拉德、康拉德、奥斯汀、海明威、伍尔芙、沃顿、莱辛和厄普代克。还要阅读那些伟大的散文家，比如T. S.艾略特、E. B.怀特和V. S.奈保尔，还有现代诗人，如安妮·塞克斯顿、德里克·沃尔科特和W. H.奥登。这些人用词语做出了美妙的事情。简·奥斯汀笔下的人物说的英语可能在现实中未曾有人真的说过，但尽管如此，她的书仍然别具一格，引人入胜。

对于学术文章来说，阅读历史和人类学著作，尤其是来自那些学科的作者迷失在福柯式迷雾（大约1980年前后）之前的时期所写的文章。历史学家中有许多伟大的作家，不仅有过度自觉的诸如塞缪尔·埃利奥特·莫里森那一类的文章作者，还有专业历史学家，比如查尔斯·罗森伯格、劳伦斯·卡茨、娜塔莉·戴维斯以及塞缪尔·哈伯。20世纪中叶的英语历史学家都是伟大的作家，例如：A. J. P.泰勒、G. R.埃尔顿和休·特雷费-罗珀。不过社会科学领域也有很好的作家，政治学领域的罗伯特·达尔、社会学领域的哈维·佐尔博和霍华德·贝克、经济学领域的凯恩斯和琼·罗宾逊，还有其他很多作家。问问你的导师，他们会很乐于告诉你他所钟爱的作者。

优秀的英文学术作品是清晰而简洁的，其逻辑必然是流畅的：从句子到句子、从段落到段落、从区块到区块，都是如此。如果一定要做出选择的话，它更青睐论证，而不是文雅。但它更倾向于避免这种选择，让彼此相得益彰。我将对每一方面都说一点。

（二）清晰和简洁

论证往往是高度复杂的。因此，它们必须用精确的词语说出来，带有清晰的定义——如果需要的话会在文本中优雅地提出来。句法和词序会造成很大区别。就清晰而言，许多口头习语在文章中是禁止使用的。它们中有三个在我收到的学生文章中随处可见，所以我要在这里提及它们。

第一个问题涉及像“只有”（only）、“一些”（some）、“没有”（not）这类的词。在讲话中，我们会通过强调来澄清这种词的意思，但在文章中，它们必须精确定位。“并不是所有男性都通过了考试”和“所有男性都没有通过考试”表示的不是同一回事。在讲话中，我们经常会用第二种说法来表示第一种的意思，不过，会通过强调“所有”（all）来让我们的意思变得清楚。但印刷文本并没有这种强调，所以必须依赖精确的词序。同样的事情也发生在“只有”（only）上面：“只有我看到这本书”并不是“我只是看这本书”，也不是“我看到的只有这本书”。

第二个问题是关于指代（reference）。一个明显例子是“这个” 242
（this）。在讲话中我们把“这个”放在句子开头作为独立主语，来指代我们刚说过的话当中一些未明确说明的方面。（“这个就是我一直在谈论的。”）我们并没有重复那个方面本身，因为知道如果听众用“这个”来指代不是我们所指的东西时，我们会进行澄清。但在写作中，不可能进行纠正，所以一个独立的“这个”就会造成误解。因此，在写作中，你总是会重复（或声明，如果它没得到声明的话）“这个”所指的名词：“这个观点”“这个论证”“这个想法的风格”。（因此，“这个指代的问题就是我一直在谈论的。”）读者不应该被迫去猜测“这个”指的是什么。而指代也同样是其他许多词语存在的问题。要确保读者清楚地知道指示代词（“这个”“那个”等）、关系代词（“谁”“哪个”“谁的”等）和人称代词（“它”“它的”“它们的”“谁的”等）的指代物。

第三个问题是动词“to be”。使用动词“to be”通常暴露了不完整的想法。“官僚主义在当代组织机构中是一个重要趋势”（Bureaucracy is an impertant trend in contemporary organizations）意义不大或没有意义。“现代组织机构让毫无用处的经理人和文牍工作激增”（Morden organization proliferate useless managers and paperwork）则说出了非常明确的事情。动词“to be”也会让人困惑，因为我们既把它用于规范的声明，也用于描述性声明。“美国是民主体制”（The United States is a democracy）可以表示这个国家有着某种特性列表（选举、不记名投票、普选权），但它也可以表示“美国是一个好地方，我赞成它”（The United States is a good place and I approve of it）。为了避免这两种危险（含糊不清和标准的模棱两可），就要仔细检查文本，审阅每一个“is”和“are”，并设法将每一次出现它们的地方都用某个做出了更强烈、更具体主张的动词来替代。

（三）逻辑流

线性文本会有一个论证。让我们明确一下我所说的“一个论证”是什么意思。最近我让一个班级的一年级大学生告诉我亚当·斯密（Adam Smith's）的《国富论》（The Wealth of Nations）前5章中的论证。他们给了我含有10个主张的列表（的确全部都是亚当·斯密提出的），但并没有按照任何顺序或者逻辑关系来提供这些主张。不过这样的重点列表并不是论证。论证是一组有顺序的主张，每个都在逻辑上跟随着前一个。你的文本必须要做出一个论证,而这个论证需要清晰而且连续地——如果不显眼的话——得到强调。因此,每个句子都应该直接从其上一句那里发展而来。如果你的文章并没有充斥着像“但是”“尽管如此”“的确”“虽然”“相关地”“同样地”“另一方面”之类的词汇和短语的话,就还没有让论证足够清晰,无非是提供了一个列表。 243

显然,将这些词汇分布到文本中,就像在沙拉上撒胡椒粉,并不能解决问题。要放入恰当的逻辑记录。但要记住,你不能假定逻辑记录是从表情和强调中牵引而来,就像在演说中那样。在演说中,我们的大量逻辑关系是通过摇头、讽刺性的声调等来传达的,而在书面中并没有这些资源可用,要保持清晰。

段落结构也必须清晰。每个段落只关注一个观点。不要让任何观点占据双倍行距的一页以上,大多数都不超过半页。如果一个段落使用了 200 个以上的单词,可能就太长了。大多数段落都要用一个与前一段联系清晰的句子开始(使用像“这些观点”之类的指示词或者像“另一方面”这样的逻辑标记),而那个句子会清楚表明新的段落是如何推动论证的。同样,用一个过渡性句子对段落进行含蓄总结,为接下来的内容打下伏笔,用这样的句子给大多数段落结尾。

就像段落不应该只是句子的列表一样,各个区块也不应该是段落的罗列。如果你必须采用列表方式的段落(假设你必须简要谈论几个国家的经济、社会结构和文化),就要用平行结构,并将列表中的事情按照从简单到复杂或按照其他具有部分逻辑的模式进行排序。列表读起来很枯燥,要给它们赋予逻辑流的外观,哪怕它们并没有逻辑流。

使用清晰的指示牌。一定要说“其次……”或“我的第三个论证是……”确保读者确切知道他们处于什么位置。不要强迫自己这么做,但如果你必须犯错的话,宁愿在清晰性这边犯错。读者对你的过度指示感到厌烦总比让他们一头雾水更好些。

段落的最终测试是你应该能够将每个段落总结为一个单独的句

子,让你的较长论据在这个简短形式中也是完全清晰的。实际上,整篇论文都应该可以像这样进行浓缩。

在段落层面之上,论文应该分成区块,它们的结构和段落大致相同。每个区块都应该以一个引导性段落开始,表述即将到来的内容是什么、按照什么顺序以及为什么。每个区块都应该以一个清晰的综述
244 来结尾,总结该区块说了什么、它是如何调和的,以及这些论证所暗示的下一个内容。区块之间的过渡应该绝对清晰。当然,这并不意味着文本不能是文雅的,就如我们将会看到的那样。但读者应该总是能在优雅的表面下面找到磐石般牢固的组织结构。

(四) 文雅

书面的文雅来自实践。但即使是经过了良好练习的作者也要进行艰巨的编辑工作。没有人第一次就能写得漂亮:你不行,我不行,马里奥·巴尔加斯·略萨(Mario Vargas Llosa)也不行。要培养不断改进文章的习惯。重新读一遍,编辑,等待,重读,编辑,如此反复。“等待”是核心词:如果你想要认真改进文本,就要忘了它。文本越长,你需要放开它越久。对于专业人士来说,这种间离是同行评议节奏的组成部分。到了一个作品重新回来进行修改的时候,我们已经忘记了它,更乐意看到它在结构和风格上的缺陷。但是,在你成为一名专业人士之前,必须学会将这些间离设计到自己的写作实践中。这是你可以作为一个读者而非作者来阅读自己文章的唯一途径。

当然,一篇学期论文的作者并没有时间做这个工作。大多数学期论文都是在截止日期的前一天通过把闲聊式语言输进机器而写好的。(它们读起来也像闲聊;那就是我为什么几乎从来不把它们分发出去的原因。)不过如果你已经写出了一篇真正的研究论文,要用认真的编辑来赋予它以尊重。从时间安排的角度来说,这意味着要在截止日期之前至少一周完成最终文稿。接着你可以把它放开几天时间,再来认

真编辑。离开它两周时间会更好些，但接着你可能会看到有这么多需要改动的地方，那会让你大为沮丧。

二、关于变化的最后说明

有一件关于图书馆研究的事情是确定的，即研究工具会有持续的变化：它们所属的公司、可用性、界面，可能还甚至包括内部操作。因此，我应该用如何应对变化的建议来结束本书。还有一个原因也让这个建议变得非常重要。在图书馆研究中有许多具体的领域我还没有详细涉及，如档案和政府文件。在那些案例中也需要采用本书中的一般性经验教训。

实际上本书有四个基本经验教训。本书的第一个经验教训，图书馆研究并不是关于发现的，而是关于创造的。尽管在研究工具的网页上有各种花言巧语，但图书馆研究不是用来找信息的。将来也不会是 245
这样。整个“找到”和“发现”的论调都是不对的。在图书馆研究中——实际上在所有形式的真正思考中，我们找信息是为了帮助进一步发展自己的思维，但创造性思维是人类的事情，而找到信息仅仅是这个活动的一部分。想清楚找什么是远远重要得多的事情。不管工具变得如何精密，它们都不会告诉你找什么。

当然，有人会声称机器能够告诉你去找什么。那些千篇一律的统计程序、积分表格、微缩胶片和各种各样的其他知识商品也都有着同样的说法，就像它们如今是为了在引用数据库中的相关记录列表而制作的那样。但是，正如所有其他那些商品一样，这些新进展主要帮助的是那些利用工具将自己要去找什么的决定扩大化和复杂化的人，而不是那些将决定权交给机器的人。

本书的第二个经验教训是关于非线性的。我自始至终都在论证图书馆研究是一个非线性过程。我将那个跟我们大多数人在此时彼刻被教导的线性体系进行比较。非线性也不会发生变化。就像我在本书第一章里面说过的,它恰恰是由采用找来的数据进行研究的实践所执行的。互联网并没有改变用找来的数据所进行的研究的根本社会环境。它还必须是一个平行过程,同时在许多方面向前推进。

因此,应该对那些声称图书馆研究已经变成一个线性过程的说法保持怀疑,即使包括图书馆馆员在内的人已经相信研究的线性概念长达将近一个世纪了,而信息科学家如今也正在接受同样的看法。不过,学者并没有接受,20 世纪学术界的巨大产量就是一个明显证据,表明他们是正确的。此外,我所说的"图书馆研究是非线性的"论调不仅是正确的,也是非常温和的。我那些做定量方面研究的同事很了解,绝大多数的社会科学定量研究也都是非线性的。定量研究学者普遍在他们实际上已经深入研究中期阶段之时才提交研究拨款申请,旨在用拨款资金启动下一个项目。为真正将来的研究提交的拨款申请不可避免要包括许多无法衡量、无法预见的情况,跟那些以线性形式仔细展开的研究相比,看上去就显得太有试验性、太冒险。但是,只有那些几乎已经完成的研究才能够以线性形式展开。所以,为真正将来的研究所提交的申请很少获得资助。

246 本书的第三个经验教训是质量第一。你的资料来源应该是你所能找到的最好的,书目要包含关于一个主题的最好作品,研究工具应该是你能够找到的最有效的,阅读应该是精妙而有创造性的,这些都很重要。你的研究目标是创造一些令人敬佩的杰出作品,一些值得了解的东西。的确有各种各样的优秀,例如许多方法、许多准则。但其中每一样都有其自己的严格形态,并且研究不应该仅仅是遵守它们,而应该利用遵循它们的那些工具。

第三个经验教训的直接含义很简单:并不是越多越好,更好才是更佳;也不是越快越好,更好才是更佳。数量和速度并不是研究的标准,也不应该成为你所使用的工具的标准。随着新工具的出现和旧工具的变化,必须永远根据质量来评判它们。它们真的是在做其声称要做的事情吗?它们真的有一个受控词汇表吗,还是那只不过是一个被用作关键词列表的旧的主题词表?它们真的有当前的数据吗,还是它们的数据库充斥着未经确认(并不加辨别地接受的)迁移过来的资料?一个工具所揭露出来的区别是真的区别吗,抑或它们只是从光学字符识别和其他形式再处理过程的意外中衍生出来的?一个工具真的通用吗,还是仅仅是个垃圾筒?它稳定吗,还是会不经通知用户就出现改动?

这些都是你必须对每个找到的新工具提出的问题。这些问题实际上始终在激发我的判断力。它们确保你会找到那些工具,最有可能让你以最少量的工作找到合理而且必要数量的最佳资料。

这关于创造力、非线性和质量方面的经验教训,将是应对我们工作中使用的工具和资源库不可避免会发生的变化的指导原则。

本书的第四个经验教训是不同的类型。它关注的是图书馆研究的道德问题。我并不是用这些来表示要避免抄袭、真实反映资料来源、寻找真正有代表性的数据、不偏袒自己所青睐的假设之类。我觉得这些事情都是理所应当的。不重视它们的人才不会费力来读我写的这本书。它们是所有严谨思考的道德标准。

我的道德要点是关于你对自己的研究主题所持的立场。它会收获一些评论,我经常在指导具体项目时做出那样的评论,但它在这本书里并不属于任何一个具体位置。第四个经验教训是这样的:一名图书馆研究者必须将怀疑和批判跟对其主题的深刻同情结合起来。到了最后,所有的图书馆研究项目都是让其他一些社会现象栩栩如生:它的人物、他们的朋友和敌人、他们的成功和失败、他们的胜利和悲剧、他们的 247
神圣和邪恶。他们可能是很久以前或远在天边的人,也可能是当下或近在眼前的人。对研究而言,重要的是他们的生活并不是为了成为论文主题或例证某个知名理论,抑或为不合时宜的说教提供合适的目标。

的确,必须带着怀疑精神和批判精神来应对他们,但与此同时,必须把他们认作仅仅和你自己一样的人物:不是虚幻的剪贴画,不是各种主义下的好人或坏人,而只是努力弄清这个我们称之为人生的谜题,并过着他们觉得有意义的生活。他们可能已经以奇怪而不常见的方式那么去做了,可能的确已经做了超越一切理解能力之外的看似邪恶或美妙的事情。但你的研究和写作必须将他们的世界转化成你自己的世界,这样你的读者才能在那个经过转化的世界里发现一些针对他们自己生活而言的意义和复杂性。

在这里,你的指南应该是康德的绝对命令:在你自己想在其中得到研究以及探讨的思维框架中做研究和写文章;以你希望有人阅读你的电子邮件或分析你的脸书主页的方式来阅读原稿;阐释你的主题意图的方式,应该是你希望自己的意图被心存怀疑的同侪所理解的方式;通过这些能够让你自己负责的道德评判。在从事图书馆研究时,你承担着巨大责任:将一个经验世界描绘给那些生活在另一个经验世界的人。这是一种伟大的信任。加油啊!

词 汇 表

注意：下表中，括号内字母 P 和 D 分别表示实体的和数字的。因此“暗指”就是“超链接”的实体类比物，所以列表就有“暗指(P)”和“超链接(D)”。

美国图书馆协会(ALA)。美国图书馆馆员和许多大型协作生产的参考工具组织者的职业协会。其最重要的出版物是《工具书指南》，从 1902 年到 1996 年共有 11 个实体印刷版本。该指南自 2008 年起成为电子格式。

暗指(P)。实体书时代的超链接，需要读者自身的知识才能意识到。因此，《异乡异客》(*Stranger in a Strange Land*)——罗伯特·海因莱茵(Robert Heinlein)的著名科幻小说的标题——实际上是取自《圣经》里的短语，马丁·路德·金的“容我的百姓去”(Let my people go)也是。有时候暗指是完整的短语，就像“这是最好的图书，也是最糟糕的图书”，这里用“图书”代替了狄更斯(Dickens)的《双城记》(*Tale of Two Lities*)里开篇句子里的“年代”。

档案。这个词通常表示一个贮藏室，存放着非常独特的实体材料——机构记录、原稿集、图片集等。有时候它纯粹用于机构性或组织性记录，被称为“原稿集”的其他这类独特材料。(因此，有“哈佛大学档案”。)档案资料几乎都是没有出版的。档案这个词偶尔被用于表示一个特殊领域内不同寻常的已出版资料的独特完全收藏集，比如爵士唱片、杂志封面等。档案资料越来越多“天生就是数字格式”。

美国信息交换标准代码(ASCII)。这是二进制代码的实际列表(简单版有128种),它在机器代码层面对几乎所有计算机信息进行编码。[现在它是一个更广泛的跨越所有语言的体系——统一码(UTF/Unicode体系)——的一部分。]例如,大写字母D的美国信息交换标准代码值是68,二进制表示为1000100。

书目编制者。制作图书列表的人。在大多数图书馆里,“主题书目编制者”(或简称为“书目编制者”)是决定购买特定领域里的哪本书以及租用哪个专业在线数据库的人。因此,他们对(实体的和数字的)
250 图书馆资源有着渊博的知识和巨大的权力。一旦你深入项目当中,主题书目编制者将会比参考书职员更有帮助,因为他们的知识更加专门化。

参考书目。找到项目相关资料的任务。图书馆馆员还会谈到“描述性参考书目”,即创建具体条目的精确记录。关于特定题目的“一份参考书目”是项目相关资料的列表。在过去,这些是图书馆院系的标准作业,美国国会图书馆的Z分类下面全是它们。“全国参考书目”意味着一个特定国家可能在一个指定年代所出版的所有图书的明确列表。一篇文章的“参考书目”指的是文中引用的所有事项的列表,常常称为“参考文献列表”。

目录。识别和定位图书馆所收录资料的记录合集。传统上有三种目录:作者、标题和主题。在中小型图书馆里,这些都在实体卡片目录中收录,但大型图书馆经常将作者/标题目录和主题目录分开。在网络上,这三种目录都没有区别。对当今研究者来说,最重要的是一个可以浏览的主题目录——一个可点击的主题标目按照字母顺序的列表,而不是一个关键词主题目录。在印刷时代出版了几百种重要的目录,它们是非常有用的书目工具,通常用于高度专业的领域。

引用(PD)。对于支持性文件的参考,通常以两种格式中的一种实现:科技领域[作者、日期,以及(可能的)正文中在括号里提供的页码,在正文末尾带有一个参考文献列表,提供了完整书目信息];人文领域(首次提到一个资料来源时,在脚注中提供完整书目信息,然后在后面的脚注中使用缩写信息)。在数字时代,引用常常是有效链接,优势是能给支持性资料提供快速参考,而其劣势在于降低了指定文本作为一个整体进行阅读的可能性。

剪报服务(P)。剪报服务是一群受雇的报纸读者将客户感兴趣的任何报纸文章裁剪下来。客户指定感兴趣的领域,服务商对报纸、期刊等进行检查。

重要词汇(P)。印刷版关键词索引,通常含有一份文本中除了 a、an、the 的所有词。通常,一份重要词汇并不包括含有关键词那行的文本,而仅仅是其位置。大多数引用语词典都是根据重要词汇编制索引的。《圣经》的重要词汇已经存在了几个世纪。

受控词汇表(P)。这是索引编制者对一个严格体系的称谓。在这个体系中,含糊不清的主题术语被简化为单个的术语(例如,巫术的魔法、魔法、巫术、神秘主义等)。通常是一个层级结构,术语在其中被清晰地叙述为更广大的或更狭窄的,不过经常带有一定程度的交叉参考。受控词汇表的首要问题就是没能充分地进行交叉参考,它们对清晰性的青睐胜过关联。

交叉参考(P)。印刷时代的超链接指示,形式为“United States De- 251
partment of State(美国国务院),参见 US Dept. of State”。它们被用于实体目录和索引中,将含糊的术语、不同的拼写、变动的名称等组织到单一的位置。这对政府机构尤其重要,因为其名称很容易随意改变。卡片目录中满是这种交叉参考,它们仍然会是有用的工具。

数字化。参见光学字符识别。

消除歧义(PD)。对多个具有相同名称的个人、团体或其他事项进行区别。在实体索引中,这通常由个人的生卒日期来区别,对于地点则由地理标识符进行区别。在两种设定中，消除歧义对于通用标题来说都经常是个问题。（芝加哥大学的在线目录仅《科学》（*Science*）这个标题就有24个不同条目，大多数——但不是全部——通过出版日期进行区别。）这部分反映了标题没有版权的事实。

草稿（P）。在打字机带来的学术创作模式中，文本有着相继的“草稿”，这表示对编辑过的原稿重新打字输入显得清楚一些。由于打字耗费人力并且费用往往很高，作者就对新的文本进行重新安排并插入页边评论、箭头、字框，甚至将原稿裁剪开并用透明胶带和订书钉（剪切-粘贴优于胶带-订书钉）重新装配起来。只有当这样做使得“原稿”几乎无法辨认时，才会重新打字录入。这意味着论文有非常清晰的版本延续，一个重要作品通常有三四个版本。在使用计算机进行的创作中，更新当然都是连续的。

EBSCO（D）。EBSCO公司是一家大型企业集团。EBSCO信息服务公司是这个企业集团的下属部门。EBSCO信息服务公司是数据库和信息服务的合成者。它（在2011年）收购了H. W. 威尔逊公司，后者是20世纪大多数主要索引工具的开发商。在写作本书时，还不清楚这项收购对于旧的威尔逊数据库的功能有什么影响。

尾注（PD）。参见脚注。

蜉蝣。这是图书馆馆员对那些实际上转瞬即逝——也就是预计会消失——的资料的称谓，包括小册子、宽页印刷品、传单、明信片、油印杂志、路线图等诸多物件。蜉蝣馆藏对研究大众态度很有用，因为正式的平面媒体通常出现在社会的特定部分。而在数字时代，许多蜉蝣——比如，脸书网页——会永久性地存档，虽然并不一定很容易获取。

方面（PD）。一个文本或作品的不同方面，通常有标题、作者、日期、出版商、出版地点、国际标准书号（ISBN）等。引申来说，有时候把主题标目也称为一个方面。所有这些都可以用于收窄搜索面。

种子(D)。一个网站分发给订户的一次自动下载或注意事项。这些并没有经过主题或兴趣的筛选,不同于由用户对发出自动通知的网站进行选择。另见剪报服务(P)。

搜寻助手(PD)。一个总结了特定档案资料组内容的文件,常常包含一份传记或档案主题的历史以及资料的详细目录,具体到容纳箱乃至文件夹的层次。其中许多都是在线的。 252

脚注(PD)。一条证明文本的合理性或对其进行延伸的信息,却又不是文本的完整性所必需的,因此放在页面的下方。尾注就是放在原稿末尾的"脚注",因为在印刷时代,带有脚注的文字排版会变得非常复杂。从学术角度来说,脚注显然比尾注更受青睐,因为读者能够在页面中找到直接的解答。在印刷时代,一些出版商出于美学的考虑也很青睐尾注,因为脚注被认为破坏了页面的美观。

Govdocs。"政府文件"的简称,是图书馆的分支(也可能是文件收藏的分支)和来自政府的各种形式文件的目录编制和使用接口相关联。在这些文件当中,(有些)国家级文件如今有很好的索引并可以在网上获得。州文件中,有些富裕的州的文件可以在网上获得。但是,大多数州文件以及几乎所有的地方政府文件仅仅以印刷形式提供。国际政府文件有其自身的神秘特性。阅览政府文件几乎是专业人士永远的任务。

指南;《工具书指南》。参见美国图书馆协会。

超链接(D)。从一个文本中的单词或短语前往另一个站点的可点击参考。它们的优势在于对读者的知识没有要求,不利之处在于这因此阻碍了知识的获取,后者不仅是研究的基础,还是所有专业认知形式的基础。另见暗指(P)、引用(PD)。

国际索引。参见 H. W. 威尔逊。

学术过刊数据库(D)。合并了人文和社会科学领域内大多数重要学术期刊的网站。由梅隆基金会在 1995 年成立,是一个非营利组织。

尽管其历史错综复杂(它如今是一个被称为 ITHAKA 的更大型非营利组织的一部分),但其运行与过去大同小异。在有些情况下,出版商创建了“活动墙”阻止通过学术过刊数据库来获得其最新的刊物(在那种情况下,你必须通过目录来找到这些期刊)。学术过刊数据库的目标是提供获得期刊的更广阔通道,不过一个未曾预料到的重大后果是它让学术图书馆抛弃了大部分实体刊物。这节约了一些资金,但也阻碍了只能通过实体材料才有可能实现的各种快速扫视。

关键词(D)。从技术上来说,是由作者指派给作品的主题标目。后来广义地用来表示文本中的任何词语,或者是独立出现的(脱离上下文的关键词),或者是和其他词语相连的(上下文中的关键词)。现代关键词索引编制中用到一个词语以上时就用上下文中的关键词,否则就用脱离上下文的关键词。

253 **上下文中的关键词**。这是根据两个词的词对进行索引编制的一种形式,在实际中基于文本中的简单词汇搜索。

脱离上下文的关键词。这是如今的关键词索引的最初名称:文本的单个词语、重要词汇索引类型的索引编制。

国会图书馆(LC)。尽管有时候被用来指这家图书馆本身,但这个术语通常是指国会图书馆图书分类体系,这是美国图书馆中对于图书和专题论文的主导分类体系。

图书馆文献。参见 H. W. 威尔逊。

机读目录(PD)。其规则遵循统驭了图书、连续出版物和其他各项事物的目录编制的传统规则。正如其名称所表示的,它们由标准化格式的需求所推动,以便用各种语言输入通用目录编制系统。互联网所带来的目录编制的集中化已经去除了卡片目录经常提供的本地信息,虽然它提高了目录记录在书目方面的准确性,却普遍减少了它们的学术内容。

MLS。图书馆科学硕士。

《全国联合目录》(UNC)。一个有点虚构的实体，在20世纪逐渐变成现实。这个短语最初是指国会图书馆持有的整个卡片馆藏，国会图书馆长期以来只收录美国各图书馆中全部图书馆藏的很少一部分。多个资助使得这个收藏集接近完备，首个印刷版在20世纪40年代面市，书名是《国会图书馆印刷卡片所代表的图书目录》。从20世纪60年代到80年代，经过巨大努力，产生了750卷的《全国联合目录》，收录了美国各图书馆在1956年之前所藏的所有版本说明。这是目前美国正式的国家书目，被认为自1956年以来的所有出版物都在当前的国会图书馆主文档中编入目录。

联机计算机图书馆中心(PD)。最初称为俄亥俄大学图书馆中心，是俄亥俄州各图书馆在目录编制、采购和相关事务方面的合作机构。其目录编制方案使得图书馆早期涉及计算机的使用，最终让俄亥俄大学图书馆中心演变为联机计算机图书馆中心(缩写相同)。联机计算机图书馆中心支持世界图书馆联机目录和各种其他工具。(在写作本书时)它是一个非营利机构，这使得它比谷歌和各国类似EBSCO公司那样的公司对用户来说显得更加友好。

光学字符识别。通过对页面创建图形化表示(例如，页面的逐个像素的数码照片)来捕捉数据，然后应用算法来决定出现在图形表示中的是哪个字符。由光学字符识别创建的文本与真正数字化的文本是相对而言的，后者是有数字处理程序所创建的，从定义上来说是不会有错误的。让人困惑的是，在一些语境中用“数字化”来表示将模拟信息简化为数字信息的任何形式，因此将光学字符识别作为一个子类别收录。

期刊(PD)。定期出版的一种资料来源，通常表示期刊和杂志。连续出版物是一个更广义的术语，因为它还包括长时间内印刷但可能不定期的资料。

《读者指南》。参见H. W. 威尔逊。

254 **参考**。习惯上,参考咨询台是图书馆馆员给用户提供建议的地方。在印刷品图书馆中,主要参考工具位于参考咨询台附近。这些工具通常被划分为"便览参考"(最核心的少许资料架)和"参考书库"(可能包括全国书目、延伸性传记工具和索引、政府出版物目录、学科手册和其他印刷品的寻找助手。如果运气好的话,这些资料仍旧在你们图书馆中心附近的某个地方。但如今大多数参考部门都只使用在线资料了。参考还可能表示"引用",参考列表意味着一篇文章或图书所引用事项的清单)。

重印(P)。一篇单独文章或一个图书章节的实体复本。在前数字化工具和复印技术出现之前的时代,全世界的学者通过由明信片传达的"重印请求"保持联系。一名发表作者通常购买 100 份左右的重印件寄给没有订阅期刊的学者。其数字等价物是下载,不过在下载时,被下载作品的作者并不知道下载者的身份。

连续出版物(PD)。间隔发行的资料,诸如期刊、政府报告或年鉴。习惯上并不将报纸作为连续出版物,而是分开对待。

书库(P)。图书馆的一部分,主要图书馆藏都坐落于此,在大多数图书馆中,也是期刊馆藏中的过刊所存放的场地。两次世界大战之间那个时期的图书馆里,这些书库是独特的钢/铁构造,带有低矮的屋顶、裸露在外的灯泡、不透明玻璃地板以及一种哥特式的感觉。

主题标目(P)。分配给一个特定文本的题目。因此,用数字术语来说,就是正式分配的标签。但主题标目不同于标签,它们通常取自受控词汇表。

冲浪(D)。在网上冲浪让随机的超链接将你带往新地方和新观点。尽管这种活动在实体时代也是可能的,但其他的随机活动在那时候更加普遍。其中一种就是对领域相关期刊的实体刊物进行扫视,另一种是对书库中一排排书架或一个新书的书架进行的类似扫视。这些实际上当然就是专业浏览的形式。对于印刷时代热爱知识的青少年来说,冲浪等同于那时候的阅读百科全书。

标签(D)。用户给文本或其他在线资料所分配的标记。尽管这些可以显示为逐渐汇聚成“大众标记”,但它们通常处于比一般的受控词汇表更加抽象和普遍的层面,并且容易有歧义,这正是后者被设计用来避免的内容。受控词汇表实质上就是受到管制的标签体系,并且没有歧义和含糊的问题。

联合目录(P)。馆藏的联合列表,世界图书馆联机目录就是终极范例。其中最早也是最有名的那个长久以来一直被简单称为《联合目录》,是《美国加拿大图书馆馆藏期刊联合目录》第三版,1927 年初次出版。对每种连续出版物来说,这个作品提供了一份完整的历史(仍然有用,因为它追踪了期刊的各种残留物,那些往往在网络上找不到)以 255
及在美国和加拿大每家大型图书馆中的实际馆藏。

WoS。科学引文索引方面的数据库,目前是汤森路透公司的产品。经常被称为美国科学信息研究所,这是它在印刷时代的最初拥有者。它是第一个大型的电子化生成的书目工具,在科学领域有全面收录,后来还收入了社会科学领域(从 20 世纪 70 年代初期起的《社会科学引文索引》)以及人文领域(从 20 世纪 70 年代晚期起的《艺术与人文引文索引》)。它只收录文章,不过目前也正在转到图书上。它引入了引文索引功能,这让它成为迄今市场上最有用的书目工具。它的全部索引都是根据关键词来编制的,在电子期刊时代以前,它的所有数据输入都是靠光学字符识别,平常各期也全部都有。

H. W. 威尔逊(P)。一家在整个 20 世纪为图书馆馆员提供索引和一般性参考工具的公司。许多在线索引都是威尔逊索引的衍生物。当本书写作之时,传奇般的威尔逊公司的工具由 EBSCO 公司拥有。威尔逊公司的索引中最重要的是《期刊文献读者指南》,始于 1902 年。还有《国际索引》也很重要,这是《读者指南》在 1919 年的学术衍生物,而它本身又在 20 世纪末分裂为《人文索引》和《社会科学索引》。在科学引文数据库(以及某种程度上还有谷歌学术)在近年来开始对编纂卷册进行索引编制之前,威尔逊公司的另一个工具《散文和一般文献索引》是唯一进行这类工作的索引。威尔逊本人也曾牵头进行诸如出品最初的《期刊联合目录》这样的一般性工作。

世界图书馆联机目录(D)。这是全世界成千上万家图书馆的目录汇编,由联机计算机图书馆中心创建。它单纯是一个汇编,对世界上所有图书馆来说并不是具有魔法的完美列表,不像它的名称所暗示的,也不像大多数学生所认为的那样。在本书写作时,它还没有尝试对记录进行质量控制,而只是单纯由图书馆自身录入。(后来,图书馆趋向于单纯下载已经存在于世界图书馆联机目录中的记录,那意味着由于资金充足的图书馆来得较晚,那些较薄弱的记录容易驱除较强的记录。)而获得的馆藏也没有得到持续更新——你会发现世界图书馆联机目录中有些东西已经不在那些声称拥有它的馆藏里面了。不管怎样,它对于碰运气式书目问题来说是一个极其有用的工具。

索　引

（条目后页码为英文原著页码）

注意：这不是一份关键词索引，而是基于受控词汇表的主题索引。它比关键词索引篇幅更短、范围更窄，仅仅包括我觉得对引起读者注意所必需的概念。大型讨论是作为3页以上连续页面汇集出现的。交互参照降到最低程度，短语被列在其中的主要实质性名词下面，除非该短语是一个明显单元[例如，design doccument(设计文档)]。